Werner Lips

Kvarner Bucht

„Das Kvarner Land ist eine Verbindung von Genüssen,
von denen viele nicht wissen,
dass sie miteinander harmonieren können."
Kroatische Redensart

Impressum

Werner Lips
Reise Know-How Kvarner Bucht

erschienen im
Reise Know-How Verlag Peter Rump GmbH
Osnabrücker Str. 79
33649 Bielefeld

3., neu bearbeitete und komplett aktualisierte Auflage 2013

Gestaltung
Umschlag: G. Pawlak, P. Rump (Layout);
Caroline Tiemann (Realisierung)
Inhalt: Günter Pawlak (Layout);
Caroline Tiemann (Realisierung)
Fotonachweis: W. Lips (wl), www.fotolia.de (Autorennachweis jeweils am Bild), Kroatische Fremdenverkehrszentrale (fz)
Titelfoto: W. Lips (Motiv: Bucht bei Lubenice auf Cres)
Karten: der Verlag

Lektorat
Caroline Tiemann

Druck und Bindung
Wilhelm & Adam, Heusenstamm

ISBN 978-3-8317-2304-1
Printed in Germany

Dieses Buch ist erhältlich in jeder Buchhandlung Deutschlands, der Schweiz, Österreichs, Belgiens und der Niederlande. Bitte informieren Sie Ihren Buchhändler über folgende Bezugsadressen:

Deutschland
Prolit GmbH, Postfach 9, D-35461 Fernwald (Annerod)
sowie alle Barsortimente

Schweiz
AVA Verlagsauslieferung AG
Postfach 27, CH-8910 Affoltern

Österreich
Mohr Morawa Buchvertrieb GmbH
Sulzengasse 2, A-1230 Wien

Niederlande, Belgien
Willems Adventure, www.willemsadventure.nl

Wer im Buchhandel trotzdem kein Glück hat, bekommt unsere Bücher auch über unseren
Büchershop im Internet: www.reise-know-how.de

010kb wl

Wir freuen uns über Kritik, Kommentare und Verbesserungsvorschläge, gern auch per E-Mail an info@reise-know-how.de.

Alle Informationen in diesem Buch sind vom Autor mit größter Sorgfalt gesammelt und vom Lektorat des Verlages gewissenhaft bearbeitet und überprüft worden.

Da inhaltliche und sachliche Fehler nicht ausgeschlossen werden können, erklärt der Verlag, dass alle Angaben im Sinne der Produkthaftung ohne Garantie erfolgen und dass Verlag wie Autor keinerlei Verantwortung und Haftung für inhaltliche und sachliche Fehler übernehmen.

Die Nennung von Firmen und ihren Produkten und ihre Reihenfolge sind als Beispiel ohne Wertung gegenüber anderen anzusehen. Qualitäts- und Quantitätsangaben sind rein subjektive Einschätzungen des Autors und dienen keinesfalls der Bewerbung von Firmen oder Produkten.

Werner Lips

KVARNER BUCHT

Vorwort

Das „neue Kroatien", offizielles EU-Mitglied seit Mitte 2013, verzeichnet eine politische und touristische Erfolgsgeschichte ohnegleichen. Noch am Ende eines unseligen Bürgerkrieges stehend, hatten viele Menschen in den 1990er Jahren in und außerhalb Kroatiens erhebliche Zweifel am Sinn und Nutzen der Eigenstaatlichkeit aus dem zerfallenen Jugoslawien heraus. Die stetigen Auseinandersetzungen auf dem Balkan taten ein Übriges, um Reisende von der Region fern zu halten.

Mit Präsident *Stjepan Mesić* folgte der nationalistischen Tudjman-Administration ein liberaler Freidenker mit Gerechtigkeitssinn und Drang zum Ausgleich mit allen Nachbarn. Er schuf die politischen Voraussetzungen, die das „neue Kroatien" Wirklichkeit werden ließen und das Land auf EU-Kurs führten. Nach ihm steht nun mit *Ivo Josipović* ein Rechtswissenschaftler an der Spitze des Staates und mit *Jadranka Kosor* sowie *Zoran Milanović* (seit Januar 2012) als Premierminister kamen Regierungschefs ins Amt, die resolut gegen politische Korruption vorgehen und so die letzten Hürden für den EU-Beitritt beseitigten. Mit der Republik Kroatien ist nun – nach Slowenien – der zweite aus dem ehemaligen Jugoslawien hervorgegangene Staat Vollmitglied der Europäischen Union.

Wie schon im „alten" Jugoslawien erfreut sich die kroatische Küste mit ihren zahlreichen malerischen Buchten, ungezählten Inseln und traumhaften Klein-

> Kulinarische Genüsse im Straßencafé

städten einer boomenden Beliebtheit. Historisch bedingt spielt dabei die Region Kvarner mit ihren Inseln eine herausragende Rolle insbesondere im deutschsprachigen Raum. Dieser Reiseführer soll all denen eine Hilfestellung geben, die – egal ob pauschal oder individuell unterwegs, ob mit eigenem Fahrzeug, Mietwagen oder öffentlichen Verkehrsmitteln – die wundervolle kroatische Adria und das Inland bereisen möchten, und zwar sowohl bei der Vorbereitung wie auch bei der Urlaubsgestaltung vor Ort. Neben der Beschreibung aller lohnenswerten Ziele mit ihren kulturellen Highlights wird einer breiten Interessensvielfalt Rechnung getragen. So finden sich wertvolle Tipps für Segler, Taucher und Schnorchler, zum Wandern und Radfahren, für Familien mit Kindern, Strandurlauber und und und. Eine kurze Landeskunde macht mit Kultur und Geschichte des Landes, mit den Menschen und ihrem Alltag vertraut.

Bleibt mir noch, die außerordentliche Gastfreundschaft der Bewohner der jungen Republik hervorzuheben und allen Reisenden einen interessanten und gelungenen Urlaub zu wünschen. Gute Reise!

Werner Lips

Danksagung

Zahlreiche Leserzuschriften trugen zur weiteren Verbesserung und Aktualisierung dieser neuen Auflage bei. Mein herzlicher Dank richtet sich dabei an alle Leser für ihre Zuschriften und darunter insbesondere an:

Iris Huber, Antje Roth, Wiebke Horstmann, Christoph Szabo, Hendrik Suttkus, Gerhard Hackenjos, Barbara Weusthof, Holger Suffel, Beatrice Sidler, Martina Rupp, Klaus Wörndl, Holger John, Ivo Mrcic, Gerhard Stich, Sandor Bekesi, Hans Snah, Oliver Baltes, Manfred Raab, Dr. Torsten Traut, Wolfgang Niedermayr, Elsbeth & Werner Steiner-Brändli, Bettina Gmoser, Prof.Dr. Diether Götz, Karin Grewe, Hendrik Suttkus, Ruth Wenzel, Dr. K. Haubensak, Egon und Bettina Weiss, Petra Hall sowie Marianne Pfaff, die sogar einen eigenen kleinen Führer zusammengestellt hat.

165kr wl

Inhalt

Abkürzungen

a/c – Air condition (Klimaanlage)
AC – Autocamp (Campingplatz)
Apt. – Apartment
DZ – Doppelzimmer
EZ – Einzelzimmer
FeWo – Ferienwohnung
HP bzw. VP – Halb-/Vollpension

Preiskategorien Unterkunft

Kategorie	Hotel	Apartment/FeWo	Campingplatz
①	DZ 40–65 €	2er Apt. 25–40 € 4er Apt. 45–70 € 6er Apt. 60–90 €	4 Pers./Zelt 20–25 € 4 Pers./WoWa 25–30 € 4 Pers./WoMo 25–30 €
②	DZ 65–100 €	2er Apt. 40–60 € 4er Apt. 70–100 € 6er Apt. 90–120 €	4 Pers./Zelt 25–30 € 4 Pers./WoWa 30–35 € 4 Pers./WoMo 30–40 €
③	DZ 100–180 €	2er Apt. 65–100 € 4er Apt. 100–140 € 6er Apt. 120–160 €	4 Pers./Zelt 30–35 € 4 Pers./WoWa 35–40 € 4 Pers./WoMo 35–40 €
④	DZ 180–220 €	2er Apt. ab 100 € 4er Apt. 140–200 € 6er Apt. ab 160 €	4 Pers./Zelt 35–45 € 4 Pers./WoWa 40–60 € 4 Pers./WoMo 40–60 €
⑤	DZ ab 220 €	–	–

Berücksichtigt sind jeweils die niedrigsten und höchsten Preise in der Hauptsaison. Alle Preise gelten pro Tag, die Hotelpreise mit Frühstück für zwei Personen im Doppelzimmer. Bei Campingplätzen gelten die Preise für Wohnwagen und Wohnmobile inkl. Strom. Alle Angaben sind Richtwerte.

Streckbrief Kroatien

- **Landesname:** Republika Hrvatska
- **Lage:** mediterraner und mitteleuropäischer Staat mit Grenzen zu Slowenien, Ungarn, Serbien, Bosnien-Herzegowina, Montenegro
- **Größe:** 56.542 km² plus 1185 Inseln (davon 67 bewohnt) mit einem Küstenhoheitsgebiet von insgesamt 31.139 km²
- **Bevölkerung:** ca. 4,5 Mio., davon ca. 90 % Kroaten, 7 % Serben, 3 % Sonstige
- **Landessprache:** Kroatisch (verbreitete Fremdsprachen Deutsch, Englisch, Italienisch)
- **Religionen:** 80 % römisch-katholisch, 5 % serbisch-orthodox, 1 % muslimisch
- **Hauptstadt:** Zagreb (ca. 795.000 Einw.)
- **Nationaltag:** 30. Mai
- **Unabhängigkeit:** Unabhängigkeitserklärung (von Jugoslawien) am 25.6.1991
- **Staats- und Regierungsform:** parlamentarische Demokratie; Zwei-Kammer-System und starke Stellung des Präsidenten, unterstützt von einem Regierungschef (*Zoran Milanović*, seit 2011)
- **Staatsoberhaupt:** Präsident der Republik (*Ivo Josipović*, seit 2010)
- **Währung:** Kuna
- **Zeitzone:** MEZ und MESZ

Karten

Übersichtskarten

Ortspläne und Regionalkarten

Exkurse

Nicht verpassen!

Diese Tipps erkennt man an der **gelben Hinterlegung.**

1 Riviera von Opatija | S. 12

Die westliche Küste der Kvarner Bucht wird von der Halbinsel Istrien gebildet. Der Küstenstreifen von Opatija (S. 14) bis nach Brseč (S. 26) im Süden unterscheidet sich aber sowohl geografisch als auch kulturell vom Rest Istriens. Vor allem Opatija selbst ist ein mondänes Seebad mit langer Tradition. Die benachbarten kleinen Küstenorte wie Lovran (S. 20) und Mošćenička Draga (S. 24) schmiegen sich in hübsche Buchten und sind durch malerische Promenaden-Uferwege miteinander verbunden. Die „Flaniermeile" der Kvarner Bucht zieht im Großen und Ganzen ein eher gesetzteres Publikum an.

2 Inseln Cres und Lošinj | S. 28

Mit der Fähre von Brestova, ganz im Westen der Kvarner Bucht, setzt man auf die langgestreckten, durch eine Brücke miteinander verbundenen Inseln Cres und Lošinj über. Der Charakter aller großen Inseln der Kvarner Bucht weicht von der lebendigen Festlandsküste deutlich ab. Hierher zieht es Individualisten und Aktivurlauber vom Segler oder Taucher bis zum Campingfreak und FKK-Anhänger, aber auch Familien, die die Ruhe und landschaftliche Schönheit der Inseln bevorzugen. Cres bietet malerische Bergdörfer wie Lubenice (S. 43) und wunderschöne Felsbuchten: so das als „Schweiz Kroatiens" bekannte Valun (S. 41) mit dem vielleicht klarsten Adriawasser überhaupt.

3 Ostküste der Kvarner Bucht | S. 68

Mit Rijeka (S. 70) beginnt der östliche Abschnitt der Festlandsküste. Die Hafenstadt ist das kulturelle und verkehrspolitische Zentrum der Region Kvarner und bietet neben pulsierendem Großstadtleben und einigen Sehenswürdigkeiten die Möglichkeit für ausgiebiges Shopping. Entlang der Küste nach Südosten folgen große Ferienzentren, die in Sachen Strand-, Sport- und Abendvergnügung nichts zu wünschen übrig lassen. Trotz des regen Urlaubsbetriebs haben Orte wie Crikvenica (S. 88) und Novi Vinodolski (S. 96) überschaubare, hübsche alte Ortskerne, die zum Bummeln einladen und mit einem vielfältigen kulinarischen Angebot locken. Die Ausflugsmöglichkeiten ins Hinterland sind ergiebig: So lohnt sich unbedingt eine Rundfahrt durchs Kvarner Hochland mit dem Nationalpark Risnjak (S. 85) oder zu den Plitwitzer Seen (S. 102).

4 Insel Krk | S. 108

Rab und Krk – zwei prägnante Namen, die schon zu jugoslawischer Zeit als Sinnbild für traumhaft schöne Adriainseln standen. Krk, die größere der beiden, liegt in der Mitte der Kvarner Bucht und ist von Rab und Cres per Fähre zu erreichen, am schnellsten aber über eine Brücke vom Festland. Der Hauptort Krk (S. 126) mit seiner mittelalterlichen Stadtbefestigung oder das malerische Baška (S. 139) vor grandioser Bergkulisse sind allein den Besuch wert.

5 Insel Rab | S. 154

Rab steht dem allen in nichts nach. Die Insel ist vielleicht eine Spur nobler ausgerichtet als ihre große Schwester, hier sind die Yachten in den Marinas vielleicht noch eine Idee größer. Mit flachen Sandbuchten auf der Halbinsel Lopar (S. 175) hat Rab einige Perlen vorzuweisen, die vor allem Familien mit Kindern und junge Leute zu schätzen wissen.

Tipp für Inselhüpfer

Wer Zeit hat, wird mehrere Inseln besuchen wollen. Im Rahmen einer dreiwöchigen Tour lassen sich gut alle drei großen Inseln Cres/Lošinj, Krk (mit Tagesausflügen aufs Festland per Brücke) und Rab bereisen. Dies ist auch eine empfehlenswerte Reihenfolge für „Inselhüpfer": Man kann mit der Autofähre

nach Cres/Lošinj, anschließend direkt nach Krk und schließlich von dort auf der noch recht jungen Fährverbindung Valbiska – Lopar (nicht mehr Baška – Lopar) nach Rab übersetzen. Da Krk immer in der Mitte liegt, macht nur die Reihenfolge Cres – Krk – Rab oder umgekehrt Sinn.

Die Gegend um Opatija, eines der großen Küstenseebäder des Festlands, gehört auch heute noch zu den beliebtesten und für Mitteleuropäer am schnellsten erreichbaren Feriengebieten Kroatiens.

1 Riviera von Opatija

Schon der habsburgische Adel wusste das Ambiente des „adriatischen Nizza" zu schätzen.

Park an der Seepromenade in Opatija

RIVIERA VON OPATIJA

Die Kvarner Bucht beginnt im Westen mit den noch auf der Halbinsel Istrien gelegenen kleinen Orten um Mošćenička Draga, die heute schon beinahe vollständig zusammengewachsen sind. Diesen Küstenabschnitt – bis zu dem mondänen Badeort selbst – nennt man gemeinhin auch Riviera von Opatija. Das Čičarija-Gebirge mit dem Učka-Massiv bildet eine deutliche Barriere zu Istrien.

NICHT VERPASSEN!

- Flanieren wie in alten Zeiten – **die Uferpromenade von Opatija** | 15
- Aus Theater wird Kaufhaus – das **Operetta Shopping** in Opatija | 19
- Die **Lungomare von Lovran** ist mit 8 km die längste Promenade der Region | 20
- **Mošćenička Draga** bietet wandern im Mittelgebirge und baden | 24

Diese Tipps erkennt man an der gelben Hinterlegung.

Opatija

Opatija sollte man besucht haben. Nicht, weil es einzigartige kulturhistorische Monumente beherbergen würde. Auch nicht, weil es etwa der Knüller unter den Riviera-Ansiedlungen Kroatiens wäre. Nein, im Gegenteil: Opatija blickt weder auf eine jahrtausendealte Tradition zurück, noch geht hier abends die „Post ab". Und dennoch, ohne Opatija hat man die Kvarner Bucht nicht kennengelernt!

Ab 1843 und nach Fertigstellung der Verbindungsstraße nach Rijeka begann eine rasante Entwicklung als **mondäner k.u.k. Erholungsort:** 1843 baute der Handelsmagnat *Higinio* die Villa Angiolina, noch heute das Prunkstück im Herzen der Stadt. 1844 folgte das **Hotel Quarnero** (Kvarner; errichtet von der österreichischen „Gesellschaft der südlichen Eisenbahnen") als **erstes Hotel der kroatischen Adria.** 1860 bekam *Maria-Anna,* Gattin von Ex-Kaiser *Ferdinand,* Seeluft verordnet – *Higinio* stellte daraufhin seine Villa Angiolina zur Verfügung, und der Ruf Opatijas als **exklusives Seebad** war begründet, am 4. März 1889 wurde die Stadt durch ein Dekret von **Kaiser Franz Joseph** offiziell zum Kurort ernannt. Weitere stilvolle Villenbauten folgten, das elektrische Licht kam 1896, ein Jahr darauf ein Wasserwerk und 1908 sogar eine Straßenbahn. Opatija war so berühmt geworden, dass höchste Würdenträger den Ort mit ihrem Besuch beehrten: Prinzessin *Luise von Sachsen-Coburg,* der schwedisch-norwegische König *Oskar* und *Karel I.,* König von Rumänien.

Das noble Ambiente der Pracht vergangener Tage konnte Opatija bis in die

☐ Stadtplan S. 18

Gegenwart sicht- und spürbar bewahren: Luxushotels und Nobelrestaurants, Spielcasino, Palmen, Avocado-Bäume. Mit einem solchen Erscheinungsbild verwundert es nicht, dass Opatija als das **„adriatische Nizza“** bezeichnet wird. Und genau dieses in Kroatien einmalige Flair macht einen Besuch der Stadt zu etwas ganz Besonderem.

Sehenswertes

Maršala Tita und Uferpromenade

Besonders interessant erscheint ein Gang entlang der Maršala Tita mit den prachtvollen Villen, Hotelbauten, Cafés und modernen Geschäften. Auch an der befestigten Uferpromenade promenieren Alt und Jung, nutzen die Bademöglichkeiten der Stadt, tanken frische Seeluft unter einem der markanten, regenbogenfarbenen Sonnenschirme oder begutachten die kleinen Andenken-, Gewürz- und Kunsthandwerksstände. Dieser Abschnitt gehört zur acht Kilometer langen Uferpromenade **Lungomare,** die von Volosko (zwischen Opatija und Rijeka) bis Lovran führt.

Park 1. Maja

Paradestück der Gründungs- und Blütezeit des Seebades Opatija ist und bleibt der Park 1. Maja (1. Mai) mit der zauberhaften **Vila Angiolina,** in der heute das **Kroatische Tourismusmuseum** untergebracht ist. Der exotische Bewuchs mit Bambus, Zedern, Zypressen, Eukalyptus- und Mammutbäumen, Dattelpalmen, Akazien, Agaven und japanischer Kamelie versetzt den Besucher in angenehmes Entzücken. Im Park finden sich auch Büsten historischer Persönlichkeiten, etwa die von *Friedrich Schüler* und *Ivan Matičič Runjgov.*

Westlich des Parks am Strandbad Slatina wurde der Uferweg **Walk of Fame** angelegt, auf dem zahlreiche kroatische Größen aus Kultur und Wissenschaft (u.a. *Nikola Tesla*) als Sternenfliese verewigt sind.

■ **Kroatisches Tourismusmuseum,** www.hrmt.hr, Tel. 051-603636, tgl. 10–18 Uhr, Eintritt frei.

Sv Marija

Zur **Pfarrkirche** Sv Marija gelangt man über eine kleine, stufige Gasse, die 50 m südlich des Busbahnhofs vor dem Bufett-Grill Elita rechts aufwärts führt. Sie stammt aus dem späten 19. Jahrhundert und besticht durch ihre Holzkuppel, Ziegelwände und prachtvollen, farbigen Glasfenster.

Praktische Tipps

An- und Weiterreise

- Der **Busbahnhof** liegt am Trg Vladimira mitten im Zentrum an der Durchgangsstraße M. Tita. Wichtige **Regionalbuslinien** sind: 32 (Rijeka – Opatija – Lovran – Mošćenička Draga), 35 (Opatija – Ičići) und 36 (Lovran). Am Busbahnhof, Tel. 051-271617, liegt die **Kartenverkaufsstelle** Auto-Trans für **Langstrecken.** Busse fahren etwa alle halbe Stunde nach Rijeka, einige Direktbusse fahren von/nach Zagreb und Zadar/Split. Außerdem fährt Mo, Mi, Fr, Sa, So 1–2x tgl. ein Direktbus zum Flughafen Rijeka/Krk (50 K). Rund um den Busbahnhof werden diverse **Ausflüge** angeboten.
- Einen kostenlosen **Parkplatz** zu finden, ist schwierig bis unmöglich. Im Zentrum sind einige Straßen als gebührenpflichtige Parkmöglichkeit ausgewiesen, z.B. an der Ecke des Parks zum Ufer hinunter (6 K/Stunde).

Info und Agenturen

- Die **Touristeninformation** liegt zentral in der Ul. Maršala Tita 101, Tel. 051-271310, Fax 712290, www.opatija-tourism.hr, tgl. außer So. 7–21 Uhr.

Für professionelle Unterkunftsvermittlung, Fahrzeuganmietung, Geldwechsel und Ausflüge bieten sich u.a. folgende an der Hauptstraße im Zentrum gelegene **Agenturen** an:

- **GIT,** M. Tita 65, Tel. 051-273030, Fax 271967, www.tourgit.com.
- **Atlas,** M. Tita 116, Tel. 051-271032, Fax 271562, www.atlas-croatia.com.
- **Kvarner Express,** M. Tita 162, Tel. 051-703723, Fax 703724, www.kvarner-express.hr.
- **Kompas,** M. Tita 110, Tel. 051-271201, www.kompas-travel.com.

Unterkunft

Opatija ist **extrem teuer!** So muss man auch in Bezug auf die Unterkunft ein wenig tiefer in die Taschen greifen als in anderen Orten der Riviera von Opatija. **Privatzimmer,** von denen etliche in den sehr netten und stilvollen Villen der Stadt liegen, werden über die Agenturen vermittelt (ab 50 €/Doppelzimmer).

- Die Nr. 1 vor Ort ist sicher das **Ambasador**⑤, F. Peršica 1, Tel. 051-743333, Fax 743444, ambasador@liburnia.hr – teuer, nicht weil es besonders attraktiv ist, sondern wegen des „Opatija-Feelings".
- **Hotel Kvarner**④, P. Tomašića 1, Tel. 051-271233, Fax 271202, kvarner@liburnia.hr, ungebrochen stilvolles Ambiente. Wurde Ende des 19. Jahrhunderts gebaut und beherbergte illustre Gäste der k.u.k. High Society. Heute offiziell „3-Sterne-Hotel", aber immer noch mit exzellentem Ruf und häufig Austragungsstätte illustrer Veranstaltungen (Miss Universe Wahl, Opatija-Serenaden usw.).
- Beliebt bei Seglern wegen der unterhalb gelegenen Admiral-Marina Opatija ist das **Admiral**④, M. Tita 139, Tel. 051-271533, Fax 271708, admiral@liburnia.hr.
- Zu den bezahlbaren Hotels zählt das **Hotel Belvedere**③, Tel. 051-271044, Fax 271484, belvedere@liburnia.hr, sehr zentral und nahe dem Busbahnhof in der I. Kaline 7 gelegen.
- Ebenso das **Residenz**③, M. Tita 133, Tel. 051-271399, Fax 271225, residenz@liburnia.hr.

250kro wl

Ende der 1990er Jahre, als diese kleine Auswahl an Hotels erstmals zusammengestellt wurde, existierten alle unabhängig voneinander; heute gehören sie zur Liburnia-Gruppe, einem der aggressiven Aufkäufer der Kvarner Bucht im Raum Opatija. Alle genannten Häuser sind auch im Web unter www.liburnia.hr vertreten.

Camping

■ **AC Preluk**③, Tel. 051-622185, Fax 622381, 6 km außerhalb Richtung Rijeka, mit Surfen, Tauchbasis und Disco, ansonsten eher bescheidenem Freizeitangebot. Der nächste Platz in südlicher Richtung befindet sich in Ičići.

⌃ Opatija mit seinen mondänen Hotels

Essen und Trinken

Gerade in Opatija bemühen sich die Gastgeber, der Erwartung der Oberklasse-Klientel nachzukommen; so sind es denn auch gehobenere Restaurants und edel anmutende Cafés, die das Straßenbild prägen.

■ Sehr nette und qualitativ ausgezeichnete Caféhäuser der Wiener Schule findet man vor allem im Zentrum entlang der M. Tita, u.a. **Café Paris, Café Stephanie** und **Café Camelia.** Besondere Erwähnung verdient dabei das **Café Choco Bar** (M. Tita 94), geführt von Kroatiens Schokoladenproduzenten Nr. 1 (Kraš) – dementsprechend genial sind hier die auf Kakao basierenden warmen und kalten Getränke; tgl. 8–24 Uhr. Gelobt für Wiener Kaffeehausatmosphäre und geradezu unverschämt gute Kuchen und Gebäckkreationen wird vor allem das **Café Palma** (M. Tita 108, tgl. 8–23 Uhr).

■ Gut und günstig isst man im hübschen **Pizza-Grill Ruzmarin** (Veprinački Put 2, 50 m westlich

Opatija

vom Busbahnhof, Tel. 051-712673, tgl. 11–1 Uhr). Man sitzt sehr gemütlich, sehr aufmerksame Bedienung und überdurchschnittlich gutes Essen (Pizza, Nudeln, Fisch, kroatische Küche) bei sehr reellen Preisen – wird wiederholt auch von Lesern sehr gelobt.

■ Preiswerte Gerichte bietet auch der Buffet-Grill **Elita** an der Hauptstraße (Tel. 051-271014).

■ Sehr empfehlenswert, da direkt im Zentrum an der Promenade gelegen, ist das Buffet **Vongola** (Kupalište Slatina, Tel. 051-711854, tgl. 8–24 Uhr) mit Snacks und moderner Musik.

■ Als besonderer Tipp der Mittelklasse sei der **Gusto Grill,** M. Tita 264, mobil 099-6704026, 400 m ab Busbahnhof Richtung Lovran, empfohlen – eines der wenigen Restaurants in Opatija, wo man auch im Freien sitzen kann.

■ Am Hotel Dubrovnik in der P. Tomašića 3 liegt das **Restaurant Madonnina,** Tel. 051-272579, das aber auch recht preiswerte Pizzen und Salate anbietet – das Ambiente ist es wert.

■ Zu den ganz Großen zählen das **Fourchette d'Or** (Tel. 051-743333, Ul. F. Peršića 1) im Hotel Ambasador sowie das **Zelengaj** (Tel. 051-271450, M. Tita 95, tgl. 11–24 Uhr, im Sommer bis 2 Uhr), im Zentrum. Riechsalz für den Moment der Rechnung nicht vergessen!

Nachtleben

■ Beliebt sind im Zentrum die **Disco Quorum House,** M. Tita nahe Park 1. Maja, die **Disco Imperial** (zum gleichnamigen Hotel gehörend) sowie der **Hard Rock Club,** M. Tita, gegenüber der Treppe zu den Meerwasserpools.

■ **Tipp für die Jugend:** Nun, Opatija ist nicht unbedingt ein Traum unverstandener Teenager, die noch mit den Eltern in den Urlaub fahren (müssen). Aber einen gewaltigen Lichtblick gibt es doch: Erst vor einiger Zeit haben die Betreiber der Hemingway-Bar von Rijeka die **Disco Seven** (M. Tita 125, mobil 099-4777000, www.discoseven.hr) eröffnet. Viele Themenabende wie sonntags 80er/90er-Hits, Disco Vibes (samstags) oder donnerstags mit lokalen und internationalen DJ-Größen wie *Harem B, James Tucker, Frankie-the-dj, Alex Ivanov, Tommy* u.v.m. Geöffnet tgl. 22–6 Uhr (Stimmung frühestens ab 23 Uhr), Eintritt je nach Event ab 50 K.

■ Absolut „in" ist derzeit der **Nightclub 51** (tgl. 20–4 Uhr) in Volosko an der Hauptstraße.

■ Ebenfalls im Bezirk Volosko, an der Marina, liegt der nette **Irish Pub.**

■ Eher gediegene und „verlustträchtigere" Unterhaltung bietet das **Casino Opatija** des Hotel Adriatic, Tel. 051-272011. Gespielt wird tgl. 12–4 Uhr amerikanisches Roulette, Stud-Poker, Black Jack ...

Einkaufen

- Entlang der Uferpromenade bieten etliche **Souvenirstände** und fliegende Händler ihre Waren an, meist aus dem Textilbereich: Ältere Frauen verkaufen gelegentlich selbst gehäkelte **Deckchen** und **Strickjacken.**
- Den Alltags-Großeinkauf erledigt man besser im nahe gelegenen Rijeka (z.B. **Tower Center,** s. dort).
- Das kleine Einkaufszentrum oder eher Kaufhaus **Operetta Shopping** liegt im Zentrum nordwestlich des Stadtparks, wobei das Gebäude selbst (ein ehemaliges Schauspielhaus) für viele interessanter ist als die Markenartikel im Inneren (Drage Gervaisa 1, tgl. 8–20 Uhr).

Nützliches

- **Ambulanz:** V. Nazora 2, Tel. 051-271266.
- **Post:** Vjekoslava Spiničica 1; Mo bis Fr 7–19 Uhr, Sa bis 14 Uhr, kleine Filiale in der M. Tita 207.
- **Bank/Geldautomat:** Zagrebačka und Riadria Banka an der M. Tita gegenüber vom Hotel Kvarner; sehr gute Kurse gibt die Wechselstube am Busbahnhof.

Ika und Ičići

Weiter entlang der dicht besiedelten Riviera folgen nach zwei Kilometern Ika und Ičići, einstmals kleine Siedlungen, die früher vom Fischfang und heute vom Tourismus leben. Hier befinden sich zwei international renommierte Hotelfachschulen sowie die beliebte **Marina ACI Grassetto** mit über 300 Liegeplätzen (überwiegend Segler, keine Betankung, Tel. 051-271740, Fax 271374). Zudem liegt in Ičići der einzige Campingplatz im Bereich Opatija. Bademöglichkeiten gibt es in den kleinen **Steinbuchten** entlang des befestigten Uferweges.

Praktische Tipps

Information

- Informationen erteilt (nur Juli/August) das örtliche **Turist-Biro,** Liburnijska bb, Tel. 051-704187, www.tourism-icici.hr.

Unterkunft

- **Hotel Ika**②, Tel. 051-291777, Fax 292044, www.hotel-ika.com, kleines Familienhotel direkt an der Strandpromenade mit hübschen Zimmern.
- **Zimmer und Apartments** können über die Direktanbieter www.apartmani-bilen.hr, www.sutanovac.com oder www.villa-djumic.com organisiert werden.

Camping

- **AC Opatija-Ičići**②, Tel. 051-704387, Fax 704 046, www.rivijera-opatija.hr. Gute Anlage, mit Tennis, Spielplatz, Minimarkt, Kiesstrand und Bootsanlegestelle in terrassenförmig angelegter Parklandschaft. Geöffnet Anfang Apr. bis Anfang Okt.

Einkaufen

- **Ribarnica** (Fischgeschäft), aus Opatija kommend am Ortseingang rechter Hand.

Lovran

Die rund 4500 Einwohner zählende Stadt Lovran, die **älteste Siedlung der Riviera von Opatija** aus dem 7. Jahrhundert, bewahrte lange Zeit ihr mittelalterliches Stadtbild. Erst die Entwicklung des Tourismus im 19. und 20. Jahrhundert veränderte die Stadt und die Lebensweise der Bevölkerung nachhaltig. Der berühmte **Lungomare,** eine acht Kilometer lange **Uferpromenade** von Lovran bis Volosko, einem Vorort von Opatija, zog zunehmend Besucher aus aller Welt an. Obwohl Teil der Opatija-Riviera, konnte Lovran mit seiner **historischen Altstadt** seinen ursprünglichen Charakter weitgehend erhalten. Viele Reisende empfinden Lovran heute als insgesamt angenehmer als das benachbarte Opatija.

Durch das untere **Stadttor** mit dem Stadtturm (17. Jh.) kommt man unmittelbar zum kleinen Zentrum (Trg Sv Juraj) mit der **Georgskirche** (Sv Juraj) aus dem 12. Jahrhundert. Der ursprünglich frei stehende Glockenturm wurde im 17. Jahrhundert mit der Kirche verbunden. Am Platz sieht man mehrere verzierte Häuserportale; gegenüber der Georgskirche steht das Rathaus mit einem Relief des *Hl. Georg,* der mit seinem Speer einen Drachen durchbohrt. Ein Relief am Haus neben dem Café zeigt ein Furcht einflößendes Gesicht mit riesigen Bartfransen, genannt **„Mustaćon"** (von frz. *moustache,* Schnurrbart) – eine Art Abwehrmaske gegen böse Geister. Im **oberen Altstadtbereich,** Richtung Parkplatz, hatte die Bruderschaft des *Hl. Johannes* (des Täufers) im 14. Jahrhundert eine romanische Kapelle errichtet; 1998 wurden hier Fresken mit Darstellungen aus dem Leben des *Johannes* entdeckt.

An der Hauptstraße zwischen Lovran und Opatija werden dem Durchreisenden **prachtvolle Villen** auffallen. Im späten 19. Jahrhundert wurden sie als Wohn- und Sommerresidenzen errichtet; alle waren ursprünglich von weitläufigen Parkanlagen (wie man sie in Opatija noch findet) mit teilweise exotischer Vegetation umgeben. Einige der Villen

▷ An der Küste bei Lovran

sind Werke des als kreatives Genie berühmt gewordenen Wiener Architekten *Karl Seidl*.

Zwei **Badebuchten** locken in Lovran, eine etwas kleinere gegenüber vom Hotel Splendid (Richtung Medveja) und eine sehr hübsche am Park Kormušćak (1 km die Uferpromenade Richtung Opatija entlang).

Praktische Tipps

An- und Weiterreise

■ Der Beschilderung **„P-Centar"** folgend, wird man zum großen Parkplatz an der Ulica Brajdice geleitet; hier steht man genau am oberen Ende des Altstadtkerns.

■ Die **Regionalbusse** halten auf Höhe der Pizzeria Oaza/TA Kvarner an der Hauptstraße; von hier geht man 150 m hinunter zur Kurve. Das Stadttor mit Restaurant Bellavista ist der untere Zugang zur Altstadt.

Info und Agenturen

■ **Touristeninformation Lovran,** M. Tita 63, Tel./Fax 051-291740, schräg gegenüber dem Restaurant Kvarner an der Ufer-Plattform, www.tz-lovran.hr.

Drei **Agenturen,** alle an der Durchgangsstraße M. Tita, bieten Information, Geldwechsel, Ausflugsorganisation und Unterkunftsvermittlung:

■ **Lovran,** Tel./Fax 051-291041, www.lovranske-vile.com.

■ **Štanger,** Tel./Fax 051-293266, www.pansion-stanger.hr.
■ **Kvarner Express,** Tel./Fax 051-291119, www.kvarner-express.hr.

Unterkunft

■ Wer etwas ganz Exquisites sucht, dem sei das **Astra**④, Viktora Cara Emina 11, Tel. 051-294400, Fax 294600, www.lovranske-vile.com, empfohlen.
■ Ein hübsches (und recht preiswertes) Mittelklassehotel ist das **Lovran**③, M. Tita 19, Tel. 051-291222, Fax 292467, www.hotel-lovran.hr.
■ Das **Bristol**③, Maršala Tita 27, Tel. 051-291022, Fax 292049, www.liburnia.hr, ist bei vergleichbar guter Qualität noch etwas günstiger.
■ Die **Pansion Štanger**①-②, in der M. Tita 128 (www.pansion-stanger.hr, Tel. 051-291154) bietet schöne Doppelzimmer mit Meerblick.

Essen und Trinken

■ Das **Café Sv Marija** am Trg Sv Juraj bietet günstige Erfrischungen und Snacks.
■ 30 m daneben liegt das **Restaurant Lovranska Vrata,** Stari grad 94, Tel. 051-291050, mit guter Küche (Fisch!) der mittleren Preisklasse.
■ Beliebt ist auch die **Pizzeria Oaza** an der Hauptstraße Cesta M. Tita 37, Tel. 051-292674; auch Stücke auf die Hand.
■ Das gute **Restaurant Najade,** Tel. 051-291866, M. Tita 69, gegenüber der Agentur Lovran serviert hervorragende Fischgerichte zu moderaten Preisen, tgl. 11–24 Uhr.

Nachtleben

■ **Disco-Club Oskar,** an der Hauptstraße Šetalište Maršala Tita 46, Tel. 051-291860.
■ Für einen Drink oder zum abendlichen Erholen bietet sich der **Lovranski Pub** direkt am Ufer an (kurz vor dem südlichen Ortsende).

Spinnerin in Mošćenice

300is wl

Nützliches

- Das **Kreiskrankenhaus,** Tel. 051-291122, liegt zwischen Lovran und Ika nahe der Badebucht.
- Eine **Ambulanz,** Tel. 051-291042, befindet sich oberhalb vom großen Parkplatz.
- Vom Parkplatz halbrechts 100 m die Brajdice hinauf liegt ein großer **Supermarkt.** Ein **Konzum-Supermarkt** befindet sich am Ortseingang rechter Hand.
- **Post** und **Apotheke** findet man an der Hauptstraße M. Tita, 200 m vom Zentrum Richtung Opatija.
- Das **Internetcafé „Car-Wash"** liegt nahe der Tankstelle an der Hauptstraße.

Medveja

Mit einem vier Kilometer langen und eher dünn besiedelten Küstenabschnitt zwischen hinter Medveja Richtung Mošćenička Draga beginnt das ruhige und **zerklüftete Felsgebiet** mit Baum- und Buschbestand, welches sich von der istrischen Südspitze bis ins Kvarner Land erstreckt, unterbrochen nur von wenigen nennenswerten Ansiedlungen. Nördlich von Medveja ist es vorbei mit der Beschaulichkeit, ein Küstenort reiht sich an den anderen von Bucht zu Bucht. Ein unberührtes Stück Ufer zu finden, erweist sich als unmöglich. Ein ebensolches Kunststück ist es übrigens auch, an der engen Küstenstraße einen Parkplatz zu bekommen, man gehe daher am besten zu Fuß auf dem bis Lovran durchgehend befestigten **Ufer-Fußweg** („Obalni Put") entlang. Der Kiesstrand von Medveja ist im Sommer ziemlich überfüllt.

Praktische Tipps

An- und Weiterreise

- **Busanbindung** besteht mittels der Linien 32 und 54 nach Opatija und Mošćenička Draga (etwa alle 80 Minuten).
- **Parkplätze** kosten in Medveja 30 K/Tag.

Info und Agenturen

- Um die Vermittlung von Zimmern, Ferienwohnungen und Geldwechsel bemühen sich die Agenturen **Agencija New Sound,** Tel./Fax 291111, und die **Touristeninformation,** Tel./Fax 291296.

Unterkunft, Camping

- Im winzigen Vorort Kraj (Richtung M. Draga) werden entlang der Hauptstraße etliche **Privatzimmer/-apartments** angeboten
- Am südöstlichen Ortsrand liegt das **AC Medveja**②, Tel. 051-291191, Fax 292471, www.liburnia.hr. Tauchschule, Disco, Restaurant, Internet-Corner. Seit Liburnia die Anlage betreibt, wird sie ständig erweitert, heute gehören auch Bungalows (FeWo), eine Villa (DZ) sowie Mobilheime zum Angebot. Nachteil: liegt landseitig der Straße, nicht direkt am Meer.

Nützliches

- Neben dem AC Medveja befindet sich ein **Konzum-Supermarkt** (6–21 Uhr geöffnet).
- Am Strand werden **Tauchgänge, Wassersportaktivitäten** sowie **Minigolf** angeboten.

Mošćenička Draga

Das istrische Labin und das Kvarner Mošćenička Draga werden landseitig von dem scheinbar in die See stürzenden **Čičarija-Massiv** getrennt; an der Schnittstelle liegt der **Fährhafen Brestova,** wo die Autofähren zu den Kvarner Inseln Cres und Lošinj ablegen. Die letzte größere Siedlung in der Kvarner Bucht, Mošćenička Draga, besteht aus **drei Ortsteilen:** Mošćenička Draga selbst an der Küste, das mit allen touristischen Einrichtungen aufwartet, **Mošćenice** als ruhiges Bergdorf, sowie **Brseč,** der gemütlichen südwestlichsten Station im Kvarner Land.

Mošćenička Draga

Mošćenička Draga (ca. 600 Einwohner) an der Küstenstraße bildet den eigentlichen **touristischen Kern** in der hübschen Bucht. Hier liegt der Großteil der Freizeit- und Unterkunftsmöglichkeiten. Man schlendert die fast zwei Kilometer lange **Promenade** entlang, badet in der endlos langen Kiesbucht oder der benachbarten Bucht Sv Ivan (FKK-Strand) oder frönt dem Tauchsport.

Wanderfreunde werden den **Aufstieg zum Vojak** (1396 m) lieben, der selbständig oder in einer geführten Tour via Detani, Trebišće und Učka durchgeführt werden kann (eine Wanderkarte hängt in der Agentur Liburnia aus).

An- und Weiterreise

■ Mošćenička Draga liegt an der Küstenroute Opatija – Labin. Per **Bus** (Haltestelle an der Hauptstraße neben der Abzweigung zum Camp) muss man zunächst nach Opatija fahren, um von dort in **Langstreckenbusse** umzusteigen.

Info und Agenturen

■ **Touristeninformation Mošćenička Draga,** Aleja Slatina 12, Tel. 051-737533, Fax 737584, www.tz-moscenicka.hr.

■ **Agentur Liburnia,** an der Durchfahrtsstraße gegenüber der Zufahrt zum Ufer und Autocamp, Tel. 051-739166, Fax 737533, www.liburnia.hr.

■ **Agentur Annalinea,** an der Zufahrtsstraße zu den Hotels, Tel. 051-737207, Fax 737400, www.annalinea.hr. Mit Vermittlung von Privatzimmerm (ab 35 €/Zimmer) und FeWo (ab 350 €/Woche).

Unterkunft

■ **Hotel Mediteran**③, Tel. 051-737622, Fax 737538, www.liburnia.hr, direkt am Ufer, Aleja Slatina 2, gute Mittelklasse.

■ **Hotel Marina**③, Tel. 051-710444, Fax 737584, www.liburnia.hr; unmittelbar im kleinen Ort gelegen (Trg Slobode/Aleja Slatina, Zufahrt wie Camp), mit Pool und Sauna.

■ **Privatwohnungen:** Zahllose Hausbesitzer entlang der Uferstraßen bieten Ferienwohnungen und Zimmer für 2–6 Personen an; ein Anbieter von Apartments ist **Ornela**②, Barba Rike 6 (im Zentrum nahe der Kirche), Tel. 051-737747, www.apartmani-ornela-mdraga.hr mit Wohnungen für 2–4 Personen ab 500 €/Woche. Rund 100 € mehr/Woche kosten die Wohnungen der **Villa Kleiner**③ (Setaliste 25, Tel. 051-737544, www.villa-kleiner.com), die dafür direkt am Ufer liegt.

Camping

■ **AC Draga②**, Tel. 051-737523, Fax 737339; www.autocampdraga.com; im Zentrum (Aleja Slatina) gelegen und von März bis Okt. geöffnet, ca. 300 m bis zum Ufer. Minimarkt, Snackbar, wenige Freizeitangebote.

Essen und Trinken

Von **Eisdielen** und **Snackbars** an der Uferpromenade abgesehen – besonders schön sitzt man auf der Uferterrasse der **Gostionica Na Rivi kod Benita** (Tel. 051-737502) –, werden vor allem in der **Konoba Sidro** (Tel. 051-737509, hinter der Agentur Liburnia an der Hauptstraße) hervorragende Fischgerichte serviert.

Mošćenice thront auf den Klippen des mächtigen Čičarija-Massivs

Aktivitäten

■ **Tauchen:** Diving NB, Kraj 18, Tel. 051-737295, www.diving-nb.com.

■ **Marine Sport,** Aleja Slatina 2, Tel. 051-737837, www.marinesport.hr, Unterkunftsmöglichkeiten für Taucher vorhanden.

■ Am Strand werden **Scooter, Wasserski, „Banane"** u.a. angeboten.

■ **Wandern:** Die Agentur Liburnia bietet für umgerechnet rund 30 € Touren auf den Vojak an.

Mošćenice

Gegenüber der Friedhofskapelle Sv Bartolomej (Parkmöglichkeit) liegt mit dem alten **Stadttor** der Zugang zum winzigen Ortskern – es gibt nur eine Gasse bis zur Kirche, ansonsten steht man zwischen Privatgemäuern. Unmittelbar am Stadttor liegt ein kleines, aber sehr feines **eth-**

062is wl

nologisches Museum mit Trachten und Gerätschaften, die von der einstigen hohen Bedeutung Mošćenices als Agrarstadt zeugen. Die **Pfarrkirche Sv Andrej** mit dem massiven Glockenturm ist aus dem 17. Jahrhundert und rühmt sich kunstvoller Schnitzereien von *Michael Zierer* und einer Meisterorgel von *Peter Rumpel*.

■ **Ethnologisches Museum,** Mo–Sa 9–13 und 16–20 Uhr, So 9.30–12.30 u. 15–19.30 Uhr, Eintritt 20 K, Kinder/ermäßigt 10 K.

Unterkunft, Essen und Trinken

■ Im Ort kann man unmittelbar neben der Kirche in einer sehr hübschen Privatunterkunft nächtigen: **L. Lencovič**①, Tel. 051-737668.

■ Vor dem Stadttor lockt das **Restaurant Perun Mošćenice** (Tel. 051-737515) mit tollem Blick von der Terrasse!

Brseč

Brseč liegt zwar unmittelbar an der Küste, aber auf einer rund **160 Meter hohen Klippe,** die den letzten Ausläufer des Čičarija-Gebirges bildet. Von Mošćenice empfiehlt es sich unbedingt, die „Bergroute" zu nehmen. Das Gebirge erhebt sich hier immer noch über 800 Meter steil aus dem Meer empor und die malerische Küstenstraße windet sich über rund zwölf Kilometer bis nach Mošćenice. Der kleine und verwinkelte Ort mit seinen 121 Einwohnern wirkt sehr ruhig und vollkommen untouristisch. Die örtliche Georgskirche stammt aus dem 18. Jahrhundert und zog mit ihren „goldenen Altären", sogenannt wegen der goldenen Reliquien und Verkleidungen, zahlreiche unliebsame Besucher an.

Unterkunft, Essen und Trinken

■ Im Ort werden zahlreiche **Privatzimmer** vermietet; Auskünfte erteilt die Touristeninformation Mošćenička Draga.

■ Sehr angenehm sitzt man im urigen Biergarten der **Konoba Šip** am Eingang des Ortskerns (Brseč 4).

Brestova

Ab Brseč Richtung Süden ändert sich das Landschaftsbild zu einer eher unberührten Küstenregion, nicht zuletzt, weil kurz hinter dem Ort die administrative **Grenze zu Istrien** überquert wird. Wichtiger für Reisende dürfte allerdings der **Fährpier für die Inseln Cres und Lošinj** sein (in Karten oft als Ortschaft Brestova eingezeichnet), der tatsächlich aus nichts weiter als dem Fahrkartenschalter und (saisonal unterschiedlich) ein oder zwei Kiosken besteht.

☐ Von Brestova fährt man hinüber nach Cres

004kb wl

Die langgestreckten Inseln vor der Ostküste Istriens, durch eine Brücke miteinander verbunden, sind nach einer kurzen Überfahrt von Brestova schnell erreicht. Auch zur Nachbarinsel Krk besteht eine Fährverbindung, sodass sich Inselhüpfen anbietet.

2 Inseln Cres und Lošinj

‹ Beschauliche Idylle im Örtchen Cres auf der gleichnamigen Insel

Cres und Lošinj

0 10 km ©Reise Know-How 2013

INSELN CRES UND LOŠINJ

Cres und vor allem Lošinj scheinen, gemessen an der Anzahl deutscher Kfz-Kennzeichen auf den Inseln, der Renner unter den Reisezielen deutscher Touristen in Kroatien zu sein. Und der „Doppelpack" der durch eine kleine Brücke verbundenen Inseln bietet in der Tat Atemberaubendes, Unvergessliches und eine so abwechslungsreiche Landschaft auf vergleichsweise engem Raum, dass wohl jeder Besucher der Inseln wiederkommen will. Insgesamt wird der Reisende Cres als die kargere, Lošinj als die belebtere Insel empfinden, weshalb sich Naturliebhaber eher auf Cres, „Aktivisten" eher auf Lošinj wohlfühlen dürften.

NICHT VERPASSEN!

- **Valun** – die „Schweiz Kroatiens" hat ihre eigenen ökologischen Regeln | 41
- **Lubenice** – Biergarten-Bistro in malerischer Idylle | 43
- **Punta Križa,** ein einsames FKK-Camperparadies | 47
- Der Kanal von **Osor** lädt zum Baden und Verweilen ein | 48

Diese Tipps erkennt man an der gelben Hinterlegung.

Die Größe oder besser Länge der fast nadelförmigen Inseln bedingt einige **klimatische und geografische Unterschiede:** Cres ist 409 km² groß mit einer Länge von 68 km und einer maximalen Breite von 11 km, das südlicher gelegene Lošinj misst gerade 75 km² (31 km lang, max. 4 km breit). Höchste Erhebung ist der **Gorice** (648 m) nahe Beli. Da die Inselgruppe den kühlen Nordostwinden (Bora) ausgeliefert ist, herrscht in der Nordhälfte von Cres (knapp 3500 Einwohner) ein spürbar frischeres Klima (1–2°C, 10–15 % mehr Niederschlag) als im Süden und auf Lošinj (etwa 10.000 Einw.), das durch die Berge rund um den Gorice geschützter liegt. Durch die Feuchtigkeit ist im Norden der Baumbestand an Eichen und Pinien vorherrschend, während sonst Mecchia (Maggikraut) das Landschaftsbild dominiert.

Die Bewohner von Cres gehen meist dem Gemüse-, Oliven- und Weinanbau oder dem Fischfang nach, Lošinj lebt dagegen von einem boomenden Tourismus sowie dem traditionellen Bootsbau. Verwaltungssitz ist **Mali Lošinj,** wo knapp zwei Drittel der Bewohner der beiden Inseln mittlerweile wohnen. Die wichtigste Straße ist die **„Inselachse"** von Porožina auf Cres nach Veli Lošinj auf Lošinj (95 km), eine sehr gut und zügig befahrbare Route.

Geschichte

Erste Siedler muss es schon in der Jungsteinzeit gegeben haben, befestigte Bauten oder Begräbnisstätten lassen sich jedoch erst ab der Bronzezeit nachweisen (liburnische Stämme). Die Inseln waren **ursprünglich nicht getrennt,** in der An-

Inselbus auf Cres/Losinj und Anbindung von/nach Rijeka

	1-5	1-5	1-6	1-7	1-5	SSF
Zagreb				09.00	14.15	
Rijeka			07.15	12.00 12.15	16.50 17.00	17.00
Opatija			07.40	↓	↓	↓
Brestova			08.15	↓	↓	↓
Porozina			08.45	↓	↓	↓
Flughafen Rijeka			↓	x	x	x
Omisalj			↓	13.00	17.45	17.45
Malinska			↓	13.05	17.50	17.50
Valbiska			↓	13.30	18.15	18.15
Merag			↓	14.00	18.45	18.45
Cres	06.20	08.05	09.30 09.35	14.15 14.15	19.00 19.00	19.00 19.00
Orlec	06.35	08.15	09.50	14.30	19.15	19.15
Martinscica	06.50	↓	↓	↓	↓	↓
Osor	07.15	08.25	10.20	15.00	19.50	19.50
Nerezine	07.20	08.30	10.25	15.05	19.55	19.55
Mali Losinj	07.50 08.00	08.55 09.00	10.45 11.00	15.20 15.25	20.15 20.15	20.15 20.15
Veli Losinj	08.15	09.10	11.15	15.40	20.30	20.30

	1-5	SSF	1-7	1-6	1-5	1-7
Veli Losinj	04.30	06.30	06.30	10.45	14.20	16.45
Mali Losinj	04.40 04.45	06.40 06.45	06.40 06.45	11.00 11.00	14.30 14.30	17.00 17.00
Nerezine	05.10	07.10	07.10	11.20	14.55	17.25
Osor	05.15	07.15	07.15	11.25	15.00	17.30
Martinscica	↓	↓	↓	↓	15.25	↓
Orlec	05.45	07.45	07.45	11.55	15.25	18.00
Cres	06.00 06.00	08.00 08.10	08.00	12.15 12.20	16.00	18.15 18.30
Merag	06.30	↓		↓		19.00
Valbiska	07.00	↓		↓		19.30
Malinska	07.10	↓		↓		19.40
Omisalj	07.20	↓		↓		19.50
Flughafen Rijeka	x	↓		↓		x
Porozina	↓	09.00		13.00		↓
Brestova	↓	09.30		13.30		↓
Opatija	↓	10.10		14.10		↓
Rijeka	08.05 08.30	10.40		14.40		20.30 20.40
Zagreb	11.15					23.15

1-7 verkehrt täglich SSF samstags, sonntags u. feiertags
1-5 nur Mo-Fr 1-6 nicht an Sonn- u. Feiertagen

tike wurde vermutlich nach der Eroberung durch die Römer *(Augustus*, um die Zeitenwende) der heute Cres und Lošinj trennende **Kanal** durch Apsirtides (so der damalige Gesamtname) gegraben. Nach dem Ende Westroms (476) fielen die nunmehr zwei Inseln an Byzanz, eine slawische Besiedlung erfolgte erst im Mittelalter (Tafel von Valun, 11. Jh.). Bis ins späte 18. Jahrhundert standen Cres und Lošinj unter venezianischer Herrschaft, anschließend (bis 1918) unter österreichischer. Nach dem italienischen Intermezzo (1918–1943) folgten die jugoslawische und schließlich die neue kroatische Epoche.

Allgemeine Reiseinfos Cres und Lošinj

An- und Weiterreise

Fähre vom Festland

■ Bedeutendster Transitort nach **Cres (Porožina-Pier)** ist **Brestova** auf dem istrischen Festland. Die **Fähre** (Pkw mit 2 Personen, 126 K) legt immer um „halb" in Brestova ab, zur vollen Stunde in Porožina. Die große Fähre hat eine Kapazität von ca. 60 Pkw-Plätzen, in der Hauptsaison wird zusätzlich eine kleine Fähre (30 Plätze) eingesetzt, sodass dann halbstündlich gefahren wird. Bei der Überfahrt hat man einen guten Ausblick auf die Küste bis Opatija und Rijeka.

Achtung: An Wochenenden ist diese Fährstelle **oft überlastet;** man sollte daher daher nach Möglichkeit einen Wochentag wählen und zudem sehr früh am Pier sein!

Fähre Krk – Cres

■ Seit dem Bau der Krk-Brücke wird auch die **Fähre Valbiska (Krk) – Merag (Cres)** intensiver genutzt: 5.50–22 Uhr 13x tgl. (etwa alle 75 Minuten), Pkw mit 2 Personen ca. 20 €.

Fähre Cres – Krk – Rab

■ **Wichtiger Hinweis für „Inselhüpfer":** Man kann per PKW-Fähre leicht Cres/Lošinj, danach Krk und schließlich auch von dort aus mit der jungen Verbindung Valbiska – Lopar (nicht Baška/Krk – Lopar/Rab, diese fährt derzeit nicht) nach Rab übersetzen. Da Krk somit immer „in der Mitte" steht, macht nur die Reihenfolge Cres – Krk – Rab oder umgekehrt Sinn.

Fähre Zadar – Pula

■ Schließlich legen auch (im Sommer) die **Schiffe der Route Zadar – Pula** (keine PKW!) in Mali Lošinj an, eine zeitaufwendigere und teurere Anreisemöglichkeit (siehe www.jadrolinija.com).

Inselbusse

■ Per Inselbus wird die Route Veli Lošinj – Mali Lošinj – Nerežine – Osor – Matričice – Cres-Stadt und dann entweder Merag – Valbiska (Krk) – Malinska – Omišalj – (4x tgl.) oder Porožina – Brestova – Opatija – Rijeka (3x tgl.) angefahren; Info-Tel. 051-571810.

Unterkunftssuche

Für Cres und die „deutsche Hochburg" Mali Lošinj können **Ferienwohnungen und Wohnwagen** unter www.sunbird.de vorab arrangiert werden; hier gibt es auch zahlreiche Sportangebote, geführte Radtouren, Radverleih, Surfschule usw. Weitere „cresspezifische" Seiten zur allgemeinen Information oder zum Arrangement von Unterkünften:

- www.cres24.com
- www.ferienwohnungen-cres.de
- www.insel-cres.net/de
- www.cres.de.

Für **Camper** wird die zentrale Seite www.camps-cres-losinj.com von Interesse sein. Spezielle lokale Seiten zu **Ferienwohnungen** sind www.island-cres.com oder www.cresapartments.com.

Beli

Nach der steilen Auffahrt vom Pier ist nach zwölf Kilometern der **Barbin-Sattel** (450 m, toller Aussichtspunkt) unterhalb des Gorice-Gipfels erreicht. Die Spitzkehre führt links hinunter nach Beli, einem schon in der Antike zentralen Ort auf Nord-Cres.

Nette Gassen winden sich durch die stille 150-Seelen-Gemeinde, deren höchsten Punkt die Pfarrkirche (18. Jh.) und der davor liegende Platz mit dem Brunnenrad bilden. Man kann sich nicht verlaufen und rund um den Ort mit den eng aneinander gedrängten alten Häusern schlendern, die winzigen Gärtchen prägen Feigen- und Granatapfelbäume. Einige tolle **Aussichtspunkte** gewähren famose Blicke auf den unterhalb gelegenen Strand und bis aufs Festland.

Der Zufahrtsweg zum Campingplatz führt auch zur alten Anlegestelle und dem netten **Steinstrand** von Beli. An der Gaststätte (Wandertafel) führen drei markierte Wanderwege von fünf, sechs und sieben Kilometern Länge in die Hügel des Umlands – gute Schuhe sind Voraussetzung!

Praktische Tipps

An- und Weiterreise

- **Busanbindung** nach Cres-Stadt besteht tgl. um 7.30 und 16 Uhr.
- Selbstfahrer finden einige kostenfreie **Parkmöglichkeiten** etwa 250 m vor dem Ort, nicht jedoch innerhalb.

Unterkunft

- Die **Pension Tramontana**②, kurz vor dem Örtchen links den Stichweg hinauf, bietet nicht nur Unterkunft, sondern auch Tauchgänge, Tel. 051-840519, www.diving-beli. com.
- Einfache Zimmer bietet auch die **Gostionica Beli**①-② (s.u.).

Camping

- **AC Brajdi na Moru**③, Tel. 051-840532, Fax 840522, http://perica666.wix.com/autokamp-brajdi. Vor der Kneipe links hinunter, dort auch Steinstrand und alte Anlegestelle (Bootsslip). 300 Plätze, Minimarkt.

Essen und Trinken

- **Gostionica Beli,** Tel. 051-940515, tgl. 10– 24 Uhr. Rustikale Dorfkneipe, zivile Preise trotz Monopol: Seebrasse oder Scampi vom Rost oder Lammbraten sind keinesfalls überteuert.
- **Pension-Bife Tramontana,** zwischen den Parkplätzen und dem Ortseingang linker Hand den Weg hinauf (beschildert), bietet frische Fischgerichte und organisiert auch Jazz-Abende; Tel. 051-840519.

> Cres-Stadt, das Inselzentrum

Einkaufen

■ An der Zufahrtsstraße wurde ein **„Eko-Centar" Caput Insulae"** („Öko-Zentrum Inselhaupt") eingerichtet, wo in geringem Umfang lokale und besonders umweltfreundlich produzierte landwirtschaftliche Erzeugnisse (vorwiegend Honig und Olivenöl) vertrieben werden. Hauptaufgabe des Zentrums ist allerdings der Schutz bedrohter Vogelarten, etwa des Gänsegeiers. Sehr unregelmäßig geöffnet, Tel. 051-840525, www.supovi.hr/english-sponsorship.

Cres-Stadt

Allein 3000 Menschen, 90 % der Gesamtbevölkerung der Insel Cres, wohnen in Cres-Stadt, dem unbestrittenen Zentrum. Eingebettet in karg bewachsene Hügel war der kleine Hafen unter dem Namen Crepsa schon in der Antike von Bedeutung. Die städtische Ummauerung stammt aus der venezianischen Zeit, Teile davon, einschließlich der Stadttore, sind gut erhalten.

Heute verfügt Cres über eine **sehenswerte Altstadt** rund um das alte Hafenbecken, wo sich die meisten Touristen aufhalten. Den Campingplatz und Hotelanlagen findet man westlich, Einkaufsmöglichkeiten (Supermarkt) östlich der Altstadt. Fußgänger können den angenehmen **Promenadenweg** (Palada/ Lungomare Sv. Mikula) vom Altstadthafen bis zum Camp Kovačine nutzen.

Sehenswertes

Franziskanerkloster

Vom Parkplatz hinter dem Trg Sv Frane passiert man das Franziskanerkloster aus dem 14. Jahrhundert, in dem die **älteste glagolitische Bibel** (gedruckt 1494 in

003kb wl

Senj) aufbewahrt wird. Hübsch anzuschauen ist der Innenhof mit Säulengang, Brunnen und der Büste des *Antonius Petris,* des ersten Franziskaners auf Cres.

Hafen

Rund um das kleine Hafenbecken pulsiert das Herz der Stadt; kleine Geschäfte und Boutiquen, Cafés, ein kleiner Fischmarkt (heute meist Honig/Obst/Kunst) und zum Teil recht hübsch restaurierte Altstadtbauten prägen die **Promenade** zwischen Cons Trg und Trg Petrića. Der zentrale Brunnen wäre an und für sich eine gute Idee, die futuristisch anmutende Umsetzung wirkt hier in Cres allerdings etwas verfehlt.

■ Die **Ausflugsboote** am Hafenbecken (sowohl am Cons als auch an der Lungomare-Promenade) werben für diverse Touren und Ausflüge aller Art (Baden, Fischpicknick, Weintour usw.), je nach Dauer und Inhalt 20–50 €, mobil 098-9913815.

Altstadt

Am Hafen führt rechter Hand ein Durchgang durch das alte **Seetor** aus dem 16. Jahrhundert in den Altstadtkern. Gleich dahinter ragt der **Glockenturm** der Pfarrkirche **Sv Marija Snježna** empor (15./16. Jh.; tgl. 10–12 und 18–21 Uhr, Turm 9–11 und 18–20 Uhr). Von hier aus mag es fast ein wenig gruselig wirken, die engen und verwinkelten Altstadtgassen zu durchstreifen – interessant ist es allemal, das Leben in den Hinterhöfen einmal hautnah zu erleben: Beschwingte Rentner füllen fässerweise Šljivovica und Grappa ab, alte Frauen häkeln und stricken vor den Türen, die Kinder tollen unbeschwert durch die verkehrsfreie Altstadt. Sehenswert ist noch die **Kapelle Sv Sidar** mit der ersten Glocke von Cres aus dem 14. Jh.

Praktische Tipps

An- und Weiterreise

Busse

■ Alle **Busse von Lošinj nach Rijeka** halten in Cres, die Haupthaltestelle liegt direkt vor der Altstadt in der Zazid (Details siehe Anfang des Kapitels). Reine **Inselverbindungen** von/nach Cres-Stadt sind die Linien Beli (Sommer 7, 15.30, Winter 6.30 und 14.15 Uhr) sowie Valun/Lubenice (4.30, 8.30 (nur im Sommer), 16.30, 19 Uhr). Fahrkarten und Auskünfte erhält man schräg gegenüber der Haupthaltestelle bei Autotrans (Zazid 12, Tel. 060-306020).

Auto

■ Selbstfahrer sollten den großen **Parkplatz** (15 K pauschal ohne Zeitbegrenzung) hinter dem Franziskanerkloster nutzen, für Tagesbesucher die einfachste Möglichkeit; die Altstadt selbst ist gänzlich autofrei.

Info und Agenturen

■ **Touristeninformation** Cres, Cons 10, Tel./Fax 051-571535. www.tzg-cres.hr. Geöffnet tgl. 8–21 Uhr, So 9–13 Uhr. Gute Webseite mit Wanderwegen, Veranstaltungshinweisen und einem umfassenden Katalog der meisten Zimmer- und Wohnungsanbieter der Stadt (Spalte „Unterkunft-privat").

■ Private Agenturen für Zimmer, Ferienwohnungen sowie Bus- und Flugtickets findet man rund um den Trg Cons am Hafenbecken. Nützlich für Ausflüge, Touren, Unterkunft, Fahrzeuge ist hier z.B. das **Turist-Biro Cres** (direkt neben der Post, Tel. 051-571133, www.cresanka.hr), wo auch alle Fahrpläne (Fähren, Busse) außen eingesehen werden können. Ebenfalls empfehlenswert ist die **Agentur Crespa** am Trg Svetok Jurja oder **Croatia** (Tel. 040-030387, www.crespa.com, hier auch Internetcafé und Fahrradverleih) neben der Touristinformation. Einige Agenturen bieten auch Mopedverleih oder Geldwechsel.

Unterkunft

Hotels

■ **Hotel Kimen**③, Tel. 051-571161, Fax 571322, www.hotel-kimen.com, ordentliche DZ mit Balkon und Frühstück, mit Open-Air-Disco und Tennisplatz.

■ **Hotel Cres**①, Riva Kapetana, Tel. 051-571108, recht einfache, aber günstige Zimmer.

FeWo/Zimmer

■ Sehr preiswert und zuverlässig sind die Zimmer/Apartments **Cres,** zu buchen unter www.tbcres.com/de mit Wohnungen für 4 Pers. oder DZ im Zentrum, Tel. 051-571133, Fax 571 080.

Cres-Stadt

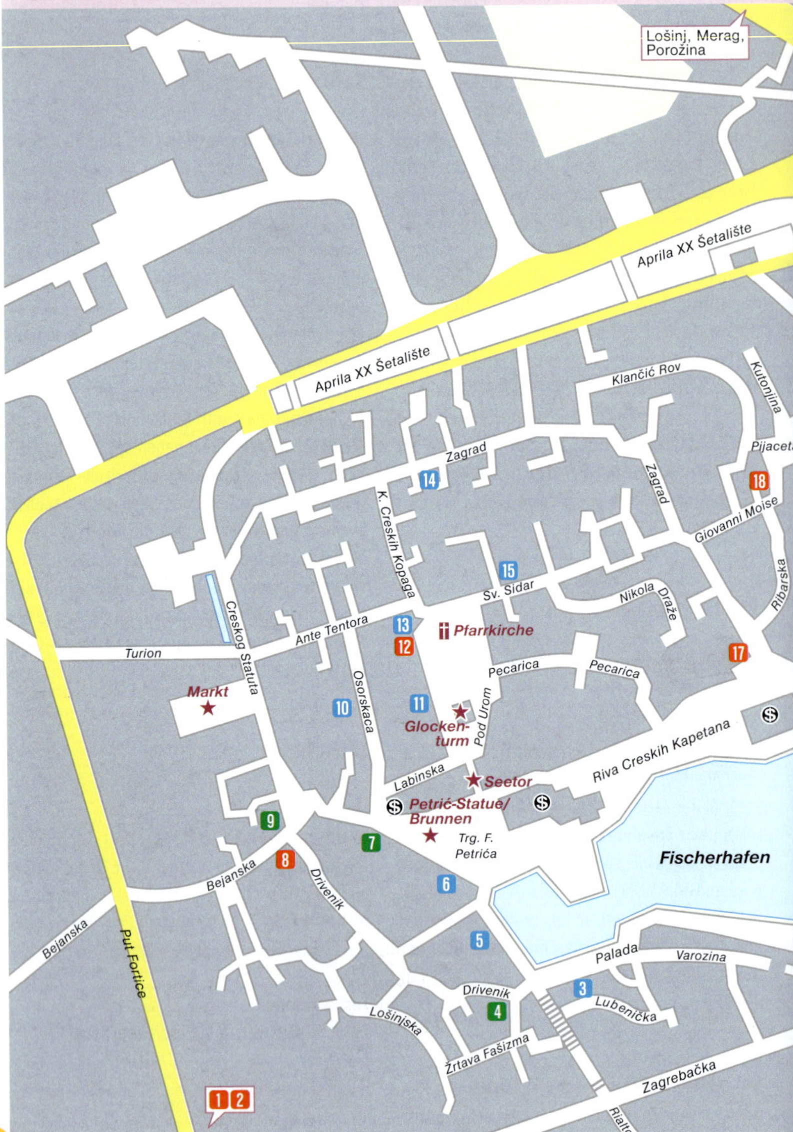
Lošinj, Merag, Porožina
Aprila XX Šetalište
Aprila XX Šetalište
Klančić Rov
Kutonjina
Pijaceta
Zagrad
Zagrad
Giovanni Moise
K. Creskih Kopaga
Sv. Sidar
Nikola Draže
Ribarska
Creskog Statuta
Ante Tentora
Pfarrkirche
Turion
Pecarica
Pecarica
Markt
Osorskaca
Pod Urom
Glocken-turm
Riva Creskih Kapetana
Labinska
Seetor
Petrić-Statue/ Brunnen
Trg. F. Petrića
Fischerhafen
Bejanska
Drivenik
Bejanska
Put Fortice
Palada
Varozina
Drivenik
Lubenička
Lošinjska
Žrtava Fašizma
Zagrebačka
Rialto
1 2 3 4 5 6 7 8 9 10 11 12 13 14 15 17 18

0
50 m
©Reise Know-How 2013
Kroat19
P
Franziskanerkloster
22 Marina (ca. 1 km)
Polizei
Zazid
Peškera
19
20
Barnandino Rizzi
21
Zazid
T
B
24
i
23
Brodogradilište Marina
Werft
25
Hafenmeisterei
$
$
Dr. Cirila i Metoda
Cons
Cons
Palada
26
27
28
29
Lungomare Sv. Mikula
2 (1,5 km),
★ Promenade
Essen und Trinken
3 Pizzeria Rosa Luna
5 Fast-Food-Lokale
6 Amphora
10 Konoba Kopač
11 Café-Bar Kadena
13 Konoba Busola
14 Bistro-Pizzeria Chersium
15 Al Buon Gusto
19 Astoria
20 Adria Grill
27 Santa Lucia
29 Café Obala
Übernachtung
1 Hotel Kimen, Villa Erdelja
2 AC Kovačine
8 Zimmervermieter
12 Palazzo Floreus
17 Hotel Cres
18 Aptm. Kolega
26 Aptm. Mareta
28 Aptm. Lungomare
Einkaufen/ Sonstiges
4 Vinoteka Katunar
7 Apotheke
9 Agentur Crepsa
21 Fischgeschäft
22 Supermärkte
23 Agentur Croatia
24 Agentur Cons
25 Turist-Biro Cres

■ Wer selbst etwas direkt im Ort sucht: ein kleiner **Zimmervermieter** liegt direkt neben der Agentur Crespa im Zentrum (Nr. 5, Ul. Creskog Statuta) und auch direkt um die Ecke vom Glockenturm im zur Konoba Busola gehörenden **Palazzo Floreus** (Tel. 051-571676, www.cres-busola.com), wo auch Apartments vermietet werden.

■ Weitere Apartments findet man in einem restaurierten Bürgerhaus bei Familie **Kolega,** Pijaceta 19, mitten in den ruhigen Altstadtgassen.

■ An der Promenade Lungomare Sv. Mikula findet man ebenfalls etliche Apartmentvermieter, etwa **Lungomare**③, mobil 099-5176914. Um die Ecke (Lungomare Sv. Mikula 2) liegen die hübsch restaurierten **Apartments Mareta**③ (mobil 091-503 9625).

■ Auf halber Strecke zwischen Altstadt und Hotel Kimen/Strandbereich liegt die **Villa Erdelja**② (Melin II Nr. 31, Tel. 051-571328, www.erdelja.com), die schön verschachtelte, unterschiedliche Wohneinheiten für 2–4 Personen anbietet.

Camping

■ **AC Kovačine**②, Tel. 051-571423, Fax 571086, www.camp-kovacine.com. Ursprünglich einmal ein reiner FKK-Campingplatz, findet man hier mittlerweile auch DZ (Haus Tamaris), Mobilheime②-③, klassische Stellplätze, ein angeschlossenes Restaurant (Tel. 051-571689) und ein ordentliches Unterhaltungsangebot (Tauchschule, Gymnastik, Basketball, Volleyball, Grillpartys, Livemusik usw.) direkt am Meer; WLAN inkl. Heute abgetrennte FKK- und Textilabschnitte.

Essen und Trinken

Einfache Snacks, Eiscafés

■ In den Cafés und Restaurants an der Promenade bekommt man meist auch Frühstück – ein sonst eher seltener Service in Kroatien. Eines der beliebtesten ist das **Café Obala** (Palada 10).

■ Neben der Pfarrkirche (Pod Urom 5) bietet die **Café/Bar Kadena** preiswerte Erfrischungen.

■ In der Zagrad liegt die **Bistro-Pizzeria Chersium** (Tel. 051-571564, tgl. 18–23 Uhr) mit günstigen und einfachen Gerichten.

■ Immer gut gefüllt, wenngleich etwas überteuert, ist die **Pizzeria Rosa Luna** (Palada 6, tgl. 10–24 Uhr). Pizzen ab 7 €, Spaghetti ab 7,50 €.

■ Sehr angenehm ist auch die Café-Bar **Astoria** am oberen Stadttor, gelegentlich Live-Musik (Jazz).

■ Weitere **Fast-Food-Lokale** und **Eiscafés** liegen direkt am Kopfende des Hafenbeckens am Trg Frane Petrića.

Restaurants

■ In der mittleren Preisklasse empfehlen sich die sehr nett gelegene **Konoba Kopač** (16– 24 Uhr, Tel. 571956) sowie das Restaurant **Amphora** am Trg Frane Petrića 5 (Tel. 051-571288), beide mit „gutbürgerlicher Küche".

■ Die **Konoba Busola** (Ante Tentora, Tel. 571676, tgl. 10–2 Uhr) bietet ausgezeichnete Fischplatten für 2 Personen, aber auch Kleinigkeiten wie Pleškavica oder Spezialitäten wie istrische Würste in Wein sowie Fuži mit Trüffeln.

■ **Al Buon Gusto** (Sv. Sidar 14, Tel. 051-571878, 17.30–23 Uhr) serviert einfache, preiswerte und schmackhafte Gerichte wie gegrillten Tintenfisch mit Mangold, große Pizzen kosten 35–50 K.

■ Wer es gehobener mag: Von 10–23 Uhr tgl. serviert der **Adria Grill** (Zazid, Tel. 571 520) exzellente Fisch- und Fleischplatten.

■ Auch an der Promenade Lungomare Sv Mikula findet man einige gute Restaurants. Gute Kritiken erhielt das **Santa Lucia** (Lungomare 41, Tel. 051-573222, tgl. 9–24 Uhr) für den preiswerten Thunfisch in Olivenöl oder das Meeresfrüchte-Risotto. Hier findet man auch Spezialitäten aus dem benachbarten Istrien wie Medaillons mit Trüffeln und Fuži mit Trüffeln.

Einkaufen

■ **Andenkenhändler** säumen den Trg Petrića (Düfte, Aquarelle usw.)

■ **Metzgerei Cons,** Riva Creskih Kapitana (am Hafenbecken vor dem Hotel Cres), Mo bis Sa 7–12 und 18–20 Uhr, So nur 7–12 Uhr. Eine weitere Metzgerei liegt direkt neben dem Glockenturm.

■ **Ribarnica** (Fischgeschäft), Zazid 16, tgl. 7–12 und 18–20 Uhr, So nur 7–12 Uhr.

■ **Kioske** mit Zeitschriften und Postkarten gibt es am Trg Petrića.

■ Die sehr gute **Bäckerei Loznati** (tgl. 5–13 und 18–21 Uhr, Tel. 051-573028), aber auch **Obst- und Gemüse-** sowie weitere **Souvenirstände** (Angelzubehör, Textilien) findet man am neuen Markt in der Creskog Statuta.

■ Selbstversorger finden einen **Minimarkt** in der Zazid im Zentrum.

■ Deutlich preiswerter kauft man aber im **Konzum-Supermarkt** in der Jadranska Obala ein (vom Franziskanerkloster-Parkplatz aus am Ufer Richtung Marina, erste Abzweigung links ins Wohngebiet, nach 150 m linker Hand): Basissortiment, Frischfleisch/-käse und frische Backwaren, insgesamt günstigste Einkaufsmöglichkeit der Stadt, wenngleich längst nicht so gut wie in Mali Lošinj. Mo bis Sa 8–21 Uhr, So 9–13 Uhr.

■ **Vinoteka Katunar,** vor der Rialto-Treppe am Hafenbecken links in der Drivenik-Gasse. Hier kann man sowohl Weine aller Art kosten als auch direkt in mitgebrachte Flaschen – je nach Sorte ab 15 K/ Liter – abfüllen lassen (8–12 und 18–21 Uhr, Tel. 052-7741839).

Nützliches

■ **Polizei:** Tel. 051-571207, Vatrogasci (nahe Franziskanerkloster).

■ **Erste Hilfe:** Trg Petrića/Ecke Labinska (Tel. 051-571116), Apotheke am Trg Petrića; Kreiskrankenhaus 051-571247.

■ **Bank/Geldautomat:** Mehrere Institute mit Geldautomat finden sich am Cons und entlang der Riva Kapetana.

■ **Post:** Cons 1, Mo–Fr 9.30–12 und 13.30–17 Uhr.

■ **Internetcafé:** Agentur Croatia, Cons 8, neben der Touristeninformation, Tel. 040-030387, tgl. 8–22 Uhr. **WLAN** kostenlos im gesamten Campingareal.

■ **Tankstelle:** am unteren Ende der Zazid neben der Bushaltestelle.

■ **Hafenmeisterei** (für Taucher und Bootsführer): Brodogradilište Marina, Tel. 051-571111.

■ **ACI Marina:** 1,5 km Richtung Lošinj, Tel. 051-571622, www.aci-club.hr.

Aktivitäten

■ **Tauchen:** PADI Diving Cres, im AC Kovačine, deutschsprachig, Tel. 051-571706, www.diving cres.de.

■ **Kinderhüpfburg:** Ecke Palada/Lungomare

Valun

Auch wenn man nur auf der Durchreise ist – ein Abstecher nach Valun (und Lubenice) ist unbedingt empfehlenswert: Bergdorf und Meer mit dem **klarsten Wasser Kroatiens** in absoluter Ruhe findet man in dieser Zusammenstellung so rasch nirgends. Kurz hinter dem Abzweig von der Inselstraße Richtung Valun/ Lubenice besteht rechter Hand eine Haltemöglichkeit (Feldparkplatz) mit schöner Aussicht.

Valun mit seinen etwa 80 Einwohnern gibt sich als **autofreier Kurort** (Parken vor dem Ort für 15 K pauschal), der eigens die **„Valuner Grundregeln“** aufgestellt hat: nichts zerstören, keinen Abfall auf den Boden werfen, keine Mauersteine entfernen – außerdem sollen Eselskarren für den Gepäcktransport der in Valun untergekommenen Touristen vom Parkplatz zum Domizil sorgen. Das Ganze wirkt nur auf den ersten Blick gekünstelt, bei genauerem Hinsehen entpuppt sich Valun als **„Schweiz Kroatiens“:** idyllische Beschaulichkeit gepaart mit dem vielleicht klarsten Adriawasser überhaupt.

Einziges historisches Monument ist die Pfarrkirche mit der **Valuner Tafel,** einer glagolitisch-lateinischen Steintafel vom Ende des 11. Jahrhunderts. Neben der Touristeninformation lädt eine **traditionelle Ölmühle** (Uljara) zur Besichtigung ein.

Von den hoch gelegenen Parkplätzen kann man entweder links zur kleinen **Badebucht** (Kiesstrand) hinuntergehen oder rechts hinunter zu den Gaststätten und Unterkünften; beide Abschnitte sind per Promenade (ca. 300 m) miteinander verbunden. Geht man vom Gastronomiebereich am Ufer entlang in die entgegengesetzte Richtung, bestehen weitere Bademöglichkeiten (befestigt) bis hin zum Kiesstrand des Campingplatzes.

Praktische Tipps

An- und Weiterreise

- **Bus:** Abfahrt nach Cres tgl. 5.33, 8.50, 16.50 und 19.20 Uhr, nach Lubenice um 8.50, 16.50 und 19.20 Uhr (Sommerfahrplan)

Information

- **Touristeninformation** (Cresanka bb, tgl. 8–21 Uhr, Tel. 051-571161 und 525050) mit Zimmervermittlung (ab 40–45 €/DZ), Geldwechsel, Ticket- und Ausflugsorganisation usw.

005kb wl

Unterkunft, Camping

- **Pension Za Odmor**②, Tel. 051-573053 oder über die Agentur Cresanka (s.o.), DZ 30–35 €, FeWo für 4 Personen 55–90 € je nach Saison.
- Auch das **Bistro Mamalu**②, Tel. 051-525008, www.mamalu-valun.hr, bietet sehr schöne Zimmer direkt am Ufer zwischen 50 und 65 € sowie kleine 4er-Apartments.
- **FKK-Camp Zdovice-Valun**②, Tel. 051-571161, Fax 571163, www.cresanka.hr, Anmeldung vor Ort auch über die Agentur Cresanka.

Essen und Trinken

Es gibt einige Gaststätten im Ort, wobei die Preise etwas höher als andernorts liegen.

- Besonders nett ist am Ufer in der Ortsmitte das **Toš Juna** (Tel. 051-525084) mit seinen glagolitischen Steintafeln im „Biergarten". Sehr gut sind hier Miesmuscheln und der ausgezeichnete Schafskäse.
- Im gehobenen Preis-Leistungssegment serviert das **San Marco** (Tel. 051- 525004) eine sehr gute Gemüsesuppe oder gegrillten Fisch.
- Nur vom 1.3. bis 1.9. brät das **Bistro Mamalu** (Tel. 051-525008) nebenan täglich 12–23 Uhr, wobei der Begriff „Bistro" deplatziert ist, da es sich um ein vorzügliches Fischlokal handelt.
- Für Erfrischungen, Kuchen oder Eis bietet sich die **Café-Bar Valunjanka** an.

Nützliches

- **Bootsverleih** und Bootstaxi unter mobil 098-9594566 sowie über die Touristeninformation oder die Agentur vor Ort.
- **Minimarkt** am Ufer, führt auch Briefmarken, tgl. 7.30–12 und 17–21 Uhr, So nur vormittags.
- **Geldautomat** beim Minimarkt.
- **Kleiner Obst-/Gemüsemarkt** (auch Speiseeis) am zentralen kleinen Platz.

Lubenice

Lubenice ist ein **Bergdorf** mit noch etwa 40 Einwohnern, in dem sich allabendlich Fuchs und Hase „Gute Nacht" sagen, ohne jegliche historische Sehenswürdigkeit oder andere touristische Highlights, mit nur einer tollen kleinen **Biergarten-Imbissstube.** Direkt hoch über dem Meer gelegen, ist der nächste Strand knapp 30 Gehminuten (ziemlich steil hinab) entfernt und das Nachtleben beschränkt sich auf den Sonnenuntergang – und trotzdem ist der Miniort ein echter Tipp! Es sind die wundersame, unvergleichliche, **friedliche Idylle** des luftigen Dörfchens, die malerische, geradezu einmalige Lage oberhalb des Meeres und sicher auch der nur zu Fuß erreichbare **einsame Strand** unterhalb des Ortes: Lubenice ist schlicht Idylle pur!

In zwei, drei Bauernhäusern hängen **Schaffelle** zum Verkauf aus, der Haupterwerb der Bewohner ist die Schafzucht. Am anderen Ortsende (einfach durchgehen) oberhalb der Klippe gibt es mehrere Aussichtspunkte und ein kleines **Museum zur Schafzucht** (kostenlos), welches bis 1986 als Dorfschule diente.

Die **malerische Bucht** unterhalb des Ortes ist einfach verführerisch! Vom Parkplatz führt ein Fußweg hinunter (ca. 30 Min., es geht schneller als vermutet – zumindest abwärts).

◁ Valun – abgeschiedener Urlaubsort auf Cres

An- und Weiterreise

- Der **Linienbus** fährt um 4.30, 8.30, 16.30 und 19.30 Uhr ab Cres und um 5, 9.30, 17.30 und 20 Uhr ab Lubenice, allerdings nur im Sommer; ansonsten bleibt nur die Möglichkeit von/nach Valun (siehe dort).
- Ausreichend **Parkplatz** ist vor der Kapelle vorhanden; schon bei der Einfahrt ins Dorf wird ein Parkplatzticket (pauschal 20 K) verkauft, andere Möglichkeiten gibt es nicht!

Essen und Trinken

- **Imbissstube** mit deftigen Schinken- und Käseplatten (50 K), mit Lammgerichten (220 K/kg) und Fassbier (18 K) – das alles mit herrlicher Aussicht!
- Mitten im Dorf bietet die **Konoba Hibernica** tolle Lammgerichte im Römertopf, Tel. 051-840422.

Miholašćica

Nachdem bei Vrana ein Blick auf das unterhalb gelegene Süßwasserreservoir Vransko Jezero (Zutritt verboten) genossen werden konnte, führt die nächste Abzweigung hinter Hrasta nach Martinšćica und zum AC Zlatina. Über die sehr gut ausgebaute Nebenstraße wird Miholašćica durchquert, ein kleiner Bauernort, der sich durch den Durchgangstourismus mittlerweile zu einem Ausweichstandort gemausert hat. An der Hauptstraße liegen einige Vermittlungen für Unterkünfte und Gaststätten (Konoba Ugnjišće, Gostionica Mareta); die kleinen, sehr sauberen **Badebuchten mit Felsstrand** laden zum Baden ein.

Im nahezu mit Miholašćica zusammengewachsenen Ortsteil **Zaglav** kann man an einigen Stellen hinunter zu hübschen Badebuchten gehen oder klettern (teilweise steil). Die touristische Infrastruktur von Zaglav beschränkt sich – noch – auf die große gleichnamige Ferienwohnungen-Anlage mit Minimarkt.

Info und Agenturen

- Derzeit bieten erst zwei Agenturen ihre Dienste (Unterkunft, Touren usw.) an, die **Agencija Zaglav,** Tel. 051-574169, Fax 574074, zaglav@ri.t-com.hr, sowie **Rona Zaglav,** Tel. 051-715728, www.apartments-rona.com.
- Weitere Angebote zu Zaglav findet man auch unter **www.adria24.hr** oder **www.kvarner.com.**

Martinšćica

Kurz hinter dem Ortsende von Zaglav geht es an einem Abzweig geradeaus zum AC Zlatina, links hinein nach Martinšćica (knapp 200 Einwohner), benannt nach der **Pfarrkirche Sv Martin** mit angeschlossenem Kloster. Parken kann man auf dem großen Parkplatz auf halber Strecke das Sträßchen hinein rechter Hand. Der Ort ist sehr klein und überschaubar, alles ist leicht zu Fuß erreichbar.

Martinšcica gehört noch zu den ruhigeren Orten, Sehenswertes und Touristenströme sucht man hier vergebens. Ansonsten laden der Kiesstrand, das Eiscafé Riva und die örtlichen Gastronomiebetriebe zum Verweilen ein. Einzig der teilweise erhaltene **Aquädukt** am Parkplatz (hinter dem Zaun) zieht die Blicke einiger Interessierter auf sich.

Praktische Tipps

An- und Weiterreise

- Es mag überraschen, aber das **Personenboot** (Katamaran) Mali Lošinj – Rijeka (3x wöchentl.) hält ausgerechnet hier! Nach Rijeka Mo 8.15 Uhr, Do und Sa 7.40 Uhr, retour ab Rijeka jeweils um 17 Uhr; nach Mali Lošinj Do und Sa 19.05 Uhr, jeweils 6 Uhr ab M. Lošinj. Verkehrt nur im Sommer!
- **Bus:** Für Touristen nur miserable Anbindung, 6.30 Uhr Richtung V./M. Lošinj, 14.30 Uhr Richtung Cres.
- **Bootstaxis** etwa für Individualtouren zu vorgelagerten Inseln können unter mobil 098-260088 geordert werden.

Agentur

- **Agentur Seca Martinšćica,** neben der Privredna Bank an der Promenade, Tel. 051-574107, Fax 574284, www.apartments-cres-losinj.com, tgl. 8–21 Uhr. Haben zahlreiche Unterkünfte hier und in den umliegenden Dörfern im Programm.

Unterkunft, Camping

- **Hotel-Pension Zlatni Lav**③ (Tel. 051-574020, www.hotel-zlatni-lav.com), früher nur eine Disco-Pizzeria, heute nach mehreren Umbauten und Erweiterungen auf dem Weg zur Nobelherberge, kurz vor dem Camp (Sackgasse).
- **AC Slatina**③, Tel. 051-574127, Fax 574167, www.camp-slatina.com, Infos auch unter www.camps-creslosinj.com. Mit Tauchbasis und FKK-Strand.

Essen und Trinken

- Einfache Snacks und Pizzen haben **Fast Food Mario** und die **Pizzeria Mia** am Parkplatz (Tel. 051- 571217) im Angebot. Im mittleren Segment bietet sich die überraschend preiswerte **Konoba Kaštel** (Martinšćica 22, Tel. 051-236256) an.
- Ein Fußweg bei der Kapelle/Hauptstraße führt landeinwärts (Vidovci) über zwei Kilometer zum **Restaurant Mali Raj** (beschildert, mobil 098-715856, tgl. ab 19 Uhr), das für Lammspezialitäten bekannt ist.

Einkaufen

- Am Parkplatz liegen eine kleine **Metzgerei** sowie (je nach Saison) **Obst- und Gemüsestände.**
- Der **Minimarkt Plus** an der Promenade führt ein umfangreiches Basissortiment.

Nützliches

- Oberhalb des Parkplatzes liegt etwas versteckt die **Post** (mit Wechselstube), geöffnet nur Mo–Fr 8–15 Uhr (Pause 12.30–13.30 Uhr); direkt nebenan **Erste-Hilfe-Station.**
- **Banken** mit Automat (Privredna und Erste) an der Promenade; Mo–Fr 8–14, Sa 8–12 Uhr.
- **Telefonzelle** an der Eisdiele Riva.
- **Ausflüge und Inseltouren** können direkt am Pier organisiert werden, z.B. Ilovik/Susak-Tagestour ca. 25 €, Šilba/Ilovik 30 €, Devin-Tours, mobil 098-9919580.

006kb wl

Belej und Ustrine

Das Straßendörfchen Belej (nicht zu verwechseln mit Beli ganz im Norden) bietet keine touristisch herausragenden Attraktionen, zeichnet sich aber durch einige Lokale (Konoba Leut und Bife Gromaća) aus, in denen fast rund um die Uhr knusprige Spanferkel zum Zwischenstopp locken. Am Ortsrand werben Honigverkäufer für meist hausgemachte Produkte. Nördlich von Belej liegt übrigens die offizielle Verwaltungsdistriktsgrenze der Inselteile Cres und Lošinj, die natürlich nichts mit den tatsächlichen geografischen Gegebenheiten zu tun hat.

Bootsverleih in Punta Križa

Zwischen Belej und Osor zweigen eine neuere und eine ältere Seitenstraße nach Ustrine ab. Der Ort war schon in römischer Zeit besiedelt (Mosaiken- und Keramikfunde), man vermutet aber, dass Urnenfunde sowie der Name (Ustrinum = Totenverbrennungsplatz) auf eine Bestattungsanlage hindeuten, die schon in der Jungsteinzeit entstanden war.

Heute hat sich hier, etwas abseits der Inselhauptstraße, ein kleines landwirtschaftliches Zentrum mit **Schafzucht** entwickelt. Touristen sieht man weniger, wenngleich immer mehr Einheimische das Zubrot als Zimmervermieter für sich entdecken. Die **Buchten** unterhalb des Ortes zählen noch immer zu den „Geheimtipps" für Badeurlauber: Von der romantischen Kirche des Hl. Martin führt eine asphaltierte Straße extrem steil (geschätzte 20 % Steigung!) hinunter zu den drei Buchten von Ustrine: Porat, Veli Žal und Županj.

Unterkunft, Essen und Trinken

■ **Mihaela Svetec,** Tel. 051-524015, misvetec@gmail.com, vermietet einfache und günstige Apartments für 2–4 Personen, ebenso **Danila Viskov,** Tel. 051-231810, ustrine@Losinj.net.

■ Für das leibliche Wohl sorgt das **Bufet Panorama,** Tel. 051-524022.

Punta Križa

Vor der Brücke in Osor führt links eine schmale Seitenstraße (für Bootshänger und Wohnmobile bei Gegenverkehr ziemlich kanpp) zur zwölf Kilometer entfernten **Landzunge** Punta Križa. Diese Landzunge, die den Südrand der Insel Cres bildet, zeichnet sich durch eine einigermaßen geschlossene Vegetation und die hier wieder angesiedelten **Rotwildbestände** aus (Achtung: in der Dämmerung häufiger Wildwechsel auf dieser Straße!). Außerdem findet man einen sehr beliebten Campingplatz mit FKK-Bereich.

Der gleichnamige **Ort Punta Križa** liegt auf einem kleinen Hügel nicht direkt am Meer, dennoch hat man von den meisten Ferienwohnungen (Hotels Fehlanzeige) eine herrliche Rundumsicht.

An der (einzigen) Kapelle in der Ortsmitte führt ein befestigtes Sträßchen hinunter zu einer kleinen **Bucht** an der Ostseite (**Uvala Ul,** ca. 1500 m; 10 Minuten zu Fuß) mit **Bademöglichkeit.**

Folgt man von Punta Križa aus der „Hauptstraße" vier Kilometer weiter, endet das Sträßchen am **Campingplatz Baldarin-Uvala** in einer ansonsten unbebauten, einsamen Bucht. Hier findet man gute Bademöglichkeiten, das Areal ist trotz Schranke auch für Nichtcamper offen (vor der Zufahrt parken); der FKK-Bereich befindet sich ganz am Ende rechts die Bucht entlang (beschildert).

Wanderung von Punta Križa zum Camp Baldarin

An der kleinen Bucht Uvala Ul (s.o.) wird das Sträßchen zur Piste und führt danach als Wanderweg Richtung Camp Punta Križa, mit dem Auto kann man vorsichtig bis zum Kap Zaklopica mit schöner Aussicht über die Inselwelt fahren (nicht aber zum Camp).

Man folgt von der Uvala Ul zu Fuß der Beschilderung „Lusare/40 Minuten" die breite Piste entlang an umzäunten Parzellen vorbei. Nach einer halben Stunde muss man gut aufpassen, die Gabelung **Lusare** ist nämlich nicht weiter beschildert; man achte auf rote Wegmarkierungen rechter Hand an Felsen (geradeaus käme man nach ein paar Minuten zu einem runden Waldparkplatz, wo die breite Piste als Waldweg geradeaus weiterführt). Bei dieser „Bemalung" sieht man zwei kleine Wege, einen nach vorn rechts an einer Ruine vorbei (verkehrt!), und scharf rechts den richtigen Weg zum Camp (nicht für Pkw oder Rad geeignet!). Bald darauf passiert man einen Tümpel (links liegen lassen) und folgt dem Pfad den kleinen Hang aufwärts. Oben angelangt geht der Weg/Untergrund zunächst in Schotter über, dann wird er steinig (schwer zu gehen), man kann sich aber nicht verirren. Nach insgesamt etwa 1½ Stunden passiert man eine Schranke, die bereits im Campingareal liegt (rechts Sträßchen bzw. geradeaus Fußweg zur Rezeption).

Praktische Tipps

An- und Weiterreise

- **Bus:** Im Sommer besteht Mo bis Fr 2x tgl. Busverbindung von/nach Osor (6.05 und 15.10 Uhr ab Osor, 6.30 und 15.30 Uhr ab AC Baldarin).

Unterkunft, Camping

- Voraborganisation von Ferienwohnungen z.B. unter www. puntakriza.com oder www.tourist-online.de; privat bei **Apartmani Biondic/Vila Fiena,** Punta Križa 36a, Tel. 051-235670. Schöne und preiswerte kleine Ferienwohnungen am Ortsausgang Richtung Camp (rechts, unten Naturstein oben hellrot).
- **FKK-AC Baldarin-Uvala**②, Tel. 051-235680, Fax 604646, www.camp-baldarin.com, sehr abgeschieden und ruhig, mit Minimarkt und Obstständen; Mai–Okt. Einige wenige Mietwohnwagen sind erhältlich.

Auf dem Gelände befindet sich auch der **Bootsverleih Dodig** (Segelboot 320 K/Tag, Surfbrett, Kanu, Tretboot je 250 K/Tag, Kajak 120 K/Tag, Motorboot 600–900 K/Tag), wo auch Räder für 100 K/Tag erhältlich sind; mobil 098-368778.

Das **Bife Lučica** im Camp wird von Besuchern sehr gelobt für seine ausgezeichneten Muschelgerichte.

Nützliches

- Das kleine Straßendorf verfügt über einen **Minimarkt** (tgl. 7–12 und 18–19.30 Uhr, So nur vormittags; hier auch eine Telefonzelle) sowie direkt daneben die sehr beliebte **Konoba Tina** mit exquisitem Spanferkel (nur Mi und am Wochenende sowie auf Bestellung, mobil 098-328381).

Osor

Das gerade einmal 100 Einwohner zählende, aber viel größer wirkende Städtchen Osor bildet das **Nadelöhr zwischen Cres und Lošinj** (Hinweis: Die Brücke wird um 9 und 17 Uhr für Segelboote geöffnet; kurzer Stau!). „Apsirtides" hieß die Doppelinsel, als sie an dieser Stelle einst verbunden war, der Hauptort „Apsorus" (Osor). So gibt sich der kleine Ort auch heute noch als das eigentliche, **kulturelle Zentrum** der Inseln. Über 25.000 Einwohner sollen in der nachchristlichen römischen Ära in Apsorus gelebt haben – der Kanal bildete eine beliebte Zwischenstation auf dem Seeweg von Aquilea nach Hellas.

Sehenswertes

Heute ist Osor eine **„Stadt der Kunst"**, ziehen zahllose moderne Plastiken die eher erstaunten Blicke der Besucher auf sich. Der berühmteste Sohn der Stadt, *Ivan Antolčič* (siehe Glossar), seines Zeichens moderner Impressionist, prägt freilich den kleinen Ort. Im **ehemaligen Rathaus** am Kirchplatz unterstreichen eine kleine **Galerie** und das **Museum** diesen Eindruck.

Vor der Kathedrale steht die **„Flöterin"** des ebenfalls berühmten dalmatinischen Bildhauers *Ivan Meštrović* (siehe Glossar). Selbst in der **Kathedrale** herrschen moderne Figurinen vor. Das Gotteshaus aus dem 15. Jahrhundert im Stil der frühen Renaissance birgt die Reliquien des einstigen Bischofs *Gaudentius*, dem die Ausrottung aller Giftschlangen auf den Inseln nachgesagt wird.

Weitere Kunstwerke findet man unmittelbar an der alten Stadtmauer am Kanal (gegenüber der Konoba Adria), wo nacheinander die **Büsten** von *Stjepan Šulek* (1914–86, Dirigent und Komponist), *Andrija Mohorovičić* (1857–1936, Mathematiker, Physiker und Seismologe), *Dora Pejačevoć* (1885–1923, Komponistin), *Igor Kuljerić* (1938–2006, Komponist und Dirigent) sowie *Stanko Horvat* (1930–2006, Musikpädagoge und Komponist) zu sehen sind.

Interessant ist auch die **Friedhofskapelle** am nördlichen Ortsende, deren Mosaikböden aus der römischen Antike stammen sollen.

Auch der kleine **Ortsstrand** direkt am **Kanal** ist nicht zu verachten, und sei es nur, um die Boote bei der Passage durch den Kanal zu beobachten.

■ **Ehemaliges Rathaus: Galerie** im Erdgeschoss, Eintritt frei; **Museum** im 1. Stock, 10–12 und 19–21 Uhr, 10 K, ermäßigt 5 K.

Praktische Tipps

Information

■ Keine eigene Touristeninformation, Infos unter **www.tz-malilosinj.hr.**

▷ Die „Künstlerstadt" Osor ist das Tor zur Insel Lošinj

Camping

■ Am westlichen Ortseingang rechter Hand erreicht man schnell das **AC Bijar**②, Tel. 051-237027, Fax 237115, www.camp-bijar.com.

■ Das **AC Preko Mosta**③, Tel. 051-237350, Fax 237007, www.jazon.hr, liegt unmittelbar hinter der Brücke. Geöffnet Mai–Ende Sept.

■ 1,5 km hinter Osor Richtung Nerezine folgt das moderne **AC Lopari**②, Tel. 051-237128, Fax 237 127, www.losinjplov.hr, 1. April bis 30. September. Hier ist auch ein Sportzentrum für Bootsverleih, Surfschule usw., mobil 091-5335600.

Essen und Trinken

In der Gastronomie liegen die Preise in einer „Künstlerstadt" naturgemäß etwas höher (ohne dass die meisten Künstler etwas davon hätten ...), so auch in Osor.

■ Direkt um die Ecke der Hauptkirche findet man die **Pizzeria Orfej,** Tel. 051-237135, günstige Pizzen und Nudelgerichte.

243kro wl

■ Die **Konoba Adria** (Tel. 051-237151) unmittelbar an der Brücke serviert Kleinigkeiten und Snacks sowie Hausmannskost (tgl. 11–23 Uhr). Salate rund 25 K, Fischplatte 250 K (2 Pers.), Bier 25 K, Pleškavica und Čevapi je 60 K. Manchmal gibt es auch Lamm vom Grill für 250 K/Portion.

■ Die sehr beliebte **Konoba Livio** um die Ecke von der Post am Dorfplatz bietet Deftiges (Tel. 051-237242): grüne Nudeln mit Lachs, Kotelett, Schweinemedaillons in Salbei mit Gnocchi, Jägergulasch oder Schaschlik mit Pfahlmuscheln sind nur einige der sehr guten Gerichte; tgl. 11–23 Uhr, Mittagspause 15–18 Uhr.

■ Sehr zu empfehlen ist auch die nobel-rustikale **Konoba Bonifačić** direkt oberhalb vom Kanal/kleinen Strand. Hier gibt es auch die typischen Spezialitäten Cres-Lammbraten, Schinken oder Schafskäse, aber auch istrischen Eintopf oder Lammsuppe. Sehr gut sind auch die Fischplatte (220 K/2 Pers.) sowie das Filet mit Spiegelei. Tel. 051-237413, tgl. 11–23 Uhr.

■ Günstige, sehr gute mobile **Eisdiele** an der Bushaltestelle, 100 m vor der Brücke (nur im Sommer).

Nützliches

■ Die kleine **Post** am Kirchplatz hat Mo bis Sa 8–12 und 18–21 Uhr geöffnet. In der **Wechselstube** nebenan (im Sommerhalbjahr Mo bis Fr 7.30–14.30 Uhr) kann man Devisen in Kuna wechseln.

■ Wiederum nebenan versorgt ein **Minimarkt** mit allem Lebensnotwendigen; um die Ecke findet man einen winzigen **Obst- und Gemüsemarkt** für Frischwaren (saisonabhängig; Pflaumen, Kartoffeln, Paprika günstig, sonst eher teuer).

■ Die **Bushaltestelle** liegt von Cres kommend 100 m vor der Brücke an der Hauptstraße rechter Hand unterhalb der Kirche; Anbindung in beide Richtungen.

■ Die nächste **Tankstelle** findet man gleich hinter dem Camp Lopari an der Hauptstraße Richtung Nerezine.

Nerezine

Der einzige nennenswerte touristische Ort zwischen Osor und Mali Lošinj beheimatet nicht nur 400 Einwohner, sondern in den Sommermonaten auch Heerscharen von Touristen. Ein modernes Einkaufszentrum mit Bank, Coiffeur, Boutiquen und Supermarkt, eine neu angelegte Uferpromenade, vor allem aber die Lage unterhalb des **Osorščica-Gebirgszugs** und einige gut beschilderte **Wanderwege** („Sv Nikola", „Televrina" – am Ortsausgang rechter Hand) um dessen 588 m hohen Gipfel mit unvergesslichen Panoramablicken machen Nerezine zunehmend beliebter. Alle Lokalitäten sind ab der Durchgangsstraße gut beschildert, die kleine Marina ebenso wie der Campingplatz. Yachtcharter ist in der Randgemeinde Podgora möglich. **Bademöglichkeiten** findet man beim Campingplatz (befestigt, mit Duschen).

Sehenswertes

Vom Ort aus den Campingplatz immer am Ufer entlang passierend, erreicht man an einem ehemaligen kleinen Hafenbecken das **Franziskanerkloster.** Es wurde als Stiftung der Familie *Kolan Draž* aus Osor 1510 begründet und beheimatete in seinen Glanzzeiten über 100 Mönche. Heute lebt hier nur noch ein einziger Franziskanerbruder, der sich praktisch im Alleingang um Besichtigungen, Messen und Klostererhalt kümmert. Der **Renaissance-Glockenturm** wurde um 1600 errichtet, im Kircheninneren sind der Altar von *Girolama di*

Santacroce und ein Bild der „Muttergottes mit Kind“ eines unbekannten venezianischen Meisters aus dem 15. Jahrhundert sehenswert.

Die einschiffige **Maria-Heil-Pfarrkirche** am Zentrumsplatz Trg Studenac entstand 1877; auf dem Hauptaltar ist das Titularbild der Muttergottes mit dem Hl. Nikolaus und dem Hl. Gaudentius zu sehen, das ein weniger bekanntes Werk des Ende des 16. Jahrhunderts führenden venezianischen Künstlers *Jacopo Palma Giovanne* (der Jüngere, 1548–1628) sein soll.

Praktische Tipps

An- und Weiterreise

- Die **Bushaltestelle** befindet sich an der Ortsstraße am Parkplatz vor dem kleinen Einkaufszentrum; Fahrplan/Inselbus siehe Anfang des Kapitels.
- Man parkt am besten an der alten Durchgangsstraße vor der Bushaltestelle meerseitig auf dem größeren **Parkplatz** (kostenlos). Direkt unterhalb liegt das kleine Einkaufszentrum am Ufer, von wo aus man links zum Kloster und Campingplatz oder rechts zur Marina und (hinter dem Hotel Televrin wieder rechts) zum kleinen Ortskern Trg Studenac gelangt.

Agentur

- **Agentur Marina Nerezine,** Obala nerezinskih pomoraca 3, Tel. 051-237038, Fax 604353, www.marina-nerezine.hr. Ausflüge, Exkursionen, Unterkunft usw.; Mo bis Fr 8–14 und 15.30–21 Uhr, Sa 8–12 Uhr und So 9–12 Uhr geöffnet.

Unterkunft

- **Hotel Manora**④, im Vorort Podgora gelegen, klein und überschaubar, Infos/Buchung unter www.manora-losinj.hr.
- Direkt am Ufer und absolut zentral im Ortskern kann man im **Hotel Televrin**③ unterkommen, Obala nerezinskih pomoraca, Tel. 051-237121, Fax 867415, www.televrin.com. Auch die Nachfolger des verstorbenen und sehr beliebten Kölner Hotel-Mitgründers *K.-H. Pütz* (Feb. 2013) wollen den gewohnten freundlich-kompetenten Service beibehalten.
- Privatanbieter mit Zimmern und FeWos in Nerezine werden von der Agentur Marina (s.o.) vermittelt. Ein Direktanbieter ist **Šegota Šime**②, Marinculiceva 13, Tel. 051-237210, www.adria-kroatien.com, oder die direkt am Hafenbecken (kurz vor dem Campingplatz) gelegenen **Apartmani Skipper**③, Fr. Mirela Kramberger, Tel. 051-237179. Wenn man am Hafenbecken (an der Agentur Marina vorbei) hinten um die Ecke geht, steht man vor den **Apartmani Satalic**③ (Tel. 051-237001, apartmani-msatalic@mail.inet.hr) – sehr schöne Alleinlage am Ortsrand und direkt am Ufer.

Camping

- **AC Rapoca**②, Tel. 051-237145, Fax 237146, www.losinjplov.hr, Mai–Ende Sept.; liegt toll im Wäldchen am Meer und absolut ortsnah – aber auf der Promenade bewegen sich natürlich auch viele Spaziergänger.

Essen und Trinken

- Das **Café Express** bietet Erfrischungen und Kleinigkeiten sowie Eis (neben dem Einkaufszentrum).
- Am Zentralplatz Trg Studenac liegen mehrere Gastronomiebetriebe in enger Nachbarschaft. Die **Pizzeria Mornar** (Studenac 11) bietet schmack-

hafte und preisgünstige Pizzas und Snacks. Etwas gehobenerer – aber nicht überteuert – gibt sich das **Bonaparte** (tgl. geöffnet, Mittagspause 15–18 Uhr) mit guter Fischsuppe, herzhafter Käsesuppe, Miesmuscheln oder Rumpsteak.

- **Tipp:** Hinter dem Bonaparte rechts den Weg hinein liegt etwas versteckt die **Gostionica Promenada** (Trg Oslobodenia 3, Tel. 051-237086, 1.5.–31.8. tgl. durchgehend geöffnet), wo man zünftig, gut und preiswert essen kann: Käse, Schinken oder Čevapi, Calamari vom Rost, auch Spanferkel und Lamm – aber nicht täglich. Auch die Riesenpizzen sind hier preiswert und gut.

Einkaufen

- Das kleine **Einkaufszentrum** am Ufer unterhalb des Parkplatzes verfügt über Geldautomat, Supermarkt (tgl. 7–21 Uhr), Telefonzelle, Souvenirgeschäfte usw.
- **Fischgeschäft** am Hotel Televrin; geöffnet tgl. 7–12 Uhr.
- **Bäckereien:** Loznati, Ul. Spičića, um die Ecke vom Hotel Televrin, tgl. 6–13 und 16–21 Uhr; Pekara Martina, am Trg Studenac, tgl. 6–23 Uhr.
- **Metzgerei,** Ul. Spičića, neben der Bäckerei Loznati, tgl. 7–12 und 18–20 Uhr, So nur 7–10 Uhr.
- **Zeitschriftenhandel/Telefonkarten** am zentralen Trg Studenac (8–20 Uhr).

Nützliches

- **Diving Center Kreiner,** Dolac bb, nahe Einkaufszentrum, Richtung Camp, etwas zurückgesetzt, Tel. 051-237362, www.nerezine.cz.
- **Post** (Mo bis Fr 8–21 Uhr, Sa 7.30–12 Uhr, jeweils um 10 und 17 Uhr 30 Minuten Pause) und **Apotheke** am Trg Studenac.

Čunski und Artatore

Viele ehemalige Landwirte beherbergte das **Dörfchen Čunski** an der Hauptstraße Richtung Lošinj, doch die meisten haben ihre Parzellen auf der Artatore-Landzunge längst aufgegeben und der touristischen Bodenspekulation zugeführt. In Čunski gibt es wahrlich nicht viel zu sehen, einzig die Konoba Dvije Palme (Tel. 051-235145, tgl. 10–24 Uhr) bemüht sich um Laufkundschaft.

Ganz anders das Bild in Artatore – ein Ort, der eigentlich noch im Entstehen ist und bislang zu 95 % aus **Ferienwohnungen,** allerdings einzelnen (also keine hässliche Siedlung!), besteht. Hier kann man sehr schön wohnen, ohne dass Tagestouristen die Ruhe stören würden. Artatore stellt man sich am besten als Zwischending aus „Goldgräberstimmung" (es wird ständig weiter gebaut, vor allem Richtung Flughafen) und „mondänem Vorort" von Mali Lošinj vor. Es erstreckt sich als reines **Straßendörfchen** entlang der gleichnamigen Bucht mit Bademöglichkeit in Richtung Flugplatz. Leser berichten, hier noch einige „unentdeckte" Strandbereiche gefunden zu haben.

Unterkunft

- An der Ortszufahrt kann man über die **Agentur art Medias Artatore** (kleine Bude linker Hand, Tel. 051-233070, www.artmedias.com, tgl. 9–13 und 17–23 Uhr) Unterkünfte mieten.

■ Einige Direktanbieter sind die **Pansion Ana**③ (www.pansion-ana.com), die **Apartmani Čaić**③ (Tel. 13691015, Fax 13637557, www.apartmani-losinj.com) oder **Apartmani Pletikosa**② (Tel. 051-235019, www.losinj-artatore.com).

Essen und Trinken

■ Für die Grundbedürfnisse des Reisealltags steht ein **Minimarkt** zur Verfügung; für das leibliche Wohl sorgen u.a. die Schänken **Eki,** Tel. 051-233007, und **Oasa Kordiš,** Tel. 051-235013, tgl. 8–24 Uhr.

Mali Lošinj

Zwischen Nerezine und Mali Lošinj wird der Bewuchs dichter, die Insel wirkt hier grüner. Vor Mali Lošinj liegt die kleine landwirtschaftliche Siedlung Čunski (s.o.) unweit des **Inselflughafens,** den man von der Hauptstraße aus erspähen kann.

Gegründet im späten 14. Jahrhundert von kroatischen Zuwanderern als Malo Selo („kleines Dorf"), entstand der Ort rund um die **Landzunge Sv Martin** an der gleichnamigen Kapelle. Zu venezianischer Zeit wurde der **Schiffbau** gefördert und Mali Lošinj entwickelte sich zu einer kleinen Hochburg. Eine Marineschule und Segelyachtwerften folgten im 18. und 19. Jahrhundert. Mit der Dampfmaschine und dem Bau schnellerer Dampfschiffe stagnierte der Yachtbau und der **Tourismus** wurde ins Leben gerufen: Schmucke Villen entstanden auf der Čikat-Landzunge, im Jahr 1892 wurde Mali Lošinj zum Kurort erhoben; der Wiener Hochadel nahm hier fortan Quartier. Heute sind Yachtbau und Tourismus das Rückgrat des spürbaren Wohlstands der über 8000 Einwohner.

Die touristische Bedeutung für die gesamte Insel äußert sich nicht nur in einer nahezu vollständigen Infrastruktur und einem Angebot, welches den Küstenstädten auf dem Festland in nichts nachsteht, sondern auch in den inzwischen sehr guten Einkaufsmöglichkeiten, die auch von den Einheimischen gern genutzt werden.

Sehenswertes

Das Besondere an Mali Lošinj ist der Ortskern: sein bunter, von prachtvollen spätbarock-klassizistischen **Bürgerhäusern** umsäumter **Hafen,** in dem Obst- und Gemüseverkäuferinnen direkt vom Boot aus frische Ware feilbieten, die dahinter liegenden Altstadtgassen mit der dreischiffigen **Pfarrkirche Sv Marija** von 1696 (Treppenaufgang hinter dem Restaurant Hajduk in der Ulica Braće Vidulića), von der man eine herrliche Aussicht hat, und den **Kastell-Ruinen.**

Eine durchgehende **Uferpromenade** führt von Sv Martin bis zum Nachbarort Veli Lošinj, um den Ort herum erstrecken sich ausgedehnte Pinienwälder sowie das **Erholungs- und Freizeitgebiet Čikat.** Die westliche Promenade wie auch die Fußwege zum Abschnitt Uvala Čikat werden bis Ende 2013 neu gestaltet, sodass dann durchgehende Fußgängerwege bestehen werden. Besonders bei **Seglern und Tauchern** ist Mali Lošinj ein ausgesprochen beliebter Standort.

Praktische Tipps

An- und Weiterreise

Fähren

■ Passagierverbindungen bestehen per **Katamaran** von/nach Susak, Ilovik und Unije (jeweils Frühfähre tgl. außer Sa) sowie mit der **Autofähre** via Premuda, Silba, Olib und Ist von/nach Zadar (ab Mali Lošinj Fr 16 Uhr, im Sommer häufiger); Details siehe www.jadrolinija.com oder vor Ort im Jadrolinija-Büro am Pier (Riva Loinskih Kapetana, Mo bis Sa 8–16.30 Uhr, So 10–13 und 15–16.30 Uhr).

Flüge

■ Am Sportflugplatz von Mali Lošinj (Privlaka 19, vor der Ortszufahrt rechter Hand, Tel. 051-231466, www.airportmalilosinj.hr) werden **Rundflüge,** aber auch **Taxiflüge** nach Italien, Süddeutschland und Österreich/Wien (ca. 1400 €/3 Pers.) angeboten.

Busse

■ Der neue kleine **Busbahnhof** liegt unmittelbar vor der Fähranlegestelle in der Riva L. Kapetana und in direkter Nähe zur Touristeninformation; (direkte) Anbindung besteht zu allen Orten entlang der Inselstraße bis Osor/Punta Križa, (sonst Umsteigen in Cres) und teilweise bis Rijeka und Zagreb (Gesamtplan siehe am Kapitelanfang). Der Bus nach Osor/Punta Križa fährt 5.30 und 14.15 Uhr ab Mali Lošinj, 6.30 und 15.30 Uhr ab Punta Križa (20 Min. später ab Osor).

Auto

■ Gebührenpflichtige **Parkplätze** findet man zentral beim Busbahnhof/Fährpier an der Riva L. Kapetana, weitere zentrale Parkplätze stehen in der Ul. Braće Ivana gegenüber vom kleinen Einkaufszentrum zur Verfügung.

Wer auch baden möchte, sollte den Abschnitt Čikat anfahren (Beschilderung der Hotels) und auf einen Fußballplatz rechts sowie gleich danach auf einen Tennisplatz links achten; am Tennisplatz kann man kostenlos parken und unmittelbar davor links dem Fußweg 50 m zum Strand folgen. Genau entgegengesetzt kommt man auf dem kürzesten Weg zu Fuß ins Zentrum (ca. 15 Gehminuten).

046kro wl

Touristenbahn

■ Im Sommerhalbjahr pendelt eine Touristen-Bimmelbahn zwischen **Trg Rep. Hrvatske** und den großen **Hotelanlagen;** ab Čikat 10, 11, 12 Uhr sowie abends um 19, 20, 21, 22 und 23 Uhr; um 10.30, 11.30, 12.30 und 19.30, 20.30, 21.30 und 22.30 Uhr ab Trg Rep. Hrvatske (20 K, Info-Tel. 098-653023).

⏶ Traditioneller Kurort des Wiener Adels: Mali Lošinj

Taxi

■ Schließlich bleibt noch die Möglichkeit, im Bedarfsfall auf Taxis zurückzugreifen; in den Hotelanlagen erledigt dies die Rezeption, allgemeine Rufnummern (englischsprachig, teilweise deutsch) sind 098-329825 sowie 051-231531. Eine Fahrt von Mali Lošinj/Zentrum zu den Hotels auf der Landzunge Sunčana Uvala kostet rund 120 K.

Info und Agenturen

■ Die **Touristeninformation** Lošinj liegt in der Riva Lošinjskih Kapetana 29, Tel./Fax 051-231547, www.tz-malilosinj.hr, 8–20 Uhr, So 9–13 Uhr.

An **Agenturen** für Unterkunft, Transport, Genehmigungen, Bootsverleih, Ausflüge u.Ä. seien genannt:

■ **Manora,** Priko 29, Tel./Fax 051-233391, www.manora-losinj.hr. Hier werden nicht nur Unterkunft und Ausflüge arrangiert, sondern auch Mopeds, Räder und Quads vermietet; tgl. 9–14 und 17–21 Uhr, Tel. 051-04015742. Betreibt auch das Hotel in Podgora-Nerezine und bietet auf der Website Privatunterkünfte auf der gesamten Insel.

■ Wenige Meter weiter (Oriko 24) liegt die **Agentur SanMar** (Tel. 051-233571, www.sanmar.hr), ebenfalls mit Exkursionen, Tauchen, Unterkunft, Rad- und Scooterverleih. Leihräder kosten bei beiden ca. 15 €/Tag, Scooter ab 30 €/Tag.

■ **Lošinjska Plovidba,** Riva L. Kapetana 8, Tel. 051-233077, Fax 231611, www.losinjplov.hr. Geöff-

Mali Lošinj
0 500 m
Flugplatz, Osor
Uvala Slatina
POLJANA
SLATINA
Vela Straža
Uvala Privlaka
Uvala Zabojci
Brücke
RT Čikat
Spielplatz
Fußballplatz
Uvala Kadin
PREMUDA
Tennis
Badebucht
RT Madona
Uvala Čikat
ČIKAT
RT Podmalin
Uvala Zagazine
ZAGAZINJINE
BOČAC
DRAŽA
ZENTRUM
Veli Žal
Ausschnitt
Uvala Sv. Martin
Sunčana uvala
Polizei
Aussichtspunkt Belveder
BUKOVICA
Sv Martin
Veli Lošinj

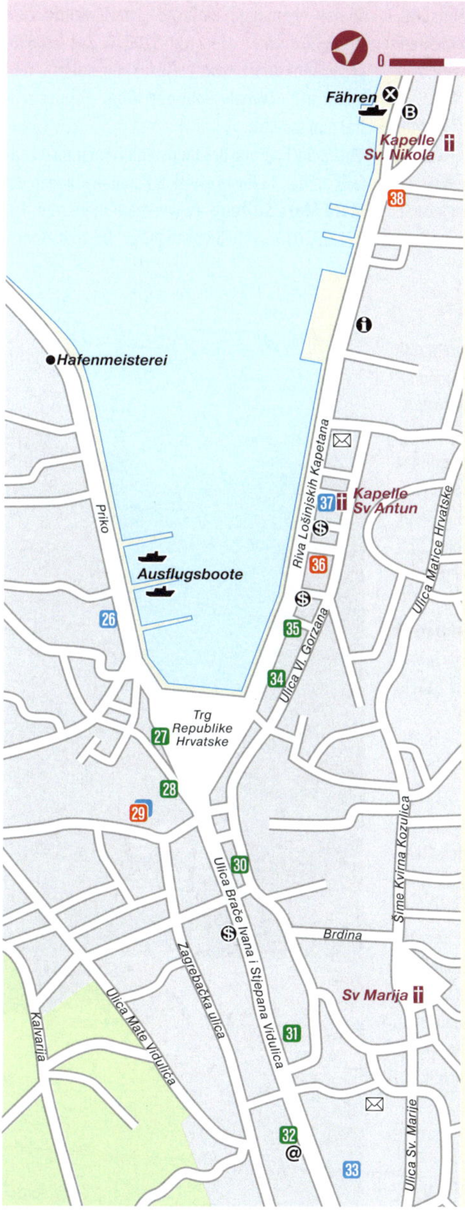

Übernachtung
1 AC Poljana
2 AC Čikat
3 Hotel und Camping Kredo
5 Hotel Helios
8 Villa Hygeia
9 Hotel Bellevue
10 Hotel Alhambra
13 Villa Antonia
17 Hotel Aurora
18 Hotel Vespera
29 Hotel Villa Margarita
36 Hotel Apoksiomen
38 Mare Mare Suites

Essen und Trinken
14 Konoba Odyssey
22 Konoba Corrado
24 Lanterna
26 Bulldog, Sportmar
29 Villa Margarita
33 Pizzeria Draga
37 Zakantuni

Nachtleben
11 Disco-Fähre „Open Bar"
12 Disco-Bar Villa Anna
20 Miomirisni Otočki Vrt

Wassersport
4 Diving Sports Centre
6 Sunbird
7 Adriatic Divers
23 Sumartin Divers

Einkaufen/Sonstiges
15 Agenturen Manora, SanMar
16 Agentur Capelli
19 Supermärkte Diskont, Konzum
21 Lidl
22 Bäckerei
25 Minimarkt
27 Fischmarkt, Metzgerei
28 Minimarkt, Bäckerei
30 Bäckerei
31 Supermarkt/Delikatessen
32 Mini-Einkaufszentrum
34 Apotheke
35 Agentur Lošinjska Plovidba

net 8–22 Uhr, So 9–13 und 18–21 Uhr. Unterkunft, Bootscharter, Ausflüge, außerdem werden mehrere Campingplätze betrieben (AC Poljana sowie Osor und Nerezine).

■ **Capelli,** Kadin (vor der Ortszufahrt rechter Hand), Tel. 051-231582, Fax 231562, www.cappelli-tourist.hr. Vermitteln rund 300 Wohnobjekte, die meisten davon im Ort selbst; mit PKW-Vermietung.

Unterkunft

In der Hauptsaison besteht ein breites Angebot an Unterkünften aller Art. Dabei hat sich als allgemeiner Schwerpunkt die Landzunge Čikat herauskristallisiert, deren riesige **Hotelanlagen** allerdings nicht unbedingt für Schönheitspreise nominiert werden dürften; hier landen nahezu 90 % der Pauschalreisenden. Wer es etwas individueller mag, sollte einen **Privatunterkunft** (Apartment, Zimmer) über eine der örtlichen Agenturen oder direkt bei Anbietern vorziehen.

Alternativ sollte man erwägen, im **Nachbarort Veli Lošinj** zu wohnen und Tagestouren nach Mali Lošinj zu unternehmen – die Busanbindung ist sehr gut, notfalls kann man auch zu Fuß gehen.

Hotels

■ **Hotel/Villa Kredo**⑤, Čikat, Tel. 051-233595, www.losinj-hotels.com/de/. Tolle Lage in mehreren angeschlossenen kleinen Villen im Bereich Čikat, aber auch im Zentrum, mit 100–190 € (DZ Ü/F) bzw. 110–235 € (zzgl. 30 € Reinigung, 15 € Frühstück sowie Kurzzeitaufschlägen von 30–50 % für Buchungen unter einer Woche) aber sehr teuer.

Im angeschlossenen **Camp Kredo**③ kostet die Woche/Hauptsaison für eine 4-köpfige Familie inkl. Stellplatz und „Öko-Zuschlag" rund 400 €, Mobilheime (4 Pers.) sind für 90–140 €/Tag erhältlich.

■ Das ehemalige einfache „Istra" wurde zum **Apoksiomen**④, (Tel. 051-520820, Fax 520830, www.apoksiomen.com) luxus-umsaniert und nennt sich nunmehr Boutique-Hotel. Absolut zentral und tadellos.

■ Um die Ecke von der Touristeninformation, ebenfalls an der 36 Riva Lošinskih Kapetana, liegen die **Mare Mare Suites**③ (www.mare-mare.com, Tel. 051-232010), mit B&B-Angebot, DZ und Apart-

077kb wl

> Beliebte Badebucht auf der Landzunge Čikat

ments. Beide Häuser sind schöner als die Čikat-Hotels und wegen der Lage unmittelbar bei Bushaltestelle und Fährpier logistisch ideal, wenngleich nicht unbedingt billig.

■ **Hotel Villa Margarita**③, etwas versteckt im Altstadtzentrum (Bočac 64, Tel. 051-233838, Fax 231940, www.vud.hr). Komplett renovierte Aristokratenvilla mit nur 4 Apartments und 6 DZ. Sehr beliebt ist auch das angeschlossene Hotelrestaurant. Margarita steht ab Mitte 2013 ein Besitzerwechsel bevor, das Geschäft soll weitergeführt werden.

■ Im Distrikt Čikat liegen die drei großen Hotels **Helios**③, Tel. 051-232124, Fax 232104, www.artmedias.com (nur 8.6.–7.9.), **Alhambra**②, Tel. 051-232022, Fax 232042, www.losinj-hotels.eu (trutziger, 2.1.–15.2. und 18.5.–5.10.) und **Bellevue**③, Tel. 051-231222, Fax 231268, www.losinj-hotels.com.

■ Neueren Datums, dafür auch eine Preisklasse höher, sind die Hotels der Landzunge Sunčana Uvala, z.B. das **Aurora**③, Tel. 051-667200, Fax 667222 , www.losinj-hotels.com, und das **Vespera**③, Tel. 051-667300, Fax 667324, www.losinj-hotels.com. Wichtig für Besucher dieser Häuser mag der Hotelbus sein, der von 5 bis 22 Uhr (außer 15 bis 17.30 Uhr) etwa alle 45 Minuten zwischen Altstadt und den Hotels Bellevue und Aurora pendelt.

Ferienwohnungen/Privatzimmer

■ Vor Ort über die o.g. Agenturen, die Touristeninformation, bzw. vorab auch über die ca. 120 Privatanbieter umfassende Homepage **www.tz-malilo sinj.hr** (hier „Mali Lošinj" und dann „private Anbieter")) in einer Preisspanne ab 40 € bis zu 200 €/DZ in Mittel- und Oberklasseapartments für 4–6 Personen. Weitere gute Seiten für die Voraborganisation sind etwa **www.sunbird.de** (eigentlich eine Surfschule, aber mit zahlreichen Angeboten an Wohnungen, Zimmern und auch Campern) oder **www.manora-losinj.hr** (Hotel Podgora, mit vielen FeWos zu Mali Lošinj). Viele der dort angebotenen Unterkünfte liegen hübsch am Hang im Bezirk Bočac (Fußweg vom Hotel Villa Margarita die Ulica Vresikovo hinauf zur Hauptstraße).

■ Wer direkt am Ufer nachfragen möchte: **Villa Antonia,** Velopin 23, Tel. 051-232192, insgesamt 4 Wohneinheiten für 3 bis 4 Personen zu 400–800 €/Woche. Sehr hübsche Anlage, teilweise mit Balkon. Neben den Agenturen haben oftmals auch Tauchbasen Zimmer und Ferienwohnungen für Tauchgäste im Angebot.

Luxus-Ferienwohnungen

■ Im Bezirk Čikat wurden in direkter Ufernähe einige stilvolle **ehemalige Herrenhäuser** aufwendig restauriert und für den Tourismus umgebaut, beispielsweise die **Villa Hygeia.** Dies erfolgte in Kooperation mit dem Alhambra-Hotel, welches für zubuchbares Catering auf Wunsch zuständig ist. Luxusausstattung mit Internetanschluss, Waschmaschine, Klimaanlage usw. ab 200 €/Tag (4 Pers.) bis 450 €/Tag (bis zu 10 Pers.), Tel. 051-232022, Fax 232042.

Camping

■ **AC Čikat**②, Tel. 051-232125, Fax 231708, www.camp-cikat. com, vorwiegend für Schwimmer und Taucher.

■ **AC Poljana**②, Tel. 231728, Fax 231524, www.losinjplov.hr, ideal für Bootsbesitzer, aber etwas weit weg vom Zentrum, zudem erstreckt sich die Anlage entlang der Hauptstraße, ist also nicht immer ruhig.

Essen und Trinken

Mali Lošinj bietet Dutzende guter Restaurants, Snackbars und Pizzerien, wobei die unmittelbar am Hafen gelegenen sich naturgemäß das „Setting" mitbezahlen lassen. Daher hier ein paar Tipps abseits des Hafens:

■ In der günstigen Kategorie sollte man unbedingt einmal in der **Pizzeria Draga** (Tel. 051-231132, Ulica Braće Vidulića 77 – der Inhaber heißt übrigens auch Vidulić!), gegessen haben: Ab 18.30 Uhr stehen die Leute Schlange, die Portionen sind riesig, gut und günstig.

■ Für Fischplatten zu moderaten Preisen in netter Lage am Fischerhafen Sv Martin empfiehlt sich das **Lanterna** (Ul. Sv. Marije 12, Tel. 051-233625).

■ Am linken Ende des Hafenbeckens, bei der kleinen Kapelle Sv Antun, liegt linker Hand in einer Seitengasse das **Restaurant Zakantuni** (Ul. Losinjskih brodograditelja, Tel. 051-231840) mit günstigen und guten Fisch- und Fleischplatten für 2 Personen, Muschelsalat mit Kräutern 35 K, Suppen 25–35 K, Pizzen 60–80 K, frittierte Calamari 75 K und als Spezialität Kalbsleber vom Rost für 60 K. Rustikal-angenehmes Ambiente.

■ Reisende loben das **Hotelrestaurant Villa Margarita** (Bočac 64, Tel. 051-233838; nur Abendküche 18–22 Uhr): Käseplatten zu 670 K (für 2 Personen!), Scampicocktail für 70 K, grüne Nudeln mit Scampi 70 K oder hausgemachte Suppen zwischen 20 und 35 K. Spezialität des Hauses ist die Fischplatte für 2 Personen, die mit 240 K zu Buche schlägt. Das Lokal liegt etwas zurückgesetzt und ist auch äußerlich kein typisches Hotelrestaurant.

- Im gehobeneren Preissegment serviert man sehr exquisite Fisch- und Fleischgerichte zu moderaten Preisen in der **Konoba Corrado,** etwas versteckt in einem Innenhöfchen der Ulica Sv Marije 1 (Tel. 051-232487, nur Ende Mai–Mitte Okt. tgl. 11–23 Uhr).
- Die schönsten Cafés und Bars liegen rund um den Hafen, u.a. **Bulldog** (Sandwiches und Snacks, Riva lošinjskih kapetana 29, Tel. 051-233011) oder **Sportmar** (eigentlich ein Tauchgeschäft, mit Barbetrieb; Priko ulica 2, Tel. 051-231492).
- Weiter am Ufer entlang Richtung Čikat/Discofähre bietet die kleine **Konoba Odyssey** (Velopin 14, Tel. 051-231893) Lammbraten (100 K), Sardellen (40 K) und fangfrische Fischgerichte je nach Saison (ca. 140 K/Teller) an.

Nachtleben

- Abendunterhaltung – von den Café-Bars am Hafen abgesehen – bieten die **Hoteldiscos** und die **Disco-Bar Villa Anna.**
- Urig ist auch die riesige, zum Dance Club umgebaute **Fähre „Open Bar"** am südlichen Hafenbecken/Premuda, unmittelbar vor dem Abzweig zur Badebucht Čikat (geöffnet Mi, Fr, So 10–2 Uhr, sonst 10–18 Uhr).
- Am Mittwochabend findet im **Miomirisni Otočki Vrt** (Bukovica 6, an der Kurve V. Lošinj Richtung Supermärkte rechter Hand) ab 21.30 Uhr die beliebte „Garden Night Party" mit gemeinsamer Gartenbegehung, typischer Musik und Drinks statt – alles unter dem Motto „Mittelmeerdüfte". Eintritt inkl. 2 Getränke 50 K, Infotel. (mobil) 098-326519.

Einkaufen

Selbstversorger finden in Mali Lošinj alles, was das Herz begehrt:

- Am **Hafenbecken** wird frisches Obst und Gemüse verkauft.
- Der **Fischmarkt** am Trg Rep. Hrvatske (7–13 Uhr) bietet fangfrische Meeresdelikatessen; nebenan befindet sich eine **Metzgerei.**
- **Bäckereien** (Pekarna Lo-Pek, hier Burek, Pizzateile, Baguettes usw.) und einen **Minimarkt** findet man ebenfalls direkt am Trg Republike Hrvatske sowie in der Ulica Braće Vidulića (Pekarna Pjazza).
- Vom Trg Rep. Hrvatske die Ulica Braće Vidulića hinaufgehend, finden sich zahlreiche **Fachgeschäfte und Boutiquen,** auf halber Höhe ein **Supermarkt** (tgl. 7–22 Uhr) mit Delikatessenabteilung außen (8–12 und 18–22 Uhr) sowie ein Stück weiter ein kleines **Einkaufszentrum** mit Obst-/Gemüseständen, Minimarkt (tgl. 7–21 Uhr, So 7–12 Uhr), Bars und Cyber-Café.
- Die beiden größten Supermärkte der Inseln (**Diskont** und **Konzum,** tgl. 7–21 Uhr) findet man an der Hauptstraße kurz hinter der Abzweigung nach Veli Lošinj Richtung Hotelbereich/Čikat; an der Ampelkreuzung nach links ins kleine Industriegebiet – hier nach 150 m beidseitig der Straße. Riesenauswahl, Frischetheken (Brot, Fleisch, Kuchen etc.), Geldautomat. Vor dem Eingang des Diskont findet man rechts die zentrale Leergut-Sammelstelle.
- An der Ampelkreuzung geradeaus und dann rechts findet sich der Discounter **Lidl.**

Aktivitäten

Das Freizeitzentrum für Schwimmer, Schnorchler und Wassersportler liegt in **Čikat** an der hübschen Promenade zwischen den Hotels Bellevue und Helios: Katamaran-Kurse, Rad- und Surfbrettverleih usw. direkt am Ufer. Ähnliches wird an der **Promenade Velopin** geboten: Wasserski, Wasserscooter, Motorroller, Ruderboote, Fahrräder usw. Sonnenanbeter finden überall ein Plätzchen, FKK-Freunde suchen das Gebiet beim Hotel Vespera auf. **Für Kinder** gibt es Wasser-Hüpfburgen, einen kleinen Spielplatz, Tischtennis, Popcorn- und Hamburgerbuden und, und, und ...

Man kann sehr weitläufig in der Čikat-Bucht **baden,** was für Gäste der ufernahen Hotels kein Problem darstellt. Wer als Tagesgast mit dem Auto anreist, sollte am Tennisplatz parken (s.o.), sodass die „Tragewege" kurz bleiben. Einige Hotels sind dazu übergegangen, Parkmarken an ihre Gäste auszugeben – Schwarzparken ist sehr teuer!

Auch für **Spaziergänge** bietet sich der Raum Mali Lošinj an, etwa die Fußgängerpromenade von/nach Veli Lošinj (am südlichen Ortsrand neben der Hauptstraße) oder der Čikat Forest Park, der sich durch eine interessante Vegetation mit seltenen Pflanzen auszeichnet (erklärende Hinweisschilder, siehe auch www.ju-priroda.hr) und von dessen höchstem Punkt (Vela Straža, 62 m) eine fantastische Rundumsicht genossen werden kann.

Tauchbasen

- **Adriatic Divers,** Čikat, Tel. 051-232918, www.adriaticdivers.de.
- **Diving Sports Centre,** Čikat, Tel. 051-233900, www.diver.hr/losinj.
- **Sumartin Divers,** Sv Martin, Tel./Fax 051-232835, www.sumartin.com, am Ufer.

Bootsfahrten

- Direkt am Pier fahren **Ausflugsboote** zu den vorgelagerten Inseln, Tourbuchung über die Agenturen oder direkt an den Kais, z.B. **S. Busanić** (mobil 098-715570) oder **Kapitän Krško** (Tel. 091-5162840) für Susak oder Ilovik/Orjule oder Delfinbeobachtungen, jeweils ganztägig 10–18 Uhr (inkl. Fischpicknick).
- Sehr beliebt sind die folgenden Boote im Hafen von Mali Lošinj:

Ausflugsboot Mateo, tgl. 10–18 Uhr, angefahren werden die Inseln Ilovik und Orjule sowie Veli Lošinj; mit (190 K) oder ohne (120 K) Menü, Getränke inkl., buchbar ab 18 Uhr direkt auf dem Boot im Hafen oder telefonisch unter mobil 091-2866067.

Ausflugsboot Devin, tgl. wechselnde Ziele (u.a. Susak, Rab, Ilovik, Silba), Preise 100–300 K je nach Ziel sowie ob mit oder oder Verpflegung; buchbar ab 19 Uhr direkt auf dem Boot im Hafen oder telefonisch unter mobil 098-9480192.

Rad- und Surfbrettverleih

- **Surfschule Sunbird,** Sportzentrum E. Vogel (www.sunbird.de), direkt am Ufer im Knick der Čikat-Bucht.

Nützliches

- **Autovermietung:** AVIS, Privlaka, Tel. 051-231938.
- **Post:** Mo bis Fr 8–21, Sa 8–14 Uhr, in der Ulica Braća Ivana.
- **Bank/Geldautomaten:** mehrere Geldautomaten entlang der Uferzone, u.a. Privredna Banka, oder Die Erste in der Riva Lošinskih Kapetana.
- **Notruf:** Tel. 051-231824.
- **Ambulanz:** am Trg Rep. Hrvatske um die Ecke vom Fischmarkt, Mo bis Fr 7–12 und 18–20 Uhr, Sa 7–12.30 Uhr.
- **Apotheke:** Am Trg Rep. Hrvatske (linke Seite, Riva L. Kapetana).
- **Polizei:** Tel. 051-231822.
- **Pannenhilfe:** Tel. 051-231054.
- **Marina:** Bezirk Privlaka, Tel. 051-231626, Fax 231461, marina@ri.t-com.hr. Sehr beliebt, 350 Plätze.
- **Hafenmeisterei:** Riva L. Kapetana, Tel. 051-231438.

> Veli Lošinj, traditioneller Fischerort

Veli Lošinj

Der sehr empfehlenswerte, drei Kilometer lange **Spaziergang** von der Landzunge Sv Martin an den wunderschönen, von kristallklarem Wasser umspülten und von Pinien und Föhren gesäumten **Felsbuchten** entlang führt über den Hotelkomplex Punta nach Veli Lošinj, dem einst größten Ort der Insel Lošinj. Er liegt in einer **fjordartigen Bucht** und zieht sich dann um eine größere Landzunge herum (sehr hübscher Spazierweg!) zum alten **Fischerhafen Rovenska,** der durch die Pinienhaine der Landzunge vom Zentrum getrennt ist.

Früher war „Veli" (kroat.: groß) Lošinj der Hauptort der Insel, der günstigere Tiefwasserhafen von Mali Lošinj lief dem einstigen Zentrum im 19. Jahrhundert dann allerdings den Rang ab. Die wohlhabenden Kapitäne blieben mit ihren Familien in Veli Lošinj und bauten teilweise prunkvolle Bürgerhäuser.

Sehenswertes

Pfarrkirche

Das Zentrum des kleinen Fjords dominiert die Pfarrkirche **Sv Antun** aus dem 17. Jahrhundert (1774 fertiggestellt auf einem Vorgängerbau aus dem 14. Jh.) mit etlichen Malereien italienischer Sakralkünstler. Eine Besonderheit ist die untypisch frontal oberhalb des Hauptaltars angebrachte Orgel. Die wohlhabenden Familien ließen sich früher übrigens in Gruften in der Kirche ohne Sarg – nur in Leinen gehüllt – bestatten.

Waldpark

Oberhalb der Kirche liegt ein hübscher, von Spazierwegen zum Ortsteil Rovenska durchzogener Waldpark mit über 150 verschiedenen Baumarten, einem bewirtschafteten **Strandbad** sowie mehreren Aussichtspunkten. Im Bezirk Rovenska bestehen weitere Bademöglich-

078kb wl

Übernachtung
1 Hotel Punta
3 Vila San
5 Pansion Saturn
6 Villa Mozart
7 HFHS-Jugendherberge
8 Privatvermietung Pjacal

Essen und Trinken
1 Restaurant Punta
3 Terrassenrest. Vila San
4 Trattoria Marina
6 Villa Mozart und Cafés

Nachtleben
1 Disco Punta

Einkaufen/ Sonstiges
2 Fischgeschäft, Flohmarkt
7 Agentur Turist
8 Minimarkt
9 Agentur Palma, Bäckerei Loznati
10 Minimarkt
11 Agentur Val

keiten und es bieten sich Uferspaziergänge an.

Kunstgalerie

Auf der gegenüberliegenden Seite des Hafenbeckens führt eine Gasse neben der Post zum **runden Turm** (Kula), in dem eine kleine Kunstgalerie untergebracht wurde (tgl. 10–13 u. 19–23 Uhr).

Marine Educational Center

Wenige Meter weiter das Hafenbecken entlang öffnet sich ein kleiner Platz, wo links um die Ecke das Lošinj Marine Educational Center interessante theoretische Einblicke in die reichhaltige **Unterwasserwelt** der Region bietet.

- **Lošinj Marine Educational Center,** Tel. 051-604666, www.blue-world.org, im Sommer tgl. außer Mo 9–13 und 19–22 Uhr, Eintritt 15 K, Kinder ab 7 Jahre 10 K.

Praktische Tipps

An- und Weiterreise

- Es besteht eine gute **Busanbindung** von/nach Mali Lošinj (siehe Gesamtübersicht eingangs des Kapitels), wobei der letzte Bus um 23 Uhr in Mali Lošinj abfährt und man somit auch gemütliche Abende im Nachbarort verbringen kann.
- Von den **Parkplätzen** an der kleinen Bus-Endstation orientiere man sich an der zwiebelgetürmten Kirche Sv Marija und folge dort der Hauptgasse Ulica Nazora hinunter zum Zentrum.

Agenturen

- Mehrere Agenturen bieten diverse touristische Dienstleistungen: Die **Agentur Turist** (Obala M. Tita) arrangiert Bustickets, Leihräder, Tauchen, Unterkunft, Geldwechsel usw. In der Hauptgasse Richtung Parkplatz (Ul. Nazora) findet man die **Agentur Palma** mit ähnlichem Angebot sowie ein Stückchen weiter bei der Marienkirche in Haus 29 die **Agentur Val** mit Internetcafé (www.losinj-val.com), der auch die Pension Saturn gehört.

Unterkunft

Als Alternative zu dem zumindest in der Hochsaison etwas gedrängt anmutenden und in den großen Hotelanlagen wenig anheimelnden Mali Lošinj bieten sich in Veli Lošinj eine größere Aparthotelanlage sowie etliche kleinere Pensionen an.

- Links die Bucht hinauf gelangt man zum **Hotel Punta**③-④, Tel. 051-236002, Fax 236301, www.losinj-hotels.com, mit Disco, Schwimmbad, Restaurant usw. Neben DZ werden Vierer-Apartments vermietet; riesige Anlage, sehr beliebt und gar nicht übel.
- Direkt am Zentralplatz Obala M. Tita rechts gehend findet man die hübsch restaurierte **Villa Mozart**② (Kaciol 3, Tel. 051-618769, www.villa-mozart.hr). Direkt nebenan liegt die **Pansion Saturn**② mit ähnlichen Preisen. Das Haus gehört zur Agentur Val (s.o.) und ist unter www.losinj-val.com auch online buchbar.
- Neben dem Turm um die Ecke von der Post findet man den Privatvermieter **Pjacal**② (Kaštel 3, Tel. 051-236244, mobil 098-1847115, www.pjacal.eu). Hauseigenes Ausflugsboot mit Inseltouren, Fischpicknick usw.
- Richtung Hotel bietet sich noch die **Villa San**② an, Tel./Fax 051-236160, www.vila-san.com, Halb-/Vollpension möglich, Apartments für bis zu 5 Pers.
- Vor wenigen Jahren eröffnete um die Ecke der Villa Mozart eine Zweigstelle der kroatischen

HFHS-Jugendherbergen① (Kaciol 4, Tel. 051-236 234, www.hfhs.hr). Auf B&B-Basis zahlt man pro Person je nach Saison zwischen 18 und 22 €/ Nacht.

Essen und Trinken

Cafés

■ Rund um das kleine Fjordbecken findet der Hungrige etliche Cafés und Restaurants, etwa das nette **Café Mladost** am M. Tita 6 (Tel. 051-236205) oder das benachbarte **Café Beny,** wo man auch Burek bekommt (Obala Tita 8, Tel. 051-236302). Für einen kühlen Drink oder einen Espresso empfehlen sich die **Café-Bar Eskimo** (Tel. 051-301320) sowie das **Café Riva** auf der linken Hafenbeckenseite (Obala Tita 36, Tel. 051-233824).

Restaurants

■ Gut und zünftig speist man am Obala M. Tita Vila in der **Villa Mozart** (Tel. 051-618769) mit biergartenähnlichem Restaurant (Grillplatte 70 K, Spaghetti ab 50 K, Fischteller 135 K).

■ Direkt am Ufer an der linken Hafenseite findet man die **Trattoria Marina** (Tel. 051-236178, tgl. 9–24 Uhr, Mitte Nov. bis Mitte März geschl.), welche eine österreichische Schauspielerin unter dem Motto „kreative Küche" begründet hat – heute ein begehrtes Spezialitätenrestaurant für italienisch-istrische Gerichte (Trüffel).

■ Wenige Meter den Hügel hinauf Richtung Hotelanlage Punta bietet das sehr beliebte Terrassenrestaurant **Vila San** (Tel. 051-236160) u.a. Fischplatte für 300 K für 2 Pers., Medaillons mit Feigen und Salbei für 80 K, istrischen Käse mit Trüffel für 70 K oder Seebarschfilet für 90 K. Der Koch zählt zu den bekanntesten Fernsehköchen Kroatiens.

☐ Ausflug von Veli Lošinj zu den vorgelagerten kleinen Inseln

079kb wl

■ Auch die **Hotelanlage Punta** verfügt über ein sehr schön gelegenes angeschlossenes Restaurant mit toller Aussicht (geöffnet für Nicht-Hotelgäste tgl. 10–23 Uhr).

Einkaufen

Man findet im Zentrum alles, was man für einen Tagesaufenthalt benötigt, wenngleich die Auswahl in Mali Lošinj natürlich ungleich größer ist.

■ Am Zentralplatz Obala M. Tita liegt ein **Minimarkt,** gleich links am Hafenbecken die **Bäckerei Pekara Veli** mit warmen Burek und leckeren Kuchenteilchen. Von hier aus die Nazora 100 m Richtung Parkplatz gehend, erreicht man die **Bäckerei Loznati.**

■ Ein kleines **Fischgeschäft** (Ribarnica) findet man direkt am Ufer unterhalb der Vila San, und zumindest in den Sommermonaten wird am Weg hinauf zur Vila San ganztägig eine Art **Floh- oder Andenkenmarkt** abgehalten.

Aktivitäten

■ Auch wenn das Marine Center sehr interessant ist, wollen viele Besucher die Meeresbiologie doch ganz unmittelbar mit einem **Ausflugsboot** erleben. Im Hafen werden nicht nur Tagesausflüge auf vorgelagerte oder benachbarte Inseln angeboten (u.a. Ilovik, Oruda, Susak, Šilba oder auch Rab), sondern auch **Delfinbeobachtungen,** die immer wieder faszinierend sind. Auch komplette Boote können direkt am Hafen gechartert werden (ca. 1500–2000 K/Tag).

Nützliches

■ **Geldautomat** am Platz Obala M. Tita.

■ **Internet:** Agentur Val, Loznati 29 (bei der Marienkirche).

■ **Telefonzellen** stehen direkt am Ufer vor dem Café Riva.

■ Die **Post** am linken Hafenbecken ist Mo bis Fr 8–20 Uhr, Sa nur 8–12 Uhr geöffnet.

Kleinere Inseln der Kvarner Bucht

Von Mali Lošinj können per Fährboot auch die vorgelagerten Inseln **Orjule, Ilovik, Unije, Skrane** und **Susak** im Rahmen eines Ausfluges besucht werden. Am beliebtesten ist Ilovik wegen seiner Blumenpracht im Frühjahr, während Susak die schöneren Strände bietet. Die „Susački“, wie die Bewohner Susaks genannt werden, pflegen eigene Sitten und Gebräuche – etwa eine ganz eigene Tracht – und sprechen einen eigenen, schwer verständlichen Dialekt.

■ **Anbindungen und Touren** siehe Mali Lošinj und Veli Lošinj; **Bootstaxis** für Ilovik und Orjule können unter mobil 099-5162349 bestellt werden.

■ In Veli Lošinj bietet das **Hotel Punta** eine breite Vielfalt an **Touren** zu den einzelnen Inseln an; Infos unter der Hotelwebseite www.losinj-hotels.com/de/dienstleistungen-kroatien/ausfluege-boot-bus-wanderungen.

■ Wer einen sehr ruhigen und ursprünglichen Urlaub verbringen möchte, kann auch auf diesen Inseln **Ferienwohnungen** anmieten, siehe z.B. http://ferien-susak.de, www.ilovik.hr (Sabina Wohnungen) oder www.unije.hr.

Von den Ferienzentren der östlichen Festlandsküste um Crikvenica und Novi Vinodolski lohnt sich ein Ausflug in die Hafenstadt Rijeka und ins Hinterland: in den Nationalpark Risnjak im Kvarner Hochland oder zu den Plitwitzer Seen mit ihren Wasserfällen.

3 Ostküste der Kvarner Bucht

< Blick in die Bucht von Bakar nahe Rijeka

OSTKÜSTE DER KVARNER BUCHT

Größere Fährhäfen im Allgemeinen und **Rijeka** im Besonderen werden von Touristen meist links liegen gelassen. Die Bedeutung als kulturelles Zentrum mit Universität, Theater und Museen sowie eine angenehme Fußgängerzone in der Altstadt, interessante Sehenswürdigkeiten und vor allem gute Einkaufsmöglichkeiten begründen letztlich aber eine gewisse Attraktivität der Metropole des Kvarner Landes.

Im weiteren Verlauf der Küste nach Südosten schließt sich ein beliebtes Ferienzentrum an: Ausgezeichnete Wasserqualität, ein riesiges Angebot an Unterkünften und Freizeitmöglichkeiten und vernünftige Preise zeichnen die **Riviera von Crikvenica** aus. Im Weiteren folgen **Novi Vinodolski** – mit seinem mittelalterlichen Flair ein attraktives Städtchen – und **Senj** mit seiner berühmten Uskoken-Festung. Das nahe gelegene **Kvarner Hochland** bietet viel unberührte Natur. Eine Rundfahrt wird am Ende des Kapitels beschrieben.

NICHT VERPASSEN!

- Shoppen was das Herz begehrt auf dem **Korzo von Rijeka** | 74
- Der **Festungshügel Trsat** thront majestätisch oberhalb der Metropole Rijeka | 76
- Hier gibt es wilde Bären – **Nationalpark Risnjak** | 85
- In der **Tropfsteinhöhle von Lokve** tief ins Innere der Erde blicken | 86
- Die Steintafel-Gesetze von 1288 im **Frankopanenturm von Novi Vinodolski** | 97
- Ein echtes Ritter-WC in der **Uškoken-Festung von Senj** | 99
- Welterbe und atemberaubende Wasserfälle bei den **Plitwitzer Seen** | 102

Diese Tipps erkennt man an der gelben Hinterlegung.

Rijeka

Rijeka (ital.: Fiume) ist mit gut 170.000 Einwohnern die **drittgrößte kroatische Stadt** nach Zagreb und Split. Vor allem der **Seehafen** mit seinen Industrieanlagen (INA-Raffinerie), aber auch der großstädtische Verkehr und hässliche Vorstadtviertel tragen zum relativ schlechten Ruf der Stadt bei. Doch es gibt einige Sehenswürdigkeiten, die den Besuch lohnen. In Rijeka wurden alle wichtigen Bauwerke und Museen vorbildlich mehrsprachig beschildert.

Von besonderer verkehrstechnischer Bedeutung ist der 2012 abgeschlossene Ausbau der Bahnstrecke Rijeka – Ungarn via Zagreb.

Rijeka unterhält einige Städtepartnerschaften, darunter auch mit Neuss und

0 — 10 km © Reise Know-How 2013

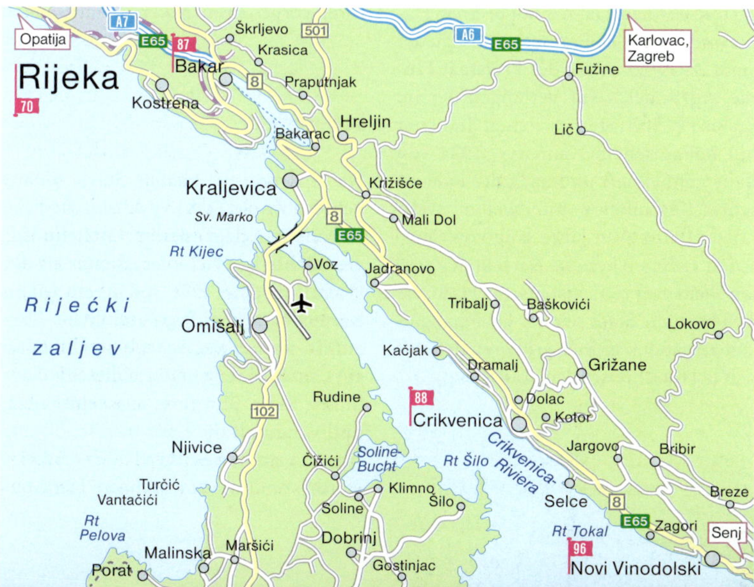

Rostock, mit Letzterem sogar schon seit 45 Jahren – somit ist dies eine der ältesten deutsch-kroatischen Partnerschaften überhaupt! Fußballfreunde kennen eventuell den **HNK Rijeka,** Kroatiens dritte Kraft im Kampf um das runde Leder nach Zagreb und Split.

Geschichte

Als Tarsatica (60 v. Chr.) bildete Rijeka in römischer Zeit eine Grenzstadt des liburnischen Limes. Vom 8. bis 15. Jahrhundert vorwiegend in kroatischer Hand, fiel die Stadt 1466 an das Haus **Habsburg** und entwickelte sich zu einer Rivalin der Dogenrepublik Venedig. Erneute Unabhängigkeit folgte im 17. und 18. Jahrhundert, ehe *Maria Theresia* 1776 Rijeka zum Sonderverwaltungsgebiet erklärte. 1848 unterstützte Rijeka den ungarischen Aufstand gegen Österreich, woraufhin der kroatische Vizekönig Gouverneur von Rijeka wurde. Ungarn als Binnenstaat benötigte einen Hafen und betrieb den rasanten Ausbau der Stadt. 1919/20 wurde der **Freistaat Fiume** gegründet – auf Verlangen der im Ersten Weltkrieg siegreichen Italiener mit italienischem Namen –, 1924 von Italien annektiert und nach der italienischen Kapitulation im Zweiten Weltkrieg (1943) zwei Jahre lang von deutschen Truppen besetzt. Nach dem Zweiten Weltkrieg zunächst jugoslawisch, erfreut sich die Stadt seit der Unabhängigkeit Kroatiens immer größerer Beliebtheit bei durchreisenden Touristen.

[>] Rijekas Prachtstraße und Flaniermeile Korzo

Sehenswertes im Zentrum

Ein Rundgang beginnt zweckmäßigerweise am **Trg Jelačić** beim Kanal Mrtvi und führt hier halbrechts zum Dom Sv Marija.

Dom Sv Marija

Die ehemalige Kathedrale wurde im 13. Jahrhundert errichtet und im frühen 19. Jahrhundert mit einer klassizistischen Fassade versehen. Mit dem 33 Meter hohen **Glockenturm** hat es eine kleine Besonderheit auf sich: Er hat sich wegen des feuchten und instabilen Bodens um einen knappen halben Meter zur Seite geneigt, sodass er der **„schiefe Turm von Rijeka"** genannt wird. Die Feuchtigkeit zeigt sich auch im Inneren: Da die Kirche sehr schlecht zu belüften ist, sind die Wandmalereien arg in Mitleidenschaft gezogen, sodass große Teile des Gotteshauses verhüllt sind und Reparaturen vorgenommen werden müssen.

Sv Vid

Die Šporera ein kleines Stück hinaus liegt die Kirche Sv Vid (Veitskirche). Sie ist von ihrer **„legendären" Entstehungsgeschichte** her viel interessanter als der Dom: Im Jahre 1296 spielte ein Mann Karten, hatte aber Pech und verlor. Daraufhin warf er verärgert einen Stein an ein Christuskreuz und traf dieses auf der linken Seite. Blut floss aus dem Kreuz, und wo es auf die Erde tropfte, öffnete sich ein großer Schlund – der Werfer wurde von ihm verschlungen. Ein Gouverneur im 17. Jahrhundert, zunächst ungläubig, als er diese Geschichte vernahm, ließ den Boden umgraben – und tatsächlich fand man den Leichnam. Der Gouverneur ließ die Überreste verbrennen, eine Bronzehand als Mahnmal an der besagten Stelle aufstellen und die Veitskirche darüber errichten. Die Bauarbeiten wurden 1638 begonnen und dauerten fast 100 Jahre. Prunkstück wurde eine **säulengetragene Kuppel** über dem Zentralraum.

Museen

Am Muzejski Trg 1, oberhalb der Veitskirche, entstand im ausgehenden 19. Jh. ein neobarocker Prunkbau für den jeweiligen Gouverneur; heute ist hier ein interessantes **Marine- und Heimatmuseum** mit Exponaten zur Regional- und Seefahrtsgeschichte der Kvarner Bucht untergebracht. Besonders interessant ist die kunsthandwerkliche Abteilung aus dem 18. und 19. Jahrhundert.

Nur wenige Meter entfernt steht das kleine, weniger lohnenswerte **Stadtmuseum,** dessen Ausstellungsstücke sich ausschließlich auf Rijeka beschränken.

Das vielleicht schönste Museum für Kinder liegt oberhalb des Marinemuseums im Park V. Nazora: das **Naturwissenschaftliche Museum** mit Ausstellungen zu Meeresflora und -fauna, einer guten Erläuterung der Geomorphologie der Kvarner Bucht sowie Aquarium und Tierpark.

- **Marine- und Heimatmuseum** (Pomorski Muzej), Tel. 051-213578, Di bis Fr 9–20, Sa 10–13 Uhr), Eintritt 10 K.
- **Stadtmuseum,** Tel. 051-336711, Mo–Fr 10–13 und 16–20 Uhr, Sa 10–13 Uhr; Eintritt 10 K, Mo frei.

014kb wl

Naturwissenschaftliches Museum (Prirodoslovni Muzej), Tel. 051-553669, www.prirodoslovni.com, Mo bis Sa 9–19 Uhr, So 9–15 Uhr; Eintritt 10 K, Familien p. Pers. 5 K.

Römischer Triumphbogen

An den römischen Teil der Stadtgeschichte erinnert der römische Triumphbogen (Stara Vrata), der als **ältestes erhaltenes Bauwerk** Rijekas gilt. Die mannigfaltigen Veränderungen späterer Epochen lassen den antiken Ursprung allerdings nur noch erahnen.

Korzo

Vorbei am ehemaligen Rathaus und Geburtshaus des Komponisten *Ivan Zajc* am Trg Ivan Kobler passiert man das Tor des alten Stadtturms. An ihm prangen noch heute die Büsten der Kaiser *Leopold I.* und *Karl VI.* (sie ernannten Rijeka zur Freistadt) sowie der Doppeladler. Dahinter liegt die **Haupteinkaufsstraße** von Rijeka, genannt Korzo, mit zahlreichen Kaufhäusern, Boutiquen, Buchhandlungen und Geschäften für Luxusartikel.

Hieronymuskirche

Durch einen Durchgang schräg gegenüber von McDonald's erreicht man den Trg Riječke Rezolucije mit der Hieronymuskirche, dem ehemaligen Augustinerkloster. Die Kirche aus dem 17. Jahrhundert ist durchaus sehenswert, die modernen Kristall-Lüster wirken jedoch deplatziert.

Rijeka

Übernachtung
1 Neboder
2 Hotel Jadran
3 Jugendherberge
12 Apartments Korzo
23 Grand Bonavia

Essen und Trinken
4 Brun
5 Konoba Feral
9 Café Sv Vida
13 Snackbar Hamby
16 Sewed City
19 Ri
20 McDonald's
21 Municipium
25 Restaurant-Pizzeria Bračera
26 Zlatna Školjika
30 Arca Fiumana

Nachtleben
7 Bar Dva lava
10 Irish Pub Café Beard
18 Gradski Casino
24 Hemingway
28 Svid Rock Café
32 Spielautomaten-Casino

Einkaufen/Sonstiges
6 Kino Kvarner
8 Apotheke
11 Kaufhaus Korzo
13 Croatia Airlines
14 Buchhandlung
15 Agentur Atlas
16 Kaufhaus Robna Kuća Rijeka
17 Agentur Globalturist
22 Agentur Generalturist
24 Bonbonniere Kraš
25 Agentur Tours
27 Buchhandlung
29 Fährgesellschaft Jadrolinija
31 Autovermietung Vučetić
33 ZTC-Shopping

0 100 m
©Reise Know-How 2013
Kroat22
Stube Petra Kužića
(Treppe nach Trsat)
Titov Trg
Križanićeva
1
★Fort Trsat,
Franziskanerkloster,
Trsat, Crikvenica
2 3
Šetalište Andrije
Školjić
Vodovodna
Slavka Cindrića
Mrtvi-Kanal
Fiumara
Aida Collonela
Ivana Grohovca
Ribarska
Dom Sv Marija
Polizei
Scarpina
Stadt-busse
Gupca
Veslarska
Užarska
Dure Šporera
Vladimira Nazora Park
Naturwissenschaftliches Museum
Sv Vid
Trg Grivica
Žrtava fašizma
Justizpalast
Volks-theater
Matije
Mata Čićeva
Tourist-Bus
Trg Koblera
Hieronymus-kirche
Markt
Uhrenturm
Laginjina
Ivana Zajca
Vatroslava Lisinskog
Stadtmuseum & Marinemuseum
Ivan-Zajc-Haus & Römischer Triumphbogen
Trg Riječke Rezolucije
Verdijeva
Korzo
Riva Boduli
Frana Supila
Kovač
Ivana Dežmana
Riva
Trg Republike
Moderne Galerie
Frana Kurelca
Ambulanz
Pomerio
Dolac
Adamićeva
Erazima Barčića
Splitska
Jadranski trg
Tourist-Bus
Fährhafen
Ciottina
Trpimirova
Vajnera Čiće
Kapuziner-kirche
Überland-busse
Trg Žabica
Krešimirova
Bahnhof, Opatija

Galerie

Wenige Meter entfernt beim Hotel Bonavia wurde die Galerie der modernen Künste eingerichtet.

■ **Galerie der modernen Künste,** Ul. Dolac, Tel. 051-334280, tgl. 10–13 und 17–20 Uhr.

Kapuzinerkirche

Oberhalb des Busbahnhofs lohnt ein Blick in die Kapuzinerkirche **Gospe Lurdske,** wegen ihres markanten Äußeren ein recht häufiges Fotomotiv. Sie wurde 1908 anlässlich des 50. Jahrestages des „Wunders" von Lourdes (dort hatte ein Hirtenmädchen Marienerscheinungen) im neogotischen Stil gebaut, im Inneren finden sich rotbraune Mosaiken. Die Kirche ist täglich von 7 bis 20 Uhr (außer zu Messezeiten) zugänglich.

Festungshügel Trsat

Wer ein wenig Zeit mitbringt oder Rijeka mehr als nur einen Kurz- oder Einkaufsbesuch abstatten möchte, sollte unbedingt den Bezirk Trsat besuchen, der **oberhalb des Zentrums** die Altstadt überragt und schon vom Zentralparkplatz leicht auszumachen ist.

Schon zu illyrischen Zeiten wurde der gesamte Hügel als Festungshügel und Rückzugsgebiet genutzt, heute sind neben der eigentlichen Feste ein größerer **Stadtpark,** ein Franziskanerkloster so-

013kb wl

wie die lokale Georgskirche zu sehen; ferner wurden ein modernes Sportzentrum sowie ein Messegelände in Trsat integriert.

Es gibt zwei Möglichkeiten, Trsat zu besuchen: entweder **per Stadtbus** ab dem Trg Jelačić (tagsüber etwa alle 40 Minuten) oder **zu Fuß** die Pilgertreppen Stube Petra Kužića (am Zentralparkplatz/Titov Trg) hinauf – eine durchaus schweißtreibende, aber wegen der Aussicht empfehlenswerte Angelegenheit.

Franziskanerkloster

Das Franziskanerkloster und seine **Kirche Gospa Trsatske** (Hl. Maria von Trsat) wurden als Schrein zu Ehren der Jungfrau Maria angeblich schon im 13. Jahrhundert zu Zeiten der Kreuzzüge gegründet und später unter den Frankopanen als **Pilgerkirche** erweitert. Noch heute sieht man an hohen kirchlichen Feiertagen Gläubige teilweise auf Knien die Treppen vom Trg Titov bis zur Kirche hinaufpilgern. Zahlreiche **Sakralgemälde** des Barockmalers *C. Tasce* sind im Inneren untergebracht, Hauptsehenswürdigkeit ist jedoch die Ikone der Hl. Jungfrau aus dem 14. Jahrhundert. Das Klosterareal selbst zeigt sich in einer harmonischen Mischung der Baustile Gotik, Renaissance, Barock und Biedermeier.

■ **Kloster und Kirche** sind außerhalb der Gottesdienste tgl. 6–19.30 Uhr geöffnet.

◁ Fort Trsat, das Wahrzeichen von Rijeka

Fort Trsat

Das **Kastell** wurde vermutlich auf den Grundmauern eines römischen Wachturms und einer späteren Schutzburg errichtet, wobei das genaue Entstehungsdatum bis heute nicht festliegt. Im frühen 19. Jahrhundert wählte der irischstämmige österreichische Heerführer *Graf Laval Nugent* das Kastell zu seiner letzten Ruhestätte und verlieh der Anlage das heutige Erscheinungsbild, indem er zahlreiche Erweiterungen und Erneuerungen vornehmen ließ. Vom Kastell hat man eine schöne Aussicht über die Stadt und das Umland.

Unterhalb des Kastells liegt die einstige Pfarrkirche von Trsat, **Sv Juraj** (Georgskirche), aus dem 16. Jahrhundert, die im Laufe vieler Jahrhunderte permanenten Umbauten unterworfen war.

■ **Fort Trsat,** Mo–Fr 10–13 und 17–20 Uhr, Sa nur 10–13 Uhr, Eintritt 15 K.

Praktische Tipps

Rijeka-Card

Nach dem Vorbild zahlreicher Metropolen weltweit wurde auch in Rijeka eine hauptsächlich für Kurzzeittouristen nützliche städtische Karte mit einigen Vorteilen eingeführt. Die Karte ist bei der Touristeninformation (Korzo 14) für 55 K erhältlich, wobei pro Karte ein Kind unter 12 Jahren ohne weitere Kosten ebenfalls alle Vergünstigungen der Rijeka-Card genießt. Sie erlaubt innerhalb von 48 Stunden die unbegrenzte Nutzung der **öffentlichen Verkehrsmittel,** gewährt 50–66 % Rabatt auf alle **Museumseintritte** sowie leichte Vergünstigungen (10–20 %) in zahlreichen **Geschäften und Restaurants.**

Touristenbus

In einigen Hotels, der Touristeninformation oder auch beim Busfahrer kann man eine **48 Stunden** gültige Karte für 50 K erwerben für Fahrten mit einem offenen, bunten **Doppeldeckerbus.** Er pendelt 7x tgl. 9–19.30 Uhr zwischen **Rijeka** (Jadranski Trg) und **Opatija** mit Kommentaren zu den wichtigsten Sehenswürdigkeiten in acht Sprachen; im Ticketpreis ist auch der Eintritt zur Burg Trsat enthalten. Während der touristische Doppeldecker nur von Mitte Juni bis Mitte September fährt, ist die Rijeka-Card ganzjährig erhältlich.

An- und Weiterreise

Auto

Aus welcher Richtung man auch kommen mag, und auch, wenn man einfach nur durchfahren möchte: Man sollte immer der Beschilderung **„Centar"** folgen, da alle Umgehungen im weiteren Verlauf wieder zusammenführen und für Ortsfremde meist nur Verwirrung stiften! Ein idealer **Parkplatz** („Delta") liegt unmittelbar am Mrtvi-Kanal, wo das östliche Ende der Fußgängerzone ist. Von diesem größten öffentlichen Parkplatz (gebührenpflichtig Mo bis Fr 7–22 Uhr, Sa 7–16 Uhr, So frei) ist man sofort im Zentrum und kann wahlweise auch am Nordende/ Titov Trg die Pilgertreppe nach Trsat hinauf nehmen.

Rijeka war übrigens die erste Stadt weltweit, die eine Bezahlung von **Parkgebühren per SMS** ermöglichte. Dazu muss man das Kfz-Kennzeichen ohne Lücken oder Sonderzeichen an die vierstellige Nummer der entsprechenden Zone, in der man parkt (Schilder beachten), senden; Bestätigung und Abbuchung über die Telefonrechnung folgen sofort (nur über kroatische Mobiltelefon-Netzbetreiber möglich). Ansonsten bezahlt man am Automat (zweisprachig) bzw. beim Aufseherhäuschen.

⊡ Busse auf dem Trg Jelačić

Bahn

Gute Bahnanbindung besteht nach **Norden** (Ljubljana) 4x tgl. und **Nordosten** (Zagreb) 4–6x tgl.; auch der **Südosten** (Zadar, Šibenik, Split) wird bedient (3–4x tgl.), Juni bis Sept. Sa auch Direktzug über Zagreb, Salzburg und München bis Hamburg. In allen Fällen aber scheint die Bahnreise eher etwas für Nostalgiker zu sein – Busse und Schiffe sind angenehmer und preiswerter. Der **Bahnhof** liegt 400 m westlich des Busbahnhofs; Tickets am besten unter Tel. 051-213333 (Hauptbahnhof) oder bei einer Touristenagentur reservieren.

Bus

- Die orangefarbenen **Stadt-** und **Umlandbusse** stehen alle am Jelačić-Trg (Mrtvi-Kanal). Hier besteht mehrfach tgl. Anbindung nach Lovran via Opatija, in östlicher Richtung bis Crikvenica. Die Stadtbusse kosten 15,50 K (21 K für Zone 4), günstiger ist der Erwerb einer Tages- (34 K) bzw. Wochenkarte (160 K inkl. Vororte, 80 K nur Innenstadt/Zone 1). Am Trg Jelačić fährt auch der Flughafenbus für 30 K einfach oder der Bus 1/1A von/nach Trsat.
- Ein **Pendelbus** verbindet den Regionalbusbahnhof mit dem zentralen Busbahnhof am Trg Žabica (Tel. 051-211222), wo die **Langstreckenbusse** fahren – z.B. zu den Inseln der Kvarner Bucht (Krk, Rab, Lošinj) sowie nach Zagreb, Split/ Dubrovnik, Zadar, Pula usw. Hier verkehren auch internationale Linien mit Anbindung u.a. nach Frankfurt, München, Sarajevo oder Belgrad. **Ticketschalter** (tgl. 5.30–22.30 Uhr) und deutschsprachige Information in der Wartehalle. Hier auch Gepäckaufbewahrung, 5.30–22-30 Uhr, 11 K/Stunde.

Taxi

Für längere Strecken, mit viel Gepäck oder zu den günstigen Hotels empfiehlt sich vielleicht ein Taxi. Im Stadtzentrum gibt es drei **Taxistände,** und zwar am Busbahnhof, Tel. 051-335138, in der Stadtmitte/Matije Gupca, Tel. 051-335417, sowie am

016kb wl

Bahnhof, Tel. 051-332893. Grundgebühr 30 K und 5 km inklusive, danach 7 K/km; Zentralstand am Busbahnhof.

Fähre

Anders als etwa Zadar oder Split in Dalmatien dient Rijeka weniger als Angelpunkt für Pkw-Fähren, sondern mehr für den schnellen **Katamaran-Personenverkehr.** Wer mit dem eigenen Fahrzeug die Kvarner Inseln bereisen möchte, muss mit den Fähren in Brestova (Cres/Lošinj) und Jablanac (Rab) Vorlieb nehmen.

Die **Fährgesellschaft Jadrolinija** hat ihr Büro gegenüber dem Fährhafen in der Riva 16 (Tel. 051-211444, www.jadrolinija.hr, Mo bis Fr 7–18 Uhr, Sa 8–14.30 Uhr). Die wichtigsten **Linien** sind im Sommer die Personenfähre von/nach Mali Lošinj über Cres, Martinšcica, Unije und Ilovik (1x tgl.), die Personenfähre von/nach Pag über Rab (nur im Sommer tgl.), die Personenfähre zu den Inseln Silba, Olib und Premuda (1x wöchentlich Sa) sowie die Autofähre von/nach Dubrovnik via Split, Hvar und Korčula (nur Mo und Fr Abend – hält nicht mehr in Zadar!). Details unter www.jadrolinija.hr.

Flug

Der oft als **„Rijeka Airport"** bezeichnete Flughafen liegt nicht in Rijeka, sondern auf der **Insel Krk** (siehe dort)! Stadtbusse vom Trg Jelačić kosten 30 K einfach bis zum Flughafen. Weitere Infos unter www.rijeka-airport.hr. Siehe auch „Reisetipps A–Z/Anreise".

Info und Agenturen

■ Die eigentliche **Touristeninformation** liegt zentral in der Korzo 14, Tel. 051-335882, Fax 214706, www.tz-rijeka.hr, Mo–Fr 8–20 Uhr, von Juni bis September zusätzlich Sa 8–20 Uhr und So 9–14 Uhr. Neben Auskünften und Infomaterialien bietet die Dienststelle die Vermittlung von Privatunterkünften (ab ca. 40–50 €/DZ) an. Außen findet man eine elektronische Infosäule mit den wesentlichen Informationen zur Stadt (rund um die Uhr). Ein kleines Büro liegt auch am Fährpier/Riva.

Daneben bieten einige **Agenturen** ihre Dienste an, Wie üblich werden Unterkünfte, Fahrkarten usw. organisiert.

- **Generalturist,** F. Supila 2, Tel. 051-212900, Fax 331496, www.generalturist.com, 8–19 Uhr, Sa 8–13 Uhr.
- **Globalturist,** Korzo 40, Tel. 051-276677, www.globalturist.hr.
- **Tours,** Korzo 22, Tel. 051-214915, www.tours. hr.
- **Atlas,** Adamićeva 5b, Tel. 051-321074, www.atlas.hr.

Unterkunft

Touristen nächtigen im Allgemeinen in den umliegenden Feriendomizilen **Crikvenica** und **Opatija,** in Rijeka selbst gibt es daher kaum Privatzimmer oder ähnlich günstige Unterkünfte. Es empfiehlt sich bei Bedarf eine Nachfrage in einer der Touristenagenturen. Für Geschäftsleute oder Reisende, die mit öffentlichen Verkehrsmitteln unterwegs sind, bietet die Stadt einige Hotels. Wer etwas Günstigeres sucht, ist allerdings auf ein Taxi angewiesen.

Hotels

- **Grand Bonavia**④, Dolac 1, Tel. 051-357100, Fax 335969, www.bonavia.hr, Top-Hotel im Stadtzentrum am Trg Jadranski mit allen Annehmlichkeiten.
- **Jadran**④, Šetalište XIII Divisije 46, Tel. 051-216600, www.jadran-hoteli.hr. Neu umgebaut und renoviert, DZ und Apartments (bis 4 Personen); Stadtbus 2.
- **Neboder**②, Strossmayerova 1, Tel. 051-373538, Fax 373 551, www.jadran-hoteli.hr/neboder, noch zentrumsnah, einfache Mittelklasse, hat sich in den letzten Jahren qualitativ verbessert.

Privatunterkunft

Auch in Rijeka bestehen zahlreiche Möglichkeiten, eine Privatunterkunft zu organisieren; entweder wendet man sich vor Ort an die **Touristeninformation** oder an eine der Agenturen (s.o.).

- Natürlich kann man sich auch direkt mit Vermietern in Verbindung setzen, etwa **Appartements Korzo,** Korzo 2, mobil 091-2010298, 091-2605959, Fax 216254, www.apartmanirijeka.com, im Zentrum; oder ein gutes Stück außerhalb im Bezirk Kantrida direkt am Meer mit der **Villa Nora,** Podkoludricu 4, mobil 099-2158511, Fax 051-623006, www.villanora.info.

Jugendherberge

- Die städtische **Jugendherberge**① in der Šetaliste 13. Divizije (ca. 1,5 km vom Zentrum Richtung Krk/Crikvenica, Tel. 051-406420, Fax 406421, rijeka@hfhs.hr) befindet sich in einer hübschen alten Jugendstilvilla mit nur einem Dutzend Zimmern für 2 bis 8 Personen, 16–20 €/Person inkl. Frühstück, DZ 45–60 € (2 Pers., saisonabhängig); Bus Nr. 1.

Camping

- Am Ortsrand Richtung Crikvenica liegt das **Camp Preluk-Paviki**③, Tel. 051-621913 und 622185, Fax 622385, camp.preluk@gmail.com. Es gibt im Umland wesentlich schönere Campingplätze als hier in Raffinerienähe!

Essen und Trinken

Snacks

- Einfache Snacks hält die **Snackbar Hamby** in der A. Starčevića bereit (Pizzaschnitten, Sandwiches usw.; gegenüber Zagrebačka-Bank). Weitere Snacklokale/Bäckereien usw. findet man entlang der M. Gupca Richtung Korzo, z.B. **Sewed City** am Kaufhaus Robna Kuća Rijeka.

■ Sehr günstig und in einer schier unglaublichen Vielfalt bietet der **Supermarkt im Tower Center** (s. Einkaufen) eine Salatbar und warme Theke mit Speisen und Snacks (nur zum Mitnehmen) von Pizzen über Schweinshaxe bis zu Backfisch.

■ Als Kaffeehäuser seien das **Café Sv. Vida** (Tel. 051-315131) an der Veitskirche sowie das **Café Ri** im gleichnamigen Kaufhaus an der Uferstraße gegenüber vom Fährpier erwähnt. Im spartanisch möblierten Ri, Tel. 051-311026, gibt es eine große Salatbar oder regionale Besonderheiten wie *jota* (Sauerkrautsuppe); Mo–Sa 8–22 Uhr.

Restaurants

■ Wer einfach und preiswert eine gute Pizza essen möchte, achte am Korzo kurz hinter der Touristeninformation rechter Hand auf ein Schild in die Gasse Kružna Ulica, welches auf die **Restaurant-Pizzeria Bračera** hinweist. Man kann drinnen oder draußen an den wenigen, urigen Tischen in der engen Gasse speisen. Wirklich nicht schlecht und sehr zentral. Geöffnet tgl. 11–23 Uhr, Tel. 051-322498.

■ Gute und keineswegs überteuerte Fischgerichte werden in der **Konoba Feral** (Tel. 051-212274) in der M. Gupca serviert, Mo–Fr 10–22, Sa 11–18 Uhr.

■ Praktisch um die Ecke (Ribarska/Ecke I. Zajca) bietet das **Brun** (Tel. 051-212544) gutbürgerliche und internationale Küche, dabei spezialisiert auf Mittagsgerichte. Sehr beliebt bei Einheimischen. Mo–Fr 10–22 Uhr, Sa 10–15.30 Uhr.

■ Als sehr zentral, beliebt und dennoch nicht überteuert empfiehlt sich das Fischlokal **Zlatna Školjika** in der Kružna Ulica 12 (Seitengasse des Korzo), Tel. 051-213782.

■ Als das Top-Restaurant gilt in Rijeka derzeit das **Municipium,** Trg Riječke rezolucije 5, Tel. 051-213000, in einem der ältesten erhaltenen Bürgerhäuser Rijekas zentral in der Altstadt. Traditionelle kroatische Fleisch- und Fischgerichte mit Schwerpunkt leichte Küche; tgl. außer So 10–23 Uhr.

■ Tipp für Liebhaber rustikaler einheimischer Küche: **Konoba Borik,** Šetalište XIII Divisije 102, Tel. 051-458526. Zünftiges Interieur, leckere heimische Spezialitäten (Lamm im Schmortopf), nur nicht ganz leicht zu finden und etwas außerhalb: mit dem Auto Richtung Krk/Crikvenica bis etwa Höhe Rijeka-Tower-Einkaufszentrum, hier in Fahrtrichtung rechts Hinweisschild beachten. Mit dem Bus: Linie 2 (Pečine Plumbum).

■ Und zum Schluss noch etwas Besonderes: In die Marktlücke einer Mischung aus Pub und Spätrestaurant stieß unlängst das **Arca Fiumana** (Adamićev Gat, Tel. 051-319084), ein umgebautes festgemachtes Schiff. Fischgerichte und Gulasch, aber auch das Prosciutto mit Pilzen werden hoch gelobt, ebenso die hausgemachten Brote. Geöffnet So 12–24 Uhr, Fr/Sa 12–5 Uhr, Mo–Do 12–2 Uhr, warme Küche bis gegen Mitternacht, Barbetrieb tgl. ab 18 Uhr.

Nachtleben

■ In der **Užarska,** zwischen Mariendom und Trg Koblera, liegen eine Reihe guter Café-Bars auch für die Abendstunden, z.B. das **Nostromo,** Tel. 051-859318.

■ Urig bei gutem Bier geht es im **Irish Pub Café Beard** (Tel. 051-215235) gegenüber der Kirche Sv Vid zu.

■ „Fetzige" Abendunterhaltung erwartet den Besucher im **Svid Rock Café** (Riva/Ecke Splitska, Tel. 051-336397).

■ Das **Dva lava** (A. Starčevića 8, Tel. 051-332390) wirkt mit seinem Interieur – überwiegend schwarz und Chrom – sehr futuristisch. Zwei Ebenen nebst Terrasse, gute Weinkarte, geöffnet tgl. bis 23 Uhr, Do–Sa bis 4 Uhr (DJ-Abende).

■ In einem hübschen österreichisch-ungarischen Bürgerhaus nahm Rijekas Filiale der in kroatischen Städten (u.a. Pula) weit verbreiteten Kette **Hemingway** (Korzo 28, mobil 099-5414444) ihren Sitz. Snacks, Kaffee, Zigarren, gute Drinks und gediegene Atmosphäre; tgl. 7–1 Uhr, Fr/Sa bis 5 Uhr.

www.fotolia.de © Marin Ruzic

■ Bei Nachtschwärmern ist auch die **Bar des Arca Fiumana** (s.o.) sehr beliebt, ab 18 Uhr; Tel. 051-319084.

■ Westlich des Jadranski Trg liegt ein kleiner **Nachtbezirk** mit einschlägigen Etablissements und **Automatenhallen;** ein weiteres Automatenkasino findet man am Trg. I. Koblera, das modernste liegt wenige Meter hinter der Veitskirche am Mlekarski Trg (Admiral, tgl. 10–2 Uhr).

■ Sollten schließlich noch Reisespesen übrig sein – im **Gradski Casino** (Riva, Tel. 051-311246, www.lutrija.hr) kann man diese leicht loswerden.

■ Gediegene Unterhaltung verspricht das städtische **Volkstheater** in der Ulica Ivana Zajca (www.hnk-zajc.hr, die Touristenagenturen verfügen über den aktuellen Spielplan und können bei der Kartenreservierung helfen).

■ Das **Kino Kvarner** (Ulica A. Starčevića) zeigt viele amerikanische Hollywoodstreifen im Original, besser ist die **Ciné-Star Kinowelt** im Rijeka Tower Center (s.u.), www.blitz-cinestar.hr.

Einkaufen

■ Auf der Flaniermeile Korzo liegen mehrere große **Kaufhäuser,** z.B. Korzo und Robna Kuća (Mo bis Fr 8–19, Sa 9–13 Uhr). Letzteres ist auch von der Uferstraße Riva her erreichbar und bietet ein überraschend gutes Café (s.o.) im Obergeschoss.

■ Sehr beliebt ist die **Bonbonniere Kraš,** zu altjugoslawischen Zeiten eine Art Intershop für Spirituosen, heute exquisite Adresse für erstklassige Süßwaren – Kraš ist heute Kroatiens größter Schokoladenhersteller; mehrere Filialen, z.B. am Korzo (schräg gegenüber der Touristeninformation); Tel. 051-580959.

■ **Vinoteka,** A. Starčevića 7, 20 m neben dem Hamby-Schnellimbiss, Mo bis Fr 8–20 Uhr, Sa 8–13.30 Uhr, Tel. 051-335755.

■ In den **Buchhandlungen** am Korzo findet man die größte Auswahl im Raum Istrien und Kvarner Bucht.

■ **Tipp:** Als *der* Einkaufsmagnet für das gesamte Umland von Rijeka gilt das **Tower Center** im Bezirk Pecine (von Crikvenica/Krk kommend an der Bakar-Bucht immer der Küstenstraße folgend nach Rijeka hinein, dann mehrfach beschildert rechter Hand) mit gigantischem **Konzum-Supermarkt** (tolle Brot-, Wurst- und Käsetheken, warme Theke usw.), zahlreichen **Fachgeschäften** (DM-Drogerie, Buchhandlung) und Boutiquen, Geldautomaten, Parkhaus, Kinderbetreuung, Ciné-Star-Kinowelt, Gastronomiebetrieben usw. Interessant mit Blick auf Speicherkarten und Elektronik ist das Fachgeschäft Technomax – was es hier nicht gibt, findet man anderswo auch nicht. Geöffnet Di–Sa 9–21 Uhr, So 10–19 Uhr, Mo 13–21 Uhr.

■ Ähnlich interessant ist das neue **ZTC-Shopping** am Westrand der Innenstadt (Zvonimira Ulica 3, tgl. 9–21 Uhr), wo neben mehr als 50 Fachgeschäften, Boutiquen und Gastrobetrieben auch Panorama-Glasaufzüge mit Meerblick den Kunden umwerben.

■ Wer um Rijeka herum die Umgehungs-Autobahn fährt und nicht ins Zentrum möchte, findet beispielsweise an der Autobahnabfahrt Škurinje/Škurinska Draga weitere große **Supermärkte** (Konzum, Merkator).

Nützliches

■ **Ambulanz:** Korzo 32, Tel. 051-212839.

■ **Polizei:** Đure Šporera, nahe Mariendom.

■ **Konsulat der Republik Österreich,** Stipana Konzula Istranina 2, Tel 051-338554, Mo–Fr 9–15 Uhr.

☒ Am Hafen

Die kroatische Karstlandschaft

Der Begriff Karst (kroatisch: *kras*, italienisch: *carso*) bezeichnet die meist waldlose Kalkhochfläche östlich des Golfs von Triest auf dem Balkan sowie in Italien. Diese Karstlandschaften dürften eine jener natürlichen Besonderheiten sein, von denen jedes Kind im Geografieunterricht hört, wenn das südöstliche Europa besprochen wird.

Karst bezeichnet einen **Millionen Jahre dauernden Prozess,** an dessen Ende bizarre Tropfsteinhöhlen, Täler und Kraterlandschaften stehen. Voraussetzung dafür sind extrem **weiche Kalkgesteine** sowie Kohlensäure. Die wasserlöslichen Gesteine wie Kalk und Gips werden vom Oberflächen- und Grundwasser ausgelaugt und ausgespült. Das Ergebnis sind **Höhlen** (Blasen) und **Schluchten** (aufgeplatzte Blasen). Sickerwasser lässt später in diesen Hohlräumen **Tropfsteinhöhlen** entstehen. Der Prozess setzt sich permanent fort und wird in Millionen von Jahren weitere Naturkunstwerke kreieren. Die Karstlandschaften sind sehr kalkhaltig und erstrecken sich entlang der gesamten Küste sowie im Hinterland. In der Kvarner Bucht sind derartige Höhlen im **Nationalpark Risnjak** oder auf der **Insel Krk** zu besichtigen.

Tropfsteine in der Rudine-Höhle auf Krk

■ **Apotheke:** Ljekarna Mazzi, Đure Šporera 3, gegenüber der Polizei, Tel. 051-331902, oder in der Zadarska/Trg Jadranski, Tel. 051-626212.

■ **Bank/Geldautomaten:** im Zentrum allgegenwärtig, z.B. Riječka Banka, Korzo 1/Ecke Jadranski Trg, in der Starčevića oder Korzo (neben der Post).

■ **Hauptpost** (mit Wechselstube): Korzo, neben Kaufhaus Robna Kuća, geöffnet tgl. 7–21 Uhr.

■ **Autoverleih:** Direkt gegenüber dem Eingang von Jadrolinija um die Ecke vom Trg Jadranski liegt die kleine Fa. Vučetić, Zadarska 3b, Tel. 051-336558. Große Anbieter (u.a. AVIS, Tel. 051-311135, www.avis.com.hr, oder Hertz, Tel. 051-311098, www.hertz.hr) findet man beim Fährpier an der Uferstraße Riva 6 bzw. 8 (uferseitig am Kaufhaus Robna Kuća).

■ **Internet:** im Zentrum zahllose kostenfreie WLAN-Points (praktisch das gesamte Zentrum); ein gut erreichbares Internetcafé ist das **Ecomclub,** I. Zajca 24a nahe Casino (Eingang Ulica I. Hencke), tgl. 7–22 Uhr, 15 K/Std. Sehr zentral liegt das **Internet-Corner** in der Riva 6 (Kaufhaus Robna Kuća), Tel. 051-311045.

Rundfahrt durchs Kvarner Hochland

Die folgende Rundfahrt (**nur mit eigenem Fahrzeug** so möglich) beginnt im Norden der Kvarner Bucht. Von der Küste bei Rijeka geht es zunächst ins nördliche Hinterland und dann in großem Bogen nach Osten durch teilweise recht **einsame Berggegenden,** bis man in Senj an der Ostseite der Kvarner Bucht wieder auf die Küste stößt. Entlang der Küstenstraße erreicht man dann wieder den Ausgangspunkt.

Nationalpark Risnjak

Nicht nur die Küstengebiete der Kvarner Bucht laden zum Verweilen ein, in den Bergen hinter Rijeka liegt ein ganz besonderes „Schmankerl" nicht einmal eine Autostunde von Krk, Opatija oder Crikvenica entfernt: der Nationalpark Risnjak. 1953 wurde das 64 km² große Terrain zwischen Lokve und dem **Veli Risnjak** (1528 m) mit seiner subalpinen und alpinen Vegetation zum Nationalpark erhoben. Ein reicher Baum- und Pflanzenbewuchs und **seltene Tierarten** (u.a. Braunbär und Luchs) machen den Park in jeder Jahreszeit zu einem interessanten Ziel zu jeder Jahreszeit. Vom Bergrestaurant mit Pension und Parkverwaltung aus kann man Spaziergänge, etwa auf dem für Familien empfehlenswerten **Lehrpfad** (4,5 km, ca. 2 Std.), oder auch **Wanderungen** zum Risnjak-Gipfel (3 Std. Hinweg, gut beschildert) unternehmen. Bei der Verwaltung erhält man Informationen und Wanderkarten.

■ **Anfahrt:** Von Rijeka nach Gornje Jelenje und weiter Richtung Crni Lug: bis zum Holzschild „Gorski Kotar – Paklenica 15 km" linker Hand, dann via Mrzle Vodice nach Crni Lug.

■ **Bergrestaurant** mit Parkverwaltung und Pension (max. 15 Personen; Bela Vodica 48, Tel. 051-836133, Fax 836116).

Lokve

Vom Nationalpark aus zurück Richtung Hauptstraße zweigt links ein Nebensträßchen nach Lokve (Froschzeichen) ab. Auf dieser sehr hübschen Route passiert man eine winzige Feriensiedlung, bei der der einsame **See Jezero Špilja** liegt (in der Siedlung parken). Zwei Kilometer weiter ist Lokve erreicht, ein kleines Bergdorf, das von der Forstwirtschaft lebt. Am Ortsrand bietet sich für Interessierte ein Besuch des **Froschmuseums** an (Šetalište Golubinjak, Tel. 051-833091, tgl. 9–20 Uhr).

Besuchenswert sind auch der **Waldpark Golubnjak** und besonders die Höhle *(jama)*, beide gut ausgeschildert. Die 30.000 Jahre alte, vierkammerige **Tropfsteinhöhle** kann auf einer Länge von 900 Metern begangen werden, sie überbrückt 120 Meter Höhendifferenz und beherbergt Fledermäuse, Schmetterlinge und Algen.

■ **Froschmuseum,** Šetalište Golubinjak, Tel. 051-833091, tgl. 9– 20 Uhr.
■ **Höhle,** vom 10.6. bis 10.10. ist der Kiosk von 11–18 Uhr besetzt; Führung und Eintritt 25 K, Kinder 12 K; Gruppen ab zwei Erwachsenen und einem Kind 62 K, Tel. 051-275055.

Information

■ **Touristeninformation Lokve,** Tel. 051-831 278, Fax 831255.

Unterkunft

■ In Delnice, wenige Kilometer nördlich von Lokve, bietet das **Hotel Risnjak**① (Tel. 051-508160, www.hotel-risnjak.hr) Unterkunft in 21 rustikalen DZ. Das Hotel bietet auch spezielle **Radler-Ferien** mit Unterkunft, Leihrad, Tourenplanung usw. für ca. 550 €/Woche an.

Über den Kula

Von Lokve aus noch ein heißer Tipp für Biker oder Autofahrer mit ein klein wenig Mut: Weiterfahren Richtung **Mrkopalj** (842 m ü.N.N.) via Sunger. Die Landschaft wirkt ruhig, rückständig und

260kro wl

ländlich, die Häuser sind teilweise beschiefert (was hier als modern empfunden wird!) oder mit Holzschindeln verkleidet. In Mrkopalj auf die Abzweigung „Tuk/Matič Poljana" achten und dieser folgen: Bis **Tuk** (eine Hand voll Berghütten) auf 878 Metern Höhe ist der Weg asphaltiert, dann führt er als Piste abenteuerlich durch einen Wald. Auf dem Plateau Matič Poljana angekommen (linker Hand erkennt man den **1533 Meter hohen Kula**), kann man ein Denkmal und eine **mysteriöse Formation à la Stonehenge** bewundern.

Bei der Weiterfahrt geht es an dem Holzschild „Tuk – Rastova Draga" rechts durch einen wunderschönen Hochwald Richtung **Jasenak;** es folgt noch eine Gabelung (links), dann ist die Verbindungsstraße Ogulin – Drežnica mitten im landwirtschaftlichen Herzen des Kvarner Hochlands erreicht. Achtung: Auf dem Weg laufen manchmal wilde (keine aufgebundenen) **Bären** herum!

Brinje und Vrtnik-Pass

Von der kleinen Safari erholt man sich dann in einer der **Straßenkneipen** von Brinje (486 m, 2000 Einwohner) südlich von Drežnica unterhalb der malerischen **Frankopanen-Burgruine** aus dem Jahr 1343. Wie man an den vielen Pflaumenbäumen erkennt, ist die Gegend hier nicht umsonst bekannt für guten **Šljivovic!**

Über den spektakulären Vrtnik-Pass (an der Konoba Putnik vor dem Pass rechter Hand) mit einmaligem Fernblick rollt man schließlich hinunter zur Küste nach **Senj** (siehe weiter hinten in diesem Kapitel), dem Fährort zur Insel Krk an der Ostseite der Kvarner Bucht.

Bucht von Bakar

Die Fahrt von Rijeka unmittelbar an der Küste entlang Richtung Osten bis zur Bucht von Bakar scheint den Eindruck vom ungetrübten Urlaubsparadies zunächst empfindlich zu stören: Die INA-Raffinerie, Docks und Gleisanlagen gruppieren sich um die endlos lang wirkende Bucht und übertünchen doch sehr deren eigentliche Schönheiten: das mittelalterliche, unterhalb der Magistrale gelegene **Frankopanen-Wehrdorf Bakar** selbst, dann das **Fischerdorf Bakarac** mit den seltsamen Holzsitz-Leitern am Ufer. Hierbei handelt es sich um jene sehr selten gewordenen Thunfisch-Beobachtungsposten, auf denen die Fischer früher die Schwärme in der Bucht beobachteten und ihre Boote dirigierten, andere sagen, es handele sich einfach nur um ehemalige Anglersitze.

Der nächste Ort ist **Kraljevica** mit einem (allerdings nur von Weitem) malerischen Frankopanen-Schlösschen aus dem 17. Jahrhundert. Schließlich erreicht man die **Brücke zur Insel Krk** (Krk-Most), eines der beliebtesten Fotomotive der Gegend.

Die Bucht von Bakar ist eigentlich kein sonderlich zu empfehlender Urlaubsstandort. Wer für Ausflüge nach Ri-

◁ Das Dörfchen Bakar in der gleichnamigen Bucht

jeka, ins Kvarner Hochland oder nach Krk einen Campingplatz am Meer sucht (oder wenn die Plätze Krk/Crikvenica voll sind), findet hier aber immerhin ein paar Ausweichmöglichkeiten.

Unterkunft, Camping

- **Hotel Jadran**②, Bakar, Palada 32, Tel. 051-762100, Fax 761047, www.hotel-jadran-bakar.com, hat recht einfache, dafür aber auch sehr preiswerte Einzel- und Doppelzimmer.
- **AC Ostro**③, Kraljevica, Tel. 051-281218, Fax 281404, Buchungen auch über die Agentur Novi Turist in Novi Vinodolski (Tel. 051-792210, www.novi-turist.hr).
- **AC Bakarac**②, Tel. 051-291893, Fax 293033, etwas beliebter, da vor einigen Jahren umfassend renoviert.

Crikvenica

Zwischen der kleinen Landzunge Kačjak und Selce bietet die Kvarner Bucht ein etwa acht Kilometer langes, zusammenhängendes **Ferienzentrum** mit knapp 13.000 Einwohnern und den Orten Dramalj und Crikvenica als Zentrum. Man hat die Wahl, in den eher auf Sommerurlauber spezialisierten Campingarealen Selce oder Dramalj/Kačjak unterzukommen oder aber zentral in Crikvenica mit allen Annehmlichkeiten der Kleinstadt.

Crikvenica („Kirchlein“) war schon den römischen Legionären als Station Ad Turres bekannt, wurde unter den Frankopanen erweitert (Paulinerkloster, heute Hotel Kaštel) und unter den Habsburgern schließlich zum **Kur- und Badeort** weiterentwickelt. Das mediterrane

Beachvolleyball am Strand von Crikvenica

085is wl

Klima mit – laut Tourismusprospekt – über 2500 Sonnenstunden im Jahr sowie die sehr reine und klare Luft dienen insbesondere der Regeneration der Atemorgane, aber auch Allergien und Rheumatismus können in Crikvenica kuriert werden.

Sehenswertes

Uferpromenade und Aquarium

Das Sightseeing beschränkt sich auf ausgedehnte Spaziergänge entlang der Uferpromenade (mehrere **Bademöglichkeiten** und ein Strandbad) sowie einen Besuch des Aquariums. In 24 Wasserbecken sind hier Flora und Fauna aus dem Mittelmeer und aus tropischen Gewässern zu sehen.

■ **Aquarium,** Ul. Vinodolska 8, nahe dem Busbahnhof, Tel. 051-241006; tgl. 9.30–18 Uhr, im Sommer bis 22 Uhr, Nov.–März nur auf Anfrage, Eintritt 30 K, Kinder 20 K.

Trg Radića

Wer am Ufer entlang flaniert, wird am Trg Radića in der Grünanlage auch die **Büste des Stjepan Radić** entdecken; er ziert nicht nur die 200-Kuna-Banknote, nach ihm sind auch in vielen kroatischen Orten wichtige Plätze oder Straßen benannt. Stjepan Radić (1871–1928) war Gründer und Vorsitzender der kroatischen Bauernpartei HSS und verfolgte die Idee einer unabhängigen Bauernrepublik Kroatien, weshalb er im Nationalrat 1918 als einziger gegen die Bildung eines Königreiches Jugoslawien stimmte. Bei späteren Wahlen errang er mit der HSS in einigen Regionen (insbesondere im bäuerlichen Slawonien) teilweise die absolute Mehrheit und verstand sich als kroatisch-nationalistischer Gegenpol zur Zentralregierung in Belgrad. Er wurde von einem montenegrinischen Extremisten während einer Parlamentssitzung im Juni 1928 angeschossen und erlag fünf Wochen später seinen Verletzungen.

Praktische Tipps

An- und Weiterreise

■ **Stadtbusse:** Drei verschiedene Stadtbuslinien verbinden je 7–10x tgl. den Busbahnhof mit Selce (gelbe Linie), Dramalj (blaue Linie) und dem innerstädtischem Bereich (grüne Linie).

■ Häufiger fährt eine **Touristenbahn,** die zwischen Zentrum und Kačjak (Nord) sowie Zentrum und Selce (Süd) jeweils tgl. 9–22.30 Uhr etwa alle 30 Minuten pendelt (15 K).

■ Vom **Busbahnhof** (Kartenschalter 6.30–19.30 Uhr, Sa/So 8–14.30 Uhr für den Kartenvorverkauf) am Trg S. Radića bestehen ganzjährig gute Verbindungen per **Nahverkehrsbus** ins Umland (8–22x tgl. tagsüber nach Rijeka, alle 10–45 Minuten nach Novi Vinodolski) sowie mit **Langstreckenbussen** von/nach Zagreb, Pula oder Split sowie direkt bis Rab-Stadt (7.24 und 14.40 Uhr).

■ **Selbstfahrer haben es schwer:** Nur wenige Straßen sind ausgeschildert, viele haben keine Namen. Die lange Uferpromenade (Einbahnstraße!) dient im Abschnitt Dramalj auch als **kostenloser Parkplatz.** Die Küstenstraße liegt nur 300 Meter Luftlinie vom Meer entfernt, aber weit oberhalb des Ufers, sodass sich die Straßen und Gassen steil die Hänge hinaufschlängeln. Die Privatzimmer und Ferienwohnungen liegen beidseitig der Hauptstraße. Man frage die jeweiligen Vermieter nach dem kür-

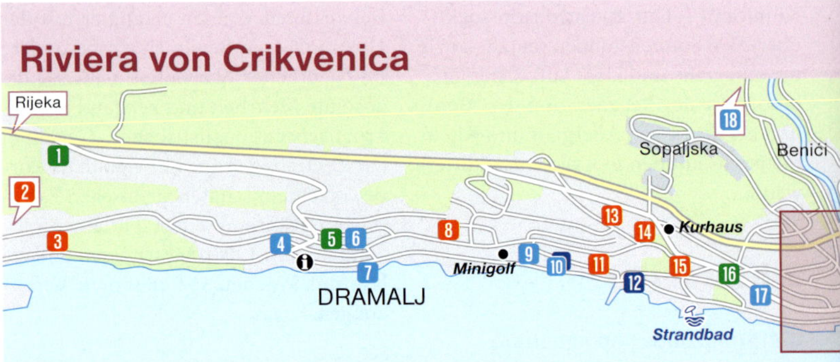

zesten Fußweg zur Promenade, da sich die Straßen fast endlos hinziehen. Es gibt aber etliche Schleichwege. Tagesbesucher parken am besten auf dem (gebührenpflichtigen) **Großparkplatz** beim Busbahnhof um die Ecke von der Touristeninformation (5 K/Std.) oder zum Einkauf bei den Supermärkten auf der anderen Seite der Hauptstraße hinter dem Markt.

Info und Agenturen

■ **Touristeninformation Crikvenica:** Trg. S. Radića 1, Tel. 051-241051, Fax 241867. Hier auch Unterkunft, Ausflüge usw. Geöffnet im Sommer tgl. 8–21 Uhr, sonst Mo bis Fr 8–15 Uhr und Sa/So 8–13 Uhr. Offizielle Webseiten: www. tzg-crikvenice.hr und www.crikvenica.hr. Eine elektronische Infor-

Übernachtung
2 AC Kačjak
3 Feriendorf Kačjak
8 Hotel Omorika
11 Hotel Esplanade
13 Hotel Ad Turres
14 Pension Klaudija
15 Hotel Therapia Falkensteiner
19 Hotel Varaždin
20 Hotel Selce
21 AC Selce, AC Uvala Slana
23 Hotel Crikvenica
25 Hotel International
30 Hotel Kaštel

Essen und Trinken
4 Domino Grill
6 Pivovara Crikvenica
7 Bistro Aries
9 Pizzeria Galija
10 Rony's Café
17 Moslavina
18 Konoba Griškinja
21a Brasserie Filumena
22 Bistro Pizza-Cut
24 Café Nik und Rest. Luka
28 Bistro Tržnica

Einkaufen/Sonstiges
1 Tankstelle
5 Konzum-Supermarkt Dramalj
16 AK-Tours
22 Made in Croatia
25 Agentur Autotrans
26 Agentur Crikvenica Tourist
27 Computershop & Zeitschriften
28 Konzum-Supermarkt, Markt, Klek-Tours
29 Plodine-Supermarkt

Wassersport
10 Wassersport
12 Dive City

mationssäule befindet sich vor der Touristeninformation sowie am Busbahnhof.

■ **Touristeninformation Dramalj:** Ulica Gajevo Šetalište 48, Tel./Fax 051-786363. Geöffnet Mo–Sa 8–20 Uhr und So 8–14 Uhr.

■ **Touristeninformation Selce:** an der Promenade, Tel./Fax 051-782127, www.tzselce.hr.

Zahlreiche **Agenturen** in der Stadt haben Unterkunftsvermittlung, Geldwechsel, Touren usw. im Angebot, u.a.:

■ **AK-Tours,** Kralja Tomislava, Tel. 051-785060, Fax 784321, www.ak-tours.hr.

■ **Crikvenica Tourist,** Trg Radića 1, Tel. 051-241 516, Fax 241249, www.crikvenica-tourist.net, direkt bei der Touristeninformation.

■ **Autotrans,** Tel. 051-243800, www.autotrans.hr, direkt am Busbahnhof, betreibt das Busnetz und arrangiert Unterkünfte, Ausflüge usw.
■ Günstig zentral gelegen, bietet **Klek-Tours,** Brozičević 6, vor dem Markt, Tel. 051-242324, www.klek-tours.com, Ausflüge, Unterkünfte und Geldwechsel.

Unterkunft

Das Angebot ist überwältigend; vom Luxushotel bis zum Privatzimmer wird alles geboten. Man kann sich vor Ort entweder an eine der Agenturen oder die Touristeninformation wenden, auch die folgenden Internetseiten kann man gut für die Vorabsuche einer Ferienwohnung heranziehen: www.selce24.com, www.selce.kroatische.de, www.tzg-crikvenica.hr.

Alle genannten Häuser ohne eigene Webadresse sind im Internet unter www.jadran-crikvenica.hr abrufbar.

Im Zentrum

■ Das **Hotel International**②, Ul. Skomerže 1, Tel. 051-241324, www.jadran-crikvenica.hr, schont den Geldbeutel und liegt absolut zentral neben Post und Touristeninformation beim Hafenbecken.
■ Wenige Meter entfernt und damit gleichfalls zentral und ufernah empfiehlt sich das etwas stilvollere **Hotel Crikvenica**②, Strossmeyerovo Šetalište 8, Tel. 051-241199, Fax 241129, www.hotelcrikvenica.com, das schon seit über 120 Jahren über alle Höhen und Tiefen hinweg Gäste aus aller Welt beherbergt. Nach Möglichkeit sollte man ein Zimmer zur Seeseite hin buchen. Auch einige Apartments sind zu haben.
■ **Preis-/Leistungstipp:** Am Schnittpunkt der Straßen Dr. Sobol/K. Tomislava liegt etwa mittig zwischen dem Zentrum und Dramalj die **Pension Klaudija**① für sehr günstige 18 €/Person im DZ inkl. Frühstück, auch Vollpension ist mit 35 € nicht überteuert. Dabei verfügen alle Zimmer über einen meerseitigen Balkon. Julija Klovica 2, Tel. 051-785175, www.pension-klaudija.com.
■ Außerhalb der Hauptsaison (da ist es doch recht teuer!) empfiehlt sich auch das **Therapia (Falkensteiner)**②, Br. Buchoffer, Tel. 051-785063, Fax 785072, www.therapia.falkensteiner.com.
■ Erwähnenswert ist auch das einfache **Hotel Ad Turres**②, K. Tomislava 111, Tel. 051-785003, Fax 785079, www.jadran-crikveni ca.hr, das sich bis zur Magistrale erstreckt und schöne Unterkunft bietet.
■ Schließlich ist das schon optisch sehr auffällige **Kaštel**④ (Frankopanska 22, Tel. 051-241044) am Ostrand des Zentrums direkt uferseitig hinter dem Flüsschen erwähnenswert. 1988 wurde das festungsähnliche ehemalige Kloster in ein Luxushotel umgestaltet.

Außerhalb des unmittelbaren Zentrums

■ Die angenehmsten Hotelunterkünfte in der mittleren bis gehobenen Kategorie sind das **Hotel Esplanade**③, Strossmayerovo Šetalište 52, Tel. 051-785006, Fax 785090, und das **Hotel Omorika**③, Muževica 35, Tel. 051-785023, Fax 785015. Recht preiswert sind hier die sogenannten Paviljoni (Bungalowzimmer).
■ Im Sektor Kačjak vermietet das **Feriendorf Kačjak**②, Tel. 051-241970, marketing@jadran-crikvenica.hr, DZ und günstige Apartments – bei Familien sehr beliebt.
■ Im Bereich Selce bietet das **Hotel Varaždin**③, Tel. 051-764032, Fax 764091, angenehmen Luxus.
■ Relativ schlicht bei gleichen Preisen wirkt dagegen das **Hotel Selce**③, Tel./Fax 051-765465, Fax 765464, www.hotel-selce.com.

Auch diese Unterkünfte sind im Internet unter www.jadran-crikvenica.hr abrufbar.

Camping

■ **AC Kačjak**②, Tel. 051-241970, www.jadran-crikvenica.hr, Anfang Mai bis Ende September, klein und ruhig.

■ **AC Selce**③, Tel. 051-764038, Fax 764066, www.jadran-crikvenica.hr, 3 km südlich des Busbahnhofs. Geöffnet Anfang April bis Ende Okt. Beide sind sehr gut, wobei etliche Campingprofis dem AC Kačjak den Vorzug geben.

■ In der Nähe (gut beschildert) liegt das **AC Uvala Slana**③, Tel. 051-764246, Fax 764042, www.club-adriatic.hr; schöne Lage, 1.6.–5.10. geöffnet.

Essen und Trinken

Snacks

■ Für einen Happen zwischendurch bietet sich das **Bistro Pizza-Cut** (mit Internetcafé) in der Strossmeyerovo Šetalište 28 neben dem Hotel Crikvenica an. Geöffnet tgl. 10– 24 Uhr.

■ An der Uferpromenade findet man mehrere **Bäckereien** (z.B. Sv Jelena, Strossmeyerovo Šetalište 34), ebenso am Marktplatz.

■ Am Marktplatz selbst kann man Burek (kleine Seitengasse Richtung Bach, beschildert) und Grillhähnchen im **Bistro Tržnica** genießen (ganzes Brathuhn, Sardellen, Čevapi).

■ Ausgesprochen gute Speisen serviert das sehr preiswerte **Bistro Aries** an der Promenade mit leckerer Fischplatte für 50 K oder frischen Tintenfischringen für 42 K. Imbissatmosphäre, aber gut!

Restaurants

■ Besonders nett sind die Cafés an der palmengesäumten Promenade im Zentrum von Crikvenica, u.a. **Café Nik** (tgl. 8–24 Uhr) und **Café/Restaurant Luka,** Trg S. Radića 11, Tel. 051-243301, tgl. 10–24 Uhr; hier kann man von der Terrasse im OG sehr schön den Hafenbereich überblicken.

■ Gute und günstige Pizzen backt die **Pizzeria Galija** gegenüber der kleinen Marina, Gajevo 1, Tel. 051-784710, geöffnet tgl. 7–2 Uhr. Außerdem kann man hier auch gut frühstücken.

■ Auch die **Brasserie Filumena,** Strossmeyerovo Šetalište 42, Tel. 051-241785, serviert Pizzen (ab 45 K), gebackene Tintenfischringe (60 K) und andere kleine Gerichte im einfachen bis mittleren Preissegment.

■ Der Tipp schlechthin im mittleren Preissegment ist die ausgesprochen nette Lokalbrauerei **Beer Pub/Pivovara Crikvenica** gegenüber dem Hotel Riviera/Dramalj, M. Muzevica 88, Tel. 051-788688.

■ Wer es eher nobel mag, diniert im **Domino Grill** (Grillspezialitäten, nahe Konzum-Supermarkt, Braće Car 23, Tel. 051-786472, tgl. 10–24 Uhr) oder im exquisiten Fischrestaurant **Moslavina** (Braće Sobol 13, Tel. 051-785186, tgl. 12–24 Uhr).

■ Schließlich noch ein Leser-Tipp ein gutes Stück außerhalb für Selbstfahrer: Die Vinodolska (unter der Brücke) nach Norden hinauf erreicht man die Inlands-Nebenstraße bei Bribir; hier links bis Blaškovići, dort wieder links (Karlići) zur **Konoba Griškinja** (Koštelj 88, Tel. 051-240049). Sehr schön restauriertes, uriges Landgasthaus mit deftiger Küche und angenehmer traditioneller Livemusik Fr und Sa ab 20 Uhr (Reservierung empfehlenswert).

Nachtleben

In der Hauptsaison fahren Pkws die Promenade entlang und verkünden per Lautsprecher, wann und wo diverse **Abendaktivitäten** stattfinden (Turniere, Misswahl o.Ä.).

■ An der Promenade nahe dem Busbahnhof bietet das **Kino Jadran** oft englischsprachige Filme mit Untertiteln.

■ Mit vielerlei Spielgeräten locken das große **Automatenkasino** am Trg Radića sowie das Bistro Mandy (am Marktplatz) mit angeschlossener Spielhalle.

Einkaufen

■ Ein **Bäckereiwagen** fährt zu unregelmäßigen Zeiten durch den Ort; ein Standort ist nahe dem Supermarkt von Dramalj.

■ Im Zentrum von Crikvenica befindet sich der große **Frischwarenmarkt** landseitig der Touristeninformation, Zidarska/Ecke Vinodolska, mit Metzgerei (Mo bis Fr 7–20 Uhr, Sa 7–14 Uhr, So 7–11 Uhr), Ribarnica (Fischgeschäft, 7–12.30 Uhr, So bis 11.30 Uhr), Bäckereien, Obst- u. Gemüseständen usw.

■ Auf dem Marktgelände liegt auch ein **Konzum-Supermarkt** (ebenso am Hang oberhalb der Touristeninformation Dramalj und in der Strossmeyerovo am Hafenbecken); tgl. 7–21 Uhr, So bis 13 Uhr. Ein Stück weiter (Fußgängerweg über den Bach) folgt ein großer **Plodine-Supermarkt** (gleiche Öffnungszeiten; hier kann man umsonst parken).

■ Ein Stückchen versetzt vom Markt (unterhalb der Riesenbrücke) liegen mehrere größere **Geschäfte** (Supermarkt, Baumarkt usw.).

■ **Made in Croatia,** Strossmeyerovo Šetalište 38. Souvenirs, teilweise kitschig, aber auch manche interessante Mitbringsel sind darunter wie eingelegte Honigerzeugnisse, Schnäpse, Trachtenpuppen usw. Geöffnet im Sommer tgl. 9–23 Uhr, sonst tgl. außer So 9–13 und 16–19 Uhr.

Aktivitäten

■ **Schwimmen** ist an allen Strandabschnitten möglich, wobei nördlich der kleinen Marina zahllose Felsabschnitte locken. Südlich davon liegt zunächst der (kostenlose) Plaža Balustrada mit kleinem Spielplatz und sehr hübscher Bepflanzung, dann folgt ein umzäunter und flacher Strandabschnitt, der 15 K Eintritt kostet. Die einsamsten Stellen findet man auf dem Weg nach Kačjak hinter der Touristeninfo Dramalj.

■ Ausgedehnte **Spaziergänge** ohne Schwierigkeitsgrade sind entlang der zentralen Uferpromenade möglich oder z.B. auf den sehr beliebten Routen Hotel Kaštel – Bucht Slana (1 Std., mit Info-Punkten) oder Hotel Omorika – Halbinsel Kačjak (ebenfalls 1 Std.).

■ Zwischen der kleinen Marina und dem umzäunten Strand liegt landseitig eine **Minigolfanlage** mit **Billard-Café** (Tel. 051-786446). Nebenan werden **Mopeds** (Scooter) und **Fahrräder** verliehen.

■ Rund um Rony's Café liegt das Zentrum für Aktivitäten wie **Bootsverleih** und **Wasserski;** an einigen Strandabschnitten ist **Beach-Volleyball** möglich.

■ Über ein umfangreiches Sportangebot verfügt u.a. das **Feriendorf Kačjak** (ursprünglich ein Sporthotel/Trainingslager), aber auch alle Hotelanlagen und Campingplätze bieten **Bootsverleih** und **Surfen,** teilweise auch **Tennis- und Segelkurse.**

■ Auf Höhe der Touristeninformation befindet sich am Ufer vor dem Hafenbecken im Sommer ein kleiner **Kinderpark** mit Hüpfburg, Mini-Quad usw. Eintritt 10 K.

■ **Bootsausflüge** (u.a. Rab, Krk, Disco-Party) werden direkt am Hafenbecken angeboten; Infotel. 051-785085. **Bootstaxis** (z.B. von/nach Dramalj oder Selce) können unter mobil 098-323380 geordert werden.

■ **Bustouren** organisieren die oben genannten Agenturen; bei praktisch allen im Angebot sind u.a. die Postojna-Höhlen/Slowenien, Rijeka und Opatija, Istrien-Rundfahrt inkl. Mittagessen, Plitwitzer Seen und Venedig.

■ **Tauchbasis: Dive City,** Buchoffer 18, Tel. 051-784174, www. divecity.net. Auch Unterkunft, Ausflüge, Geldwechsel etc.

■ Als traditioneller Kurort bietet Crikvenica im Bereich Dramalj ein echtes **Kurhaus (Thalassotherapie)** zur Behandlung von Atemwegserkrankungen. Informationen in den Agenturen oder im Kurhaus unter Tel. 051-241433 bzw. unter www.thalasso-ck.hr.

> Im Zentrum von Crikvenica

■ Auch im Bereich Selce bietet das **Gesundheitszentrum Terme Selce,** Ribara 8, Tel./Fax 051-764055, seine Dienste an.

Nützliches

■ **Ambulanz:** Strossmayerovo Šetalište, Tel. 051-241111.

■ **Apotheke:** am Markt sowie am Trg Radića.

■ **Polizei:** oberhalb Trg Radića, Tel. 439010.

■ **Bank/Geldautomat:** u.a. Riječka Banka, an der Promenade (nahe Trg Radića), 7.30–13.30 und 15–20.30 Uhr, Geldautomat außerdem direkt vor der Touristeninformation.

■ **Post:** Trg Radića (beim Hotel International); Mo bis Sa 7–20 Uhr, So 7–14 Uhr.

■ **Marina:** Abwicklung über die Touristeninformation, Trg Radića, Tel. 051-241867.

■ **Hafenmeisterei:** Trg Nikole Cara 1, Tel. 051-241029.

■ **Tankstelle:** große 24-Stunden-Tankstelle an der Küstenstraße.

■ **Fahrzeugverleih:** Crikvenica Tourist, Trg Radica 1c, Tel. 051-241249, www.crikvenica-tourist.net, sowie über die Agenturen. Ein reiner **Scooterverleiher** liegt direkt am Markt (Rent-a-Scooter, ab 300 K/Tag, Tel. 051-242985).

■ **Internetcafé:** Am zentralsten liegen das Café Balustrada, Strossmeyerovo Šetalište 21, mobil 098-358889, und das Bistro Pizza-Cut (mit Internetcafé) in der Strossmeyerovo Šetalište 28 neben dem Hotel Crikvenica; Internet-Club der Fa. Autotrans (s.o., Agenturen) am Busbahnhof.

021kb wl

Novi Vinodolski

Der Begriff „Vinodolski" bedeutet Weintal und bezieht sich auf die **Weinbaugebiete,** die sich von Novi Vinodolski entlang der Orte Bribir und Grižane bis nach Crikvenica und Kraljevica hinziehen. 1288 errichteten Frankopanenfürsten ein Kastell in der Oberstadt und nannten die Siedlung „Novi" (neu), erst seit 1953 trägt der Ort seinen heutigen Namen.

Er gliedert sich in die alte, hübsche **Oberstadt** am Hang (Stari Grad mit Fußgängerzone), die **touristische Unterstadt** entlang der Küstenstraße und die reinen **Feriensiedlungen Zagori und Povile.** Der Ort wirkt insgesamt sehr anziehend, wozu die alleeartigen Sträßchen ebenso beitragen wie das Flair einer mittelalterlichen Stadt. Auch muss man anerkennen, dass die Verantwortlichen in den letzten Jahren den Innenbereich kräftig saniert haben, was sowohl den alten Ortskern als auch die Zentralplätze und die kleine Flanier- und Einkaufsmeile Korzo Hrvatskih Branitelja betrifft. Nicht zuletzt deshalb gilt Novi Vinodolski auch als der beliebteste Ferienort des Kvarner Landes südlich von Rije-

ka – kann die Masse irren? Bademöglichkeiten bestehen entweder (nicht so schön) bei den Plattformen im Hafenbecken, vor allem aber entlang der äußeren Promenade Šetalište Kneža Domagoja.

Sehenswertes

Alle wichtigen Gebäude in und vor der Altstadt sind mit Hinweistafeln versehen worden. Prunkstück ist die **Pfarrkirche Sv Filip,** die in ihrer jetzigen Form aus dem Jahr 1520 stammt. Die Stuckarbeiten wie auch der Hauptaltar sind Werke der Schweizer Brüder *C.* und *G. Somazzi.* Vom Kirchplatz hat man einen schönen Überblick über Stadt und Bucht.

Frankopanenturm

Auf dem Hauptplatz Frankopanski Trg unmittelbar an der Altstadt steht ein quadratischer Turm, **Kvadrac** genannt, ein Überbleibsel der alten frankopanischen Kastellanlage aus dem 13. Jahrhundert. Berühmt sind in diesem Zusammenhang die in Glagolitisch verfassten **„Gesetze von Vinodolski"** (Vinodolski-Kodex) aus dem Jahr 1288, erlassen von den Frankopanenfürsten zur rechtlichen Regelung des Gemeinschaftswesens. Der Turm 10–12 und 20–23 Uhr geöffnet.

Museum

Wenige Meter weiter vermittelt das kleine Museum mit Galerie (Narodni Muzej Galerija) einen netten Eindruck von der Region und der Stadtgeschichte.

- **Narodni Muzej,** Trg Vinodolskog zakona 1, Tel. 051-244266, geöffnet 9–12 und 19–21 Uhr, So 9–12 Uhr; Winter nur Mo–Fr 9–12 Uhr, Eintritt 10 K.

Praktische Tipps

An- und Weiterreise

- Die folgenden ganzjährigen **Busverbindungen** sind für Touristen evtl. von Interesse: tgl. rund 20x von/nach Rijeka, 4–6x tgl. nach Split (davon 2 bis Dubrovnik), je 3–12x tgl. nach Zagreb und nach Pula sowie nach Rab-Stadt (7.35 und 14.50 Uhr). Der Busbahnhof liegt schräg gegenüber der Touristeninformation ostseitig der Marina an der Durchfahrtsstraße; www.autotrans.hr.
- Man findet sich leicht zurecht: Von der **Durchgangsstraße** führt am Südende der Bucht eine einzige Straße – Korzo Hrvatskih Branitelja – hinauf Richtung Altstadt (davor gebührenpflichtiger **Parkplatz**), ansonsten parkt man unten in der Bucht beim Yachthafen (ebenfalls Automat). Am Nordwestrand der Bucht führt auf der anderen Straßenseite ein Stufenweg hinauf zum **Museum** und zum **Kirchplatz.**

Info und Agenturen

- Die **Touristeninformation** liegt in der Kralja Tomislava 6, Tel. 051-791171, www.tz-novi-vinodolski.hr, gegenüber der Tankstelle an der Hauptstraße, tgl. 8–20 Uhr.

Die **Agenturen** entlang der Hauptstraße vermitteln wie üblich Unterkünfte, Ausflüge usw., u.a.:

- **Adria,** Tel./Fax 051-244397, www.hoteli-novi.hr, bei der Touristeninformation.
- **Maritours,** Tel. 051-792134, Fax 792135, www.maritours.com, am Busbahnhof.

Unterkunft

■ Als eines der größten Spa&Wellness-Hotels Europas wirbt das supermoderne Luxusresort **Novi**⑤, Tel. 051-006684, www.novi.hr, direkt am Meer, um betuchtere Kunden.

■ **Tamaris**④, K. Tomislava 14, Tel. 051-792280, www.hoteltamaris.com. Direkt im Uferpark gelegen, 13 komfortable DZ mit Balkon und Meerblick sowie zwei ähnlich ausgestattete Apartments. Vom Preis-Leistungsverhältnis her die beste Wahl im Zentrum.

■ In unmittelbarer, zentraler Uferlage findet sich das **Hotel Lišanj**②, Lišanjska Ulica, Tel. 051-665 600, www.lisanj.com. Kinder bis 12 Jahre 50 %, unter 6 Jahren frei – daher eine gute Wahl für preisbewusste Familien. Pool und großzügige Liegeflächen am Ufer, insgesamt etwas betonlastig.

■ **Hotel Ruža**③, K. Tomislava 28, Tel. 051-791 322, Fax 791326, recepcija-hotel.ruza@ri.t-com.hr. Eines der älteren Hotels an der Hauptstraße südwestlich vom Ortskern.

■ Neu und etwas preiswerter ist die **Pansion Lavanda**②, K. Tomislava 31, Tel. 051-792293, pansion.lavanda@ri.t-com.hr, beim Busbahnhof. Ordentliche DZ mit Safe, a/c, Internet.

Außerhalb

Wer nicht unmittelbar im Zentrum unterkommen möchte, findet auch in den Vororten Hotelunterkünfte. Buchung über die Agenturen, man kann auch direkt an der Rezeption nachfragen.

■ **Hotel Adria**②, Tel. 051-244766, Fax 244530, www.adriabeachhotel.de, am nördlichen Ortsende in der Obala Krešimira.

■ **Hotel Povile**②, Tel. 051-793135, Fax 244307, hoteli-novi1@ri.htnet.hr, ordentliche DZ, 3 km Richtung Zadar.

■ Das **Hotel Zagori**②, Tel. 051-244122, Fax 244 622, hoteli-novi1@ri.htnet.hr, ist etwas teurer, hat dafür aber angenehme 4er-Apartments, etwa 3 km außerhalb Richtung Rijeka.

Camping

■ **AC Zagori**②, Tel. 051-244644, Fax 244622, ca. 3 km westlich des Zentrums, recht groß, mit einigen Freizeitangeboten.

■ **AC Punta Povile**②, Tel. 051-793083, Fax 244 540, www.autokamp-povile.com, ca. 3 km östlich des Zentrums, klein, schnuckelig, ohne besondere Angebote.

Essen und Trinken

■ Die **Snackbar Pakito** gegenüber vom Parkplatz vor der Fußgängerzone bietet Sandwiches und Pizzaschnitten an (nur zum Mitnehmen; Korzo Hrvatskih Branitelja 42, Tel. 051-245556).

■ Für einen Kaffee, kühle Getränke oder auch Eis bieten sich die Cafés in der Fußgängerzone an; wer etwas abseits vom Trubel mit Blick aufs Meer sitzen will: Im **Eiscafé Kalipso,** Korzo H. Branitelja, sitzt man sehr angenehm auf der Terrasse mit schöner Aussicht.

■ Am östlichen Altstadtzugang (Stari Grad 1) serviert die **Pizzeria Charlie,** Tel. 051-245987, in einem an den großen Filmpionier *Chaplin* angelehnten Ambiente gute und günstige Pizzen und Snacks.

■ Besonders empfehlenswert für urige Atmosphäre und gute Küche ist die **Konoba Mate** am unteren Ende der Fußgängerzone, 30 m in die kleine Gasse hinein (Tel. 051-245817, Korzo V. Zakona 36b).

■ Einfache Gerichte, auch Fisch, hat die **Konoba Pizzeria Nautika** in der Fußgängerzone zu bieten; Sardellen 30 K, Calamari 45 K, Pizzen ab 35 K, Pasta ab 40 K.

■ Zur **Konoba Griškinja** in Koštelj siehe bei Crikvenika.

Einkaufen

■ Die Zufahrtsstraße zur Altstadt – Korzo Hrvatskih Branitelja – wurde im oberen Bereich bis zum

Zentralplatz Frankopanski Trg zur **Fußgängerzone** umgestaltet; hier finden sich zahlreiche Cafés, Supermarkt Konzum, Zeitschriftenhandel, Bäckereien, Fachgeschäfte usw.

- In der großen **Markthalle** werden Fleisch, Geflügel, Obst und Gemüse sowie frischer Fisch verkauft; hier auch mehrere **Bäckereien;** 7–12.30 Uhr, So 8–11 Uhr.
- **Metzgerei Petrak,** Korzo H. Branitelja 9 (Fußgängerzone), tgl. 7–13 und 16–20 Uhr, So und Feiertage 7–12 Uhr.

Aktivitäten

- **Bootsverleih:** direkt an der Ortspromenade beim Hafen, mobil 09-7920150, ab etwa 100 €/Tag je nach Boot.
- Am Hafenbecken, Obala Branimira, Tel. 051-244039, organisiert der **Captain's Club** Bootsausflüge (Vrbnik, Baška, Fischpicknick).
- **Tauchbasis Kruna,** Tel. 051-244088, www.diving-kruna.com.
- **Automatenkasino Admiral's Club,** am Busbahnhof in der K. Tomislava, tgl. 11–2 Uhr.

Nützliches

- **Bank/Geldautomat:** Die Erste (mit Automat), am Frankopanski Trg; Zagrebačka mit Automat am Trg Mazuranića; Bankautomaten u.a. direkt vor der Post und der Touristeninformation.
- **Post:** um die Ecke vom Busbahnhof am Ostrand der Korzo H. Branitelja, Mo bis Fr 8–12.30 Uhr, Sa 7.30– 14 Uhr.
- **Telefonzellen:** Frankopanski Trg (bei der DM-Drogerie).
- **Apotheke:** in der Fußgängerzone, tgl. 7.30–20.30 Uhr, So 8–11 Uhr, Tel. 051-244354; **Erste-Hilfe-Station** am Busbahnhof.

Senj

Mit Novi Vinodolski endet festlandseitig die Region Kvarner Bucht, lediglich ein paar Dörfer (u.a. Bunica, Klenovica) mit kleinen Campingplätzen und einigen Straßenlokalen säumen die Route bis Senj. Die Besiedlung entlang der Küstenstraße zwischen dem **Velebit-Gebirge** und den vorgelagerten Inseln Rab und Pag ist äußerst dünn. Von Senj aus führt eine Inlandsroute über den malerischen **Vrtnik-Pass** ins Kvarner Hochland (siehe „Rundfahrt durchs Kvarner Hochland" weiter vorn in diesem Kapitel).

Die Stadt Senj war bis ins 15. Jahrhundert hinein in Frankopanenhand, sie durfte sich zu dieser Zeit der berühmtesten glagolitischen Druckerei rühmen. Dann übernahmen die von den Türken zurückgeworfenen **Uškoken,** eine mittelalterliche **Seeräuberbande** (siehe Glossar), den Ort. Die Uškoken bauten Senj zu einer Festung aus, bekämpften die Türken, arrangierten sich aber 1540 mit ihnen, um fortan freie Hand für Überfälle auf venezianische Handelsschiffe zu haben. Nach einem Pakt zwischen Österreich und Venedig im 17. Jh. wurden die Uškoken aus ihrem Zentrum Senj vertrieben; die Stadt verlor damit ihre Bedeutung als Küstenort.

Ortszentrum und Uškoken-Festung

Das Ortszentrum bilden die Bucht und der **Pavlinski Trg** mit Cafés und Restaurants. Hinter dem Platz führen beschilderte Fußwege durch das Altstadtzentrum, vorbei am Gelnica Trg mit der

Büste des Uškoken-Führers *Nikola Jurisič* (1490–1545), hinauf zur markanten **Festung Kula Nehaj,** welche weithin sichtbar oberhalb der Stadt thront. Die quadratische Uškoken-Bastion wurde 1551–59 errichtet und galt als nahezu uneinnehmbar. Nach umfangreichen Renovierungsarbeiten wurde sie zur Besichtigung freigegeben. Ausgestellt sind alte Waffen, Rüstungen, Gewänder und Utensilien der Uškoken sowie eine Sammlung glagolitischer Schriften. Besonders witzig ist der „Uškoken-Freefall-Tower", ein ganz oben außen angebautes Türmchen mit einem auch von unten sichtbaren Loch – WC-Spülungen gab es damals eben noch nicht!

Gleich hinter dem Zugang zur Festung passiert man das **Uškoken-Orakel,** ein mit Münzen eingedecktes Wasserbecken; hier soll man über die Schulter eine Münze ins Becken werfen. Gelingt es, hat man einen Wunsch frei – mehrmalige Versuche sind ausdrücklich erlaubt.

■ **Festung Kula Nehaj,** Mai/Juni, September/Oktober 10–18 Uhr, Juli/August 10–21 Uhr; Eintritt 20 K, Kinder 10 K, Tel. 051-885277.

025kb wl

Praktische Tipps

Information

■ **Touristeninformation,** mittig im Zentrum an der Durchfahrtsstraße, Tel. 051-881068, www.tz-senj.hr.

■ **Informationszentrum Nationalpark Nordvelebit,** Obala Tudmana 6, Tel. 051-884551, www.velebit.hr.

Camping

■ **Minicamp Škver,** Tel. 053-885266, kamp_skver@yahoo.com, Info auch unter www.tz-senj.hr, direkt im Zentrum am Ufer.

▷ Blick von der Uškokenfestung auf Senj

■ **Camp Ujca,** 3 km außerhalb in südlicher Richtung in Sv Juraj, www.camp-ujca.com, Tel. 053-884626. Hier befindet sich auch die **Tauchbasis Explorator,** Tel. 051-244431, www.tauchen-explorator-hr.de, die auch Unterkunft vermittelt.

■ Weitere Plätze sind das **Eurocamp Rača** bei Sv Juraj, Tel. 053-883209, www.sojat.net, oder das **Camp Bunica V** des gleichnamigen Dörfchens, Tel. 053-616718, www.tz-senj.hr/de/camp-bunica-v.

Essen und Trinken

■ Fürs leibliche Wohl sorgen die ordentliche **Restaurant-Pizzeria Krešimir,** Obala Zvonimira 10, tgl. 8–24 Uhr, Tel. 053-885247, am Hafenbecken sowie das **Restoran Košare** am Zentralplatz der Altstadt, Frankopanski Trg 2, Tel. 051-884041, in der mittleren bis gehobenen Preisklasse.

Nützliches

- **Bank mit Geldautomat, Post** und **Apotheke** direkt am Hafenbecken links der Hauptstraße.
- Großer **Konzum-Supermarkt** in der N. Suzana (parallel zur Uferstraße; von Norden kommend an der INA-Tankstelle linker Hand links hinein).
- Eine **Bäckerei** liegt direkt am Ufer nahe der Touristeninformation in der Zvonimira.

Plitwitzer Seen

Knapp anderthalb Fahrtstunden von Senj entfernt (in Senj beschildert) liegen im Hinterland der Region Kvarner die bekannten Plitwitzer Seen (Plitvička Jezera), die unbedingt einen Tagesausflug wert sind.

Wer erinnert sich nicht an die malerischen Wasserfälle, von denen der Apa-

chen-Häuptling **Winnetou** seinem weißen Blutsbruder *Old Shatterhand* zuwinkt, um hernach in die Fluten zu stürzen? Noch immer ziehen die überwältigenden **Kaskaden** der Plitwitzer Seen – Drehort zahlreicher Karl-May-Filme – alljährlich Hunderttausende Besucher an, und das ohne große Werbung.

Wasserspiele faszinieren die Menschen seit jeher und erst Recht, wenn sich **16 größere und kleinere Seen** ganz natürlich, mal als kleine Kaskade, mal als **hoher Wasserfall,** auf einer Gesamtlänge von 7,2 Kilometern inmitten von sattem Grün ineinander ergießen und dabei insgesamt 156 Höhenmeter hinabfallen. Die kristallklaren Seen nehmen eine Gesamtfläche von 2,2 km² ein, die Fläche des Nationalparks beträgt insgesamt 295 km² und erstreckt sich um den Gebirgszug Mala Kapela, ein Ausläufer der dinarischen Alpen.

115kro wl

Das „Land der fallenden Seen", wie Plitvice oft genannt wird, ist eine Region des permanenten natürlichen Wandels. Die östlichen dinarischen Alpen sind von **Kalkgestein** geprägt, das Wasser durchlässt und allmählich unterirdisch ausgewaschen wird (Tropfsteinhöhlen; siehe auch Exkurs zur Karstlandschaft). Im Raum Plitvice trat das nunmehr extrem kalkhaltige Wasser aus dem Gebirge heraus und floss naturgemäß abwärts. In den entstandenen Bach- und Flussläufen siedelten sich Moose an, die für ihre Vermehrung den Kalk herausfiltern und binden, um im Laufe der Zeit dann selbst zu Kalkgestein zu werden. Daher verändern sich die Bachbette und auch Seen und Wasserfälle fortlaufend.

Schon 1928 wurde Plitvice per Gesetz zum Nationalpark ernannt, 1949 international anerkannt und 1979 schließlich zum **UNESCO-Welterbe** erkoren. Nicht zuletzt deshalb konnten im Bosnien-Krieg glücklicherweise größere Schäden im Park vermieden werden, obwohl er im damals heftig umkämpften Bihač-

◁ Die Plitwitzer Seen mit ihren Wasserfällen waren Drehort etlicher Karl-May-Filme – der Nationalpark gehört zu den Welterbestätten der UNESCO

N.P. Plitwitzer Seen

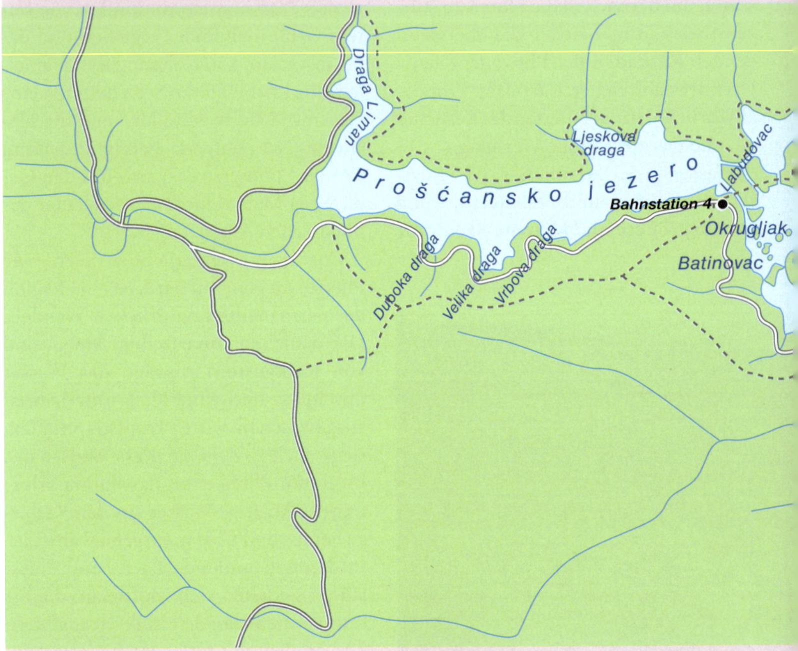

Höhenprofil Plitwitzer Seen

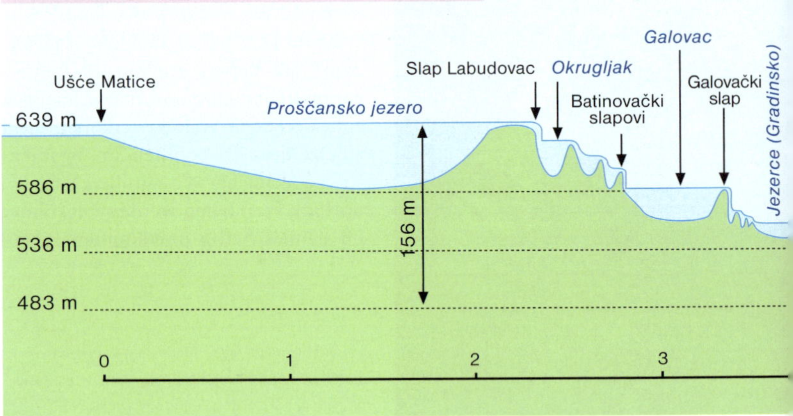

0
1 km
©Reise Know-How 2013
Kroat05
Galovac
Bahnstation 3
Jezerce
Klokočeva draga
P2
P1
Kozjak
Draga Matijaševac
Rt Tuk
P3
Milanovac (Milinovac)
Gavanovac
Kaluderovac
Novakovića Brod
Sastavci
Eingang 1
Karlovac
Bahnstation 1
Eingang 2
Bahnstation 2
Hotel Bellevue
Zadar

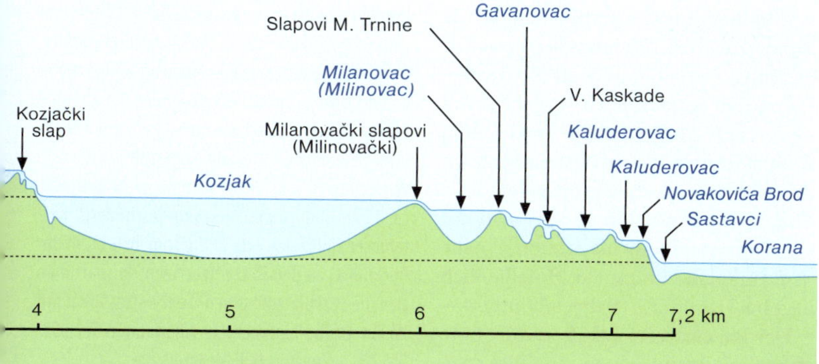
Kozjački slap
Kozjak
Slapovi M. Trnine
Gavanovac
Milanovac (Milinovac)
Milanovački slapovi (Milinovački)
V. Kaskade
Kaluderovac
Kaluderovac
Novakovića Brod
Sastavci
Korana
4
5
6
7
7,2 km

Gebiet liegt. Dieses wurde 1991 von Serbien besetzt und 1995 durch Kroatien zurückerobert; erst 1996 erhielt das **in Europa einmalige Naturdenkmal** seinen würdigen Frieden zurück.

Nichtsdestotrotz hatte der Bürgerkrieg gewisse nachhaltige (negative) Folgen für das ökologische Gleichgewicht in dieser einzigartigen Primärwaldregion: Die Soldaten erlegten mehr oder weniger das komplette Rotwild, sodass die Tierwelt – insbesondere die **Wölfe** – noch heute ohne ihr wichtigstes Beutetier leben muss. Neben zahleichen Vogelarten und Wölfen und Rötelmäusen sind im Park u.a. auch **Braunbären, Luchse, Wildkatzen, Schwarzwild** und **Fischotter** beheimatet. In den Karsthöhlen der dinarischen Alpen lebt ferner endemisch – also nur hier in den dinarischen Alpen von Slowenien bis Bosnien-Herzegowina – der **Grottenolm,** ein als permanente Larvenform in Höhlengewässern lebender blinder Schwanzlurch.

Besichtigung

Die folgende **Tour** beinhaltet alles Sehenswerte im Park und dauert etwa einen **halben Tag:** Es empfiehlt sich, die Runde am Tor 1 (Richtung Karlovac) zu beginnen, dann hinunter zu den großen Fällen der unteren Seen zu gehen und weiter zur Anlegestelle P 3. Mit dem **Boot** setzt man über zu P 2 und geht an den oberen Seen entlang bis Labudovac. Von dort (Bahnstation 4) fährt man mit der **Touristenbahn** bis Station 1 nahe dem Parkplatz zurück. Der **Hotelbereich** liegt bei Haupttor 2 (Bahnstation 2).

Der Park ist vorbildhaft sauber, bitte unbedingt darauf achten, dass dies auch so bleibt! Jegliche Art von Wassersport ist strengstens verboten.

■ Der Park ist im Sommer tgl. 8–20 Uhr **geöffnet,** sonst 8–18 Uhr, im Winter 9–16 Uhr. **Eintritt** 110 K/ Winter 80 K, Kinder (7–18 Jahre) 55 K/Winter 40 K, Kleinkinder frei. Zweitageskarten kosten 180 K (Winter 130 K) bzw. für Kinder 90 K (Winter 60 K). Alle Fahrten (Boote, Touristenbahn) sind im Preis enthalten; gebührenpflichtige **Parkplätze** (7 K/ Std., Motorrad frei) liegen an den Haupteingängen 1 und 2. Die Tickets sollte man aufbewahren, da routinemäßige Kontrollen vorkommen. Hunde sind nur angeleint zugelassen.

■ **Informationen** zum Park unter *Nacionalni Park Plitvička Jezera,* 53231 Plitvička Jezera, Tel. 053-751015, Fax 751013, www.np-plitvicka-jezera.hr, www.tzplitvice.hr und www.plitvicer-seen.hr.

Unterkunft, Camping

■ Wer als Zwischenstation in Plitvice übernachten möchte, findet das **AC Korana**③, einen sehr angenehmen Campingplatz ca. 8 km vor Plitvice Richtung Karlovac im Dorf Grabovac. Günstig sind hier auch 2er-Mini-Bungalows anmietbar, auch mit Frühstück oder Halbpension; Tel. 053-751888, Fax 751882, s. auch Webseite des Nationalparks.

■ Im Bereich von Eingang 2 des Parks wurden drei Hotels etabliert, das günstigste ist das **Bellevue** (Tel. 053-751700, Fax 751165, www.np-plitvice.com) – hier greift man aber schon um einiges tiefer in die Tasche als in den umliegenden Ortschaften! Die Parkhotels werden von vielen Reisenden qualitativ generell als Notlösung eingestuft.

■ Noch recht neu ist der Campingplatz **Borje**③, ca. 15 km südlich des Parks (ausgeschildert). Kostenloser Shuttlebus (10.30 Uhr Hinfahrt, 17.30 Uhr Rückfahrt) zu den Plitzwitzer Seen, so spart man sich die Parkplatzgebühren. Sehr nettes Areal mit Wechselstube, Minimarkt und Restaurant. Tel. 053-751790, www.np-plitvicka-jezera.hr.

■ **Privatunterkünfte** bieten mittlerweile fast alle Ortschaften zwischen Slunj und Jezerce (nördlich und südlich des Parks) recht preiswert an, insbesondere rund um Grabovac. Eine gute deutschsprachige Homepage mit Mietangeboten findet man unter www.plitvice24.com/de.

133nd wl

Auch wenn der Begriff „Kvarner" nicht vielen geläufig ist – die in der Adriabucht liegenden Inseln Rab und Krk galten schon vor der „Wende" als klassische Mittelmeerreiseziele. Krk, die größere der beiden, wird durch das Gebirge der Kvarner Bucht

4 Insel Krk

geschützt und ist daher sehr trocken. Die Insel zeichnet sich durch ein breites Freizeitangebot, vielfältige Sehenswürdigkeiten, aber auch unberührte Landschaften und Wandermöglichkeiten aus.

< Krk ist recht karg

Krk
0 5 km
©Reise Know-How 2013
Kroat24
Opatija
A7
E65
Rijeka
Škrljevo
501
Krasica
Bakar
8
Praputnjak
Kostrena
Hreljin
Bakarac
A6
E65
Karlovac, Zagreb
Fužine
Sunger
Lič
Kraljevica
Križišće
Sv. Marko
Mali Dol
Rt Kijec
Voz
Jadranovo
Riječki
zaljev
112
Omišalj
Tribalj
Baškovići
Lokovo
Kačjak
Grižane
Dramalj
Dolac
Kotor
Rudine
102
Crikvenica
116
Njivice
151
Soline-Bucht
Čižići
Crikvenica-Riviera
Jargovo
Bribir
Rt Šilo
Klimno
148
Šilo
Selce
Breze
Soline
148
Dobrinj
Rt Tokal
Zagori
Donji Zagon
Rt Pelova
118
Malinska
Maršići
Gostinjac
Novi Vinodolski
122
Porat
Bogovići
Donje-Selo
Povile
Vantačići
Turčić
Senj
125
Sv Krševan
Kras
Risica
Glavotok
123
Poljica
Garica
Brzac
Milohnići
Bajčići
K R K
146
Vrbnik
Rt Glavina
104
Linardići
Vrh
Muraj
Kornić
Skrbčići
Salatići
126
Krk
133
Košljun
133
Punat
Straževnik-Pass
Valbiska
Diviska 472
Krčki
zaljev
Draga Bašćanska
Zec
Obzova 569
102
Jurandvor
Rt Negrit
Batomalj
Rt Sokol
Merag
Veli Hlam 484
Plavnik
Baška
136
Stara Baška
Rt Rebica
139
Rt Klobučac
Rt Škuljica
Galun
Rt Stažica
Loznati
Prvić
K V A R N E R
354
Zakantum
CRES
B U C H T
Rab

INSEL KRK

Etwa 60 Meter über dem Meer überspannen zwei Brückenbögen die 1310 Meter zwischen dem Festland und der Insel Krk, unterbrochen nur von der kleinen Felsinsel Sv Marko dazwischen. Seit der Eröffnung der **Krk-Brücke** 1980 ist die mit 409 km² **größte Insel der Adria** (neue Vermessungen haben allerdings ergeben, dass Cres auf den Meter gleich groß ist!) mit dem Festland verbunden, ohne jedoch das Inselflair verloren zu haben. Auf der Insel leben ca. 17.000 Menschen. Die Fährverbindungen nach Cres und Rab machen Krk auch zu einem wichtigen Transitpunkt und zum Zentrum des „Inselhüpfens".

Geschichte

Krk war zwar schon in frühgeschichtlicher Zeit besiedelt, die ersten historisch belegten Bewohner sind jedoch die **Liburner** mit dem in römischer Zeit so genannten Zentrum Curicum (bekannt durch die Seeschlacht *Caesars* gegen Pompeji 49 v. Chr.). Nach Rom folgte ein byzantinisches Zwischenspiel und etwa 1000–1797 stand Krk nominell unter venezianischer Herrschaft. De facto regierte jedoch das regionale **Fürstengeschlecht der Frankopanen.** Ab 1797 österreichisch, fiel auch Krk 1918 an Italien, allerdings nur für zwei Jahre. Im Zweiten Weltkrieg nochmals unter deutsch-italienischer Besatzung, folgte anschließend der gesamtjugoslawische und seit 1991 der kroatische Teil der Geschichte.

Allgemeine Reiseinfos Insel Krk

An- und Weiterreise

Brücke und Fähre

Es bietet sich entweder die **Krk-Brücke** (30 K, Wohnmobil und -wagen 50 K, gezahlt wird nur Richtung Krk) oder eine der beiden **Fährverbindungen** an:

- **Route Merag (Cres) – Valbiska (Krk):** 5.45–22 Uhr in der Hauptsaison 13x tgl. (ca. alle 75 Minuten, sonst 9x tgl.), Pkw inkl. 2 Personen rund 20 €.
- Die **Route Lopar (Rab) – Valbiska (Krk)** ersetzt die alte Baška-Lopar-Linie; kostet 40 € (PKW inkl. 2 Pers.) und fährt im Winterhalbjahr nur je einmal vor- und nachmittags, im Sommer je 4x tgl. in beide Richtungen (Infos unter www.croatia-rab.com und und www.splittours.hr).

NICHT VERPASSEN!

- Abseits des Trubels – das einsame **Glavotok** | 125
- Sehenswert von der Land- wie der Seeseite – **die Mauern der Stadt Krk** | 126
- Wandern in idyllischer Landschaft an der **Kapelle Sv. Majke bei Batomalj** | 138
- Mal richtig „die Sau rauslassen" in den **Schlammkratern von Soline** | 152

Diese Tipps erkennt man an der gelben Hinterlegung.

Bus

Die wichtigsten Verbindungen:

- **Rijeka** (7.15, 12.15, 17 Uhr; Gesamtfahrzeit 2 Std., ca. 15 €) – **Omišalj** (13 und 17.40 Uhr; 10 €) – **Njivice** – **Malinska** (13.05 und 17.50 Uhr; knapp 10 €) – **Fähre / Insel Cres.** Diese Linie ist prinzipiell nur für die Orte der Nordwestküste von Belang, um nach Rijeka oder Cres/Lošinj fahren zu können. Es gibt keine Busverbindung von Krk-Stadt nach Cres!
- **Krk-Stadt – Rijeka:** 4.30–20.30 Uhr 20x tgl., 7 €, via Omišalj – Njivice – Malinska (jeweils ca. 4 €).
- **Krk-Stadt – Zagreb:** 4.30 und 9.30 Uhr; ca. 25 €.
- **Krk-Stadt – Baška:** 7, 7.40, 11, 13.30, 14, 16.35, 19 und 19.30 Uhr; ca. 4 €; Sa/So auch 9.30 Uhr.
- **Krk-Stadt – Stara Baška:** 7 und 14 Uhr; ca. 3,80 €.
- **Krk-Stadt – Vrbnik:** 12.30, 14, 15.05 und 15.10 Uhr; ca. 3,50 €; der Bus um 14 und 15.10 Uhr fährt weiter bis Klimno (4 €).
- **Krk-Stadt – Brzac** (für Glavotok): 7, 12.30, 14 und 15.10 Uhr, 3,50 €.

Flug

- **Flughafen Rijeka-Krk:** Direkt an der Nordspitze der Insel, ostseitig der Inselstraße, liegt der Flughafen von Rijeka-Krk (Tel. 051-841865, www.rijeka-airport.hr). Abgesehen von den internationalen Flügen (s. Kap. „Reisetipps A–Z, Anreise") sind auch Privatflüge, beispielsweise Transferflüge von/nach Mali Lošinj, möglich (Details unter www.airportmalilosinj.hr).

Wer in Rijeka (also auf Krk) landet, kann – wenn er nicht mit dem Vermieter die Abholung vereinbart hat – entweder einen eigenen Transport arrangieren (Minibus-Transfer z.B. unter www.autotrans.hr) oder den öffentlichen **Bus von/nach Rijeka** nehmen. Der aktuelle Busfahrplan ist auf der Webseite www.rijeka-airport.hr unter „kako do nas" und dort „raspored autobusa" einsehbar.

Information

- Als eines der am weitesten entwickelten Reiseziele Kroatiens verfügt Krk über **touristische Informationsstellen** in den Ortschaften sowie einen eigenen zentralen **Fremdenverkehrsverband:** Trg. Sv. Kvirina 1, 51500 Krk, Tel. 051-221359, Fax 222336, www.krk.hr.

Omišalj

Nach der Überquerung der Brücke passiert man zunächst den **Flughafen** und einen kleinen Campingplatz (erste Abfahrt links: schöner Rast- und Badeplatz mit flachem Meereszugang). Dann folgt das auf einer Anhöhe oberhalb der Omišaljski-Bucht gelegene Omišalj, neben Krk-Stadt der älteste und somit **kulturträchtigste Ort** der Insel. Nachteil: Rundum liegen **petrochemische Betriebe** (Stadtbesuch schön, Standort eher nicht!).

Der nahe Flughafen, die Raffinerien und auch die Nähe zum urbanen Zentrum Rijeka haben in Omišalj zu einem gewissen Wohlstand geführt, den der Tourismus noch ein wenig zu untermauern hilft. Selbst oben in der Altstadt haben viele Häuser eine kleine Gartenanlage unmittelbar am Haus, die gesamte Altstadt sieht sehr gepflegt aus, auch wenn das Umland – man gehe einmal zum Aussichtspunkt im Dubec-Park – eher wenig anheimelnd wirkt.

Omišalj gliedert sich in mehrere vollkommen unterschiedliche und auch voneinander getrennte Abschnitte. Was man als Tagesbesucher ansteuert, ist die **hoch gelegene Altstadt.** Parken: Am

Kreisverkehr der Beschilderung zu den Hotels folgen, es kommen gleich linker Hand zwei größere **Parkplätze** (kostenlos); dann vom Kreisverkehr rechts in die (autofreie) Altstadt hinein. Die **Krk-Busse** halten am Zentralkreisel vor der Altstadt (Frequenz siehe Krk-Stadt).

Unterhalb der Altstadt, verbunden durch einen sehr steilen Fußweg, liegt der Hafenbereich für Sportboote mit einem kleinen Sand-Kiesstrand, einem **Kiesstrand** und einem Uferrestaurant (mit dem Auto vom Kreisel aus der Straße folgen, hinter dem Ort scharf rechts hinunter; zu Fuß: gegenüber vom Restaurant Barbi Gerga dem Fußweg immer abwärts folgen); hier liegen einige **Ferienwohnungen** – hier zu wohnen, ist weitaus angenehmer als in den Hotels.

Baden kann man am kleinen Sand-Kiesstrand Kupalište Učka mit Dusche oder am Kiesstrand Plaža Pesja hinter der Marina (Kiosk; Parkplatz 10 K/Tag).

Am Kreisel Richtung Hotelbereich führt das Sträßchen zum Ufer und einigen extrem renovierungsbedürftigen **Hotelanlagen** sowie über mehrere Kilometer hinweg zu einzelnen Häusern (teilweise **Ferienwohnungen**) bis zum **Autocamp Pušća** beim Flughafen – überall am Ufer muss man allerdings auf die JANAF-Raffinerien blicken.

Vom Kreisel in östlicher Richtung immer geradeaus kommt man zur Hauptstraße und den Raffinerien – hier entlang (beschildert) geht es zu den **Ruinen von Mirine-Fulfinum.**

Sehenswertes

Altstadt

Insgesamt ist die hoch gelegene Altstadt durchaus sehenswert und lohnt einen Besuch. Man startet am besten beim Zentralplatz an der Bushaltestelle, folgt der Hauptgasse (alles Fußgängerzone) Prikešte bis zu einer Gabelung und folgt hier der Pod Dubca und geht dann quasi im Uhrzeigersinn durch die Altstadt.

Bedeutendstes Monument ist die dreischiffige **romanische Basilika Sv Marija** von 1213, deren Seitenkapellen bis ins 18. Jahrhundert umgestaltet und restauriert wurden. Die heilige Taufe wurde bis ins 17. Jahrhundert in der Seitenkapelle des Hl. Johannes durchgeführt. Zahlreiche **glagolitische Inschriften** zeugen von der altkroatischen Geschichte des Bauwerks, so die Fragmente romanischer Steinreliefs außen oberhalb des Hauptportals (9./10. Jahrhundert). Der Campanile wurde 1533 bis 1536 von ein-

263kro wl

▷ Glagolitische Inschrift an der Kirche Sv Marija

heimischen Baumeistern angefügt. Außen sind ausführliche mehrsprachige Beschreibungen zur Kirche angebracht, das Gotteshaus kann tagsüber außer zu Messen jederzeit besucht werden.

Bevor man zu dieser Kirche kommt, passiert man ein kleines **Lapidarium** (tgl. 10–12 und 18–21 Uhr, Eintritt frei), das durchaus einen Blick lohnt.

Am Westrand der Altstadt (Beschilderung „Park Dubec") erreicht man den netten, weitläufigen **Stadtpark Dubec** mit der Kapelle Sv Anton, einem alten Wasserturm und mehreren sehr schönen Aussichtspunkten über der Bucht.

Vor der Altstadt liegt ein kleiner **Gedenkpark** für die Weltkriegsopfer, unmittelbar darunter ein größerer Kinderspielplatz.

Unten den Fußweg zur Marina/den Stadtstränden hinab, passiert man die kleine **Kapelle Sv Nikole** aus dem 18. Jh. – leider sowohl verschlossen als auch Opfer des lokalen und internationalen Vandalismus.

Ruinen von Mirine-Fulfinum

Eines vorab: Die **Anfahrt** mutet etwas merkwürdig an, fährt man doch auf der Zufahrt zu der rund um die Uhr videoüberwachten Raffinerieanlage JANAF. Erst unmittelbar vor dem Werkstor zweigt die eigentliche Zufahrt nach links ab. Kurz vor dem Ufer gibt es Haltemöglichkeiten, ein **Uferweg** führt direkt zur 150 m entfernten Anlage.

Fulfinum ist vermutlich die **älteste städtische Siedlung auf Krk,** die unter den Römern etwa um 300 entstand. Da zu diesem Zeitpunkt das Christentum im Vormarsch war, entstand auch eine außergewöhnlich große **frühchristliche Kirche,** die Anfang des 5. Jahrhunderts fertiggestellt worden sein soll. Das Bauwerk ist – nicht zuletzt durch hervorragende Restaurationsarbeiten – überraschend gut erhalten, und es verwundert, dass hier noch kein Museum eröffnet wurde. Auch außerhalb der Kirche sind zahlreiche Ruinen bzw. Grundmauern erhalten, teilweise sind die Bauten mehrsprachig beschildert (sehr ausführlich).

Die Anlage ist nicht umzäunt und kann jederzeit besucht werden (Eintritt frei). Man kann auch zu Fuß vom Kiesstrand Plaža Pesja hinter der Marina gehen (ca. 20 Minuten).

Praktische Tipps

Info und Agenturen

■ Ein großer **Ortsplan** hängt am Parkplatz; **Touristeninformation** in der Haupt-Altstadtgasse Ribarska Obala (neben der Post), Tel. 051-841042, www.tz-njivice-omisalj.hr, Mo bis Sa 8–20 Uhr, So 8–12 Uhr.

■ In der Altstadt hat die (einzige) Agentur des Ortes, **Su-Mo-Tours** (Medermuniće 1, Tel./Fax 051-842230, www.sumotours.hr), ihren Sitz und vermittelt Unterkunft, Ausflüge, Aktivitäten usw.

Unterkunft

■ Das **Adriatic**③, Tel. 051-842126, Fax 842226, www.hoteli-omisalj.hr. Mit Felsbadestrand, Nachtklub und Sportzentrum, gilt als die Nummer 1 vor Ort; die Dependancen Marina und Primorka sind rund 15% billiger (hier stehen fast ausschließlich ungarische und slowenische Fahrzeuge davor); WLAN inklusive.

■ Nur wenig günstiger kommt man im **Hotel Delfin**③, Strana 22, Tel. 051-867780, Fax 841003, www. hotel-delfin.hr, weg. Liegt etwas abseits am Ufer Richtung Camp.

■ Auf der Landzunge im (angenehmeren) Yachthafenbereich hat sich die **Pension Riva**① als einzige einigermaßen zentrale Unterkunft etabliert; Na Rivi 2, Tel. 051-842083, http://members.goldenindex.com/villariva.

■ Als eine weitere kleine empfehlenswerte Anlage in Altstadt-Gehnähe empfiehlt sich die **Vila Eva**②, Zagradi 4, Tel. 051-841041, www.vila-eva.hr. Sehr schöne dreistöckige alte Villa mit herrlicher Terrasse am Ufer, alle Zimmer mit Sat-TV, Minibar und a/c. Auch kleine 4er-Apartments sind verfügbar, allerdings ohne Küche. Beliebtes Restaurant.

■ Wer direkt vor Ort nachfragen möchte: Im **Restaurant U Barbi Gerga,** Tel. 051-842255, werden FeWos vermittelt.

Camping

■ **AC Pušča**①, Tel./Fax 051-841440, www.autocamp-pusca.com. Zufahrt gegenüber vom Flugplatz, mit Blick auf den Rijeka-Hafen und die Raffinerie – der Campingplatz ist eigentlich von der Lage her eher nicht zu empfehlen, aber es gibt keinen anderen.

Essen und Trinken

■ Die einfache **Café-Bar Frankie** direkt hinter der Haltestelle empfiehlt sich auf einen Drink zur Überbrückung der Wartezeiten auf den Bus.

■ Das **Restoran Kaštel** (Bajeć 2, Tel. 051-841039) bietet einfache und gute kroatische Küche. Sehr zentral, untere bis mittlere Preisklasse.

■ Schon seit vielen Jahren hat sich **U Barbi Gerga,** Prikešte bb., Tel. 051-842255, einen sehr guten Ruf als uriges und gleichzeitig qualitativ ansprechendes Restaurant für kroatische Küche erworben. Nudeln mit Scampi und die Fleischspieße mit drei Fleischsorten nebst Beilagen sind zu empfehlen.

■ Die **Eisdiele/Caféteria Caffe** gegenüber bereitet ausgezeichnetes Speiseeis zu – und das nicht überteuert.

■ Und dann noch etwas ganz Feines, wenn es nicht stört, in einer ruhigen Fußgängergasse an einem Kirchplatz zu sitzen, wo eventuell auch ein paar Kinder spielen oder die eine oder andere ältere Frau klöppelt oder häkelt: Die **Konoba Ulikva** nahe der Kirche (Pod Dubca 20, Tel. 051-841004, tgl. 9–21 Uhr) hat keine Riesenkarte, aber wirklich leckere Speisen und Snacks – Tipp der einfachen/mittleren Kategorie!

■ Das Terrassenlokal der **Villa Eva** (s.o.) etwas außerhalb Richtung Hotelbereich wird von Reisenden sehr gelobt. Gleiches gilt für das **Hotelrestaurant Delfin** auf halbem Weg am Ufer entlang Richtung Campingplatz, Stran 22, Tel. 051-867058.

Nützliches

■ **Post:** Neben der Touristeninformation, Mo bis Fr 7.30–19 Uhr, Sa bis 14 Uhr.

■ **Apotheke:** In der Gasse Prikešte neben der Post (10 m).

■ **Tankstelle:** Direkt an der Nordwest-Abfahrt der Inselhauptstraße.

■ Selbstversorger finden am Zentralkreisel zwei größere **Minimärkte** sowie eine sehr gute **Bäckerei;** in der Gasse gegenüber vom Restaurant U Barbi Gerga liegt eine **Metzgerei** (7–12 und 17–20 Uhr, So nur vormittags).

Njivice

Echte Strandfreuden kommen in Njivice auf, einem kleinen und neu wirkenden **Strandbadeort** an der Nordwestküste. Tatsächlich aber unterhielten schon die Römer in Castrum Musculum, wie sie Njivice nannten, eine Garnison. Entlang der kleinen Promenade (Parkmöglichkeit 5 K/Std.) verkaufen Händler Souvenirs, Imbisse und Allerlei, sorgen mehrere Lokale für das leibliche Wohl. **Bademöglichkeiten** bestehen rundum, es empfiehlt sich aber wegen des Meerblicks, den Fußweg nach links ein Stück hineinzugehen (Süßwasserduschen, Kiesstrand, Hüpfburg, Surfbike, Bootsverleih, Jetski, Parasailing etc.). In der anderen Richtung (Camp sichtbar) hat der Besucher die Qual der Wahl: Bistros, Cafés und Restaurants buhlen um die Gunst des Kunden. Die aushängenden Fischernetze zeugen zwar von der Tradition als Fischerort, sind heute aber nicht mehr als eine Dekoration mit rustikaler Note.

Einzige Sehenswürdigkeit ist die **Pfarrkirche Uznesenje Marije** aus dem frühen 20. Jahrhundert, erbaut nach Vorlagen des kroatischen Sakralbaumeisters *Mate Vitesić.*

Praktische Tipps

Info und Agenturen

■ **Touristeninformation** für Omišalj und Njivice: Ribarska Obala 10, 51512 Njivice, Tel. 051-846243, www.tz-njivice-omisalj.hr, im Sommer tgl. 8–20 Uhr, So 8–12 Uhr.

■ Professionell arbeiten die Agenturen **Klub-Tours** (Draga 33, Tel. 051-847664, www.appkrk.com) und **Miramare** (An der Uferstraße Ribarska Obala 4, Tel. 051-867740, www.miramarenjivice.hr).

Unterkunft

■ In den großen Hotels **Jadran**④ (Tel. 051-661444, Fax 846116, 10 Minuten vom Zentrum, keine direkte Strandlage) und **Beli Kamik**④ (Tel. 051-846222, Fax 846306, direkt am Ufer) sind DZ in der Hauptsaison nicht unter 1000 K zu haben und bieten dabei nicht einmal besonderen Luxus. Webseite für beide: www.hoteli-njivice.hr.

■ Ferienbungalows findet man bei der Apartmentanlage **Flora-Bungalows**②, Primorska cesta, Tel. 051-846720, Fax 846116, www.hoteli-njivice.hr, sie liegen allerdings nicht am Meer.

■ Ein relativ junges Hotel wurde mit dem **Miramare**③ (Tel. 051-867740, www.miramarenjivice.hr) direkt am Ufer bei der Post eröffnet. DZ mit Balkon, TV, Minibar usw.

■ Privatunterkunft (4er-Apartment) bietet z.B. **Riki**②, der auch einen Rad-/Mopedverleih betreibt (Kontakt s.u.)

Camping

■ **Camping Njivice**③, Tel. 051-864185, Fax 846116, www.hoteli-njivice.hr, vor der Ortseinfahrt rechts (beschildert). Anfang Mai bis Anfang Okt.

Essen und Trinken

■ Einfach und günstig speist man in der **Pizzeria Dundo,** Tel. 051-846616, Ribarska Obala 29, oder

in der **Pizzeria Victoria** am linken Hafenbeckenende (Ribarska Obala 49, Tel. 051-859222): Pizzaschnitten (10 K), Pizza (40–50 K) sowie Pasta und Miesmuscheln (60 K); sehr gut sind im Victoria die Fischplatte mit Kalamar, Thunfisch, Seehecht und Glatthai für 220 K sowie das mexikanische Rumpsteak.

- Sehr nett liegt das **Restaurant Plava Terasa** („Blaue Terrasse", mittlere bis gehobene Kategorie, Tel. 051-846012, Mai bis September tgl. 9–1 Uhr), das seinem Namen gerecht wird: Die atriumähnliche Konoba scheint fast mit dem Meer zu verschmelzen.
- Die **Konoba Vijon** (Ribarska Obala, 50 m neben der Post; Tel. 051-846842) serviert Frühstück für 35 K, als Vorspeise sind die Sardellen (35 K), als Hauptspeise die gemischten Grillplatten mit Salzkartoffeln (240 K) sowie die Scampi vom Rost sehr zu empfehlen.

Aktivitäten

- **Ausflugsanbieter** finden sich an der Promenade – sehr beliebt ist das „Fischpicknick" ab etwa 30 €, daneben werden Touren nach Rab, Delfinbeobachtung oder Fahrten mit dem Glasbodenboot angeboten.
- **Riki Scooter- und Radverleih,** Kralja Tomislava 57, Tel. 051-846412, www.riki.hr. Scooter ab 30 €/Tag, Räder/Mountainbikes 10–15 €/Tag; auch Kinderräder mit Stützen sind zu haben.

Nützliches

- **Apotheke** (Mo bis Fr 8–20 Uhr, Sa 8–14 Uhr, So 8–12 Uhr), **Bank** (Riječka Banka, 8–12 und 19–21 Uhr) und **Post** (Mo bis Fr 7–21 Uhr, Sa 7–12 Uhr) liegen direkt an der Promenade neben der Touristeninformation (Ribarska Obala).
- **Telefonzellen** stehen vor der Post.
- **Taxistand** vor der Post, mobil 098-258995.
- **Parkplatz** vor der Post (5 K/Std., Automat).
- Hinter der Post und dem Miramare-Hotel verläuft die kleine **Fußgängerstraße Placa Kala** mit zwei Minimärkten, dem Obst-/Gemüseladen Sabine, Zeitschriftenkiosk und der Bäckerei Barba Toni.
- Eine **Metzgerei** liegt in der Ulica Od Vojak Draga/Ecke Primorska (Zufahrtsstraße zum Ufer und Hotel Jadran).

Malinska

Anfang der 1970er Jahre entstand das **sozialistische Urlaubsparadies Haludovo** als Paradestück und Devisenmagnet. Hotel neben Hotel, Sportanlagen, Park, Promenaden und Wanderwege verteilen sich auf dem Areal, das traditionell von Pauschalreisenden angefahren wird. Entlang des ausgedehnten **Uferweges Rajska Cesta** lässt sich einiges entdecken, z.B. einsame, winzige Buchten oder der interessante Stadtmarkt. Unter dem Strich ist Malinska als Standort für alle zu empfehlen, die ein etwas gehobeneres Ambiente bevorzugen und Inselausflüge unternehmen wollen.

Praktische Tipps

Info und Agenturen

- **Touristeninformation,** Obala 46, Tel. 051-859207, www.tz-malinska.hr, Mo bis Fr 9–13 und 17–20 Uhr, im Sommer 8–20 Uhr.

[>] Malinska

Unterkunft (Ferienwohnungen, Zimmer) vermitteln die **Agenturen** an der Promenade:

- **Atlas,** Tel. 051-859490, Fax 859110, www. atlas-malinska.hr, Ul. Lina Bolmarčića 32a bei der Bushaltestelle. Arbeitet auch mit Aquavision am Hafenbecken (neben dem Adria-Hotel) zusammen.
- **Olivari,** Dubašljanska 111, Tel. 051-859 990, Fax 850000, www.aprtments-krk.com. Olivari ist eine Allround-Reiseagentur mit eigenem Fuhrpark (auch Rundreisen im Angebot) und für Flugreisende interessanten Aktionen wie kostenlosem Transfer bei Unterkunftsbuchung bis zu einem bestimmten Stichtag.
- **Apolinar,** Dubašljanska 71, schräg gegenüber von Bushaltestelle und Tankstelle, Tel. 051-869011, Fax 869012, www.apolinar.hr.

Unterkunft

- **Malin**③, Kralja Tomislava 23, Tel. 051-850234, Fax 850259, www.hotelmalin.com. Hotel und Aparthotel, vermietet werden DZ und 4er-Apartments. Sauna, kein Pool.
- Absolut zentral direkt am Hafenbecken liegt das einfache **Hotel Adria**②, Tel. 051-859311, www.hotel-adria.com.hr.
- **Lavande**③, Apartmentsiedlung, Put Haludova 3, Tel. 051-655888, Fax 655999, www.apartments-lavande.hr. Etwas zurückgesetzte Reihenbungalows und recht klein, aber überwiegend Meerblick.

Camping

Vier Minicamps säumen die Buchten um Malinska:

- **Draga,** Palih boraca 4, Tel. 051-859905.
- **Marica Kosić,** Tel. 051-859113.
- **Kranjec Nevenka/Stašic,** Tel./Fax 051-858173.
- **Vila Iva,** Portic 4.

Essen und Trinken

- Empfehlenswertestes Lokal ist die **Gostionica Rupa** am Südende der Promenade mit köstlichen Fischgerichten (Tel. 051-259218, Winter geschl.).
- Tipp im mittleren Preissegment: Mexikanische Küche, heimische Fleisch- und Fischgerichte bietet in rustikalem Ambiente die **Pizzeria Matteo** in der J. Tončića 7, etwas rückwärtig vom Hafenbecken in einer Parallelstraße mit schöner Veranda. Tel. 051-858150, tgl. 12–24 Uhr.
- **Pizzeria Mia,** Tel. 051-858433, am Hafenbecken. Gute und günstige Pizzen nebst Lieferservice.

Nachtleben

■ **Disco Crossroads,** Dubašljanska Ul., direkt an der Nordzufahrt von der Insel-Hauptstraße nach Malinska. Geöffnet im Sommer tgl. 23–5 Uhr, Live-DJs jeden Mittwoch und an Wochenenden, Tel. 051-859960, www.cross road-discotheque.com.

Einkaufen

■ **Bäckerei Ilierija,** Obala (am Hafenbecken).

■ **Metzgerei** (tgl. 8–16 Uhr, So 7–11 Uhr), Obala (neben der Pizzeria Mia).

■ **Konzum-Supermarkt,** Dubašljanska 111 (tgl. 8–20 Uhr), von der Nordabfahrt kommend kurz vor dem Zentrum.

■ **Markt** (Trgovina Krk): Absolut zentral wurde an der Durchgangsstraße der städtische Markt eingerichtet, teilweise außen und innerhalb des zweistöckigen Gebäudes.

■ Zwei **Fischgeschäfte** (tgl. 7–12 Uhr) sowie Obst- und Gemüsestände und die kleine **Vinothek Žlahtina** (Wein vom Fass 18 K/Liter, tgl. 7.30–20 Uhr, So bis 13 Uhr) liegen parkplatzseitig hinter dem kleinen Marktzentrum. Innen findet man einige **Souvenirhändler, Fachgeschäfte** und **Boutiquen.**

Aktivitäten

- **Tauchen: Branko i Etične,** Brzac 33, Tel./Fax 051-844744, www.correct-diving.hr.
- An den Badeabschnitten werden **Kajaks** vermietet: 8 €/Std. bzw. 50 €/Tag; **Boote** ab 25 €/Std.

Nützliches

- An der Promenade Obala/Ecke M. Radića liegt die **Post,** geöffnet Mo bis Fr 7–19 Uhr, Sa 7.30–14 Uhr. Bei der Post finden sich auch **Telefonzellen.**
- Größerer **Parkplatz** an der Bushaltestelle (wo die Durchfahrtsstraße Dubašljanska fast bis an das Hafenbecken führt), 6 K/Stunde, Tagesticket 25 K (Automat).
- Mehrere **Geldautomaten** an der Promenade Obala.

Porat

Die Bucht westlich von Malinska ist ebenfalls besiedelt, aufgrund der weniger guten Bademöglichkeiten jedoch längst nicht so (touristisch) intensiv wie bei Malinska selbst. Folgt man der Beschilderung Richtung Porat, passiert man die heute mehr oder weniger mit Malinska zusammengewachsenen Orte Zidarići und Vantačići und erreicht am Ende der Fahrstraße Porat, das **abgeschieden und ruhig** liegt (Sackgasse). Der winzige Ortskern liegt am kleinen **Hafenbecken;** man achte auf einen hohlen Baum am rechten Fahrbahnrand – hier auch Parkmöglichkeit für das Kloster. In den letzten Jahren gab es eine erhebliche Ausweitung der Infrastruktur insbesondere im Apartment-/Pensionsbereich.

Sehenswertes

Magdalenenkloster

Hauptsehenswürdigkeit der gesamten Bucht von Malinska ist das **Samostan Sv Marije Magdalene u Portu** (Magdalenenkloster von Porat). Die Klosteranlage wurde schon 1480 als Schaffensort von Franziskanermönchen amtlich dokumentiert, als die Anlage an der Stelle einer zerfallenen früheren Kapelle genehmigt worden war. Mit Fertigstellung der spätgotischen Klosterkirche wurde die Innenausgestaltung vorgenommen, wobei die venezianischen Sakralkünstler *Francesco* und *Girolamo da Santacroce* für den sechsteiligen Polyptichon am Hauptaltar verantwortlich zeichneten. Im Keller steht eine **Original-Ölmühle aus dem Jahr 1850,** als im Kloster die Ernte der gesamten Region verarbeitet wurde. Der Innenhof des Außenbereichs wurde als Lapidarium gestaltet und beherbergt zahlreiche steinerne glagolitische Inschriften, alles Kopien der ältesten erhaltenen kroatischen Schriftstücke.

Direkt gegenüber vom Kloster leben noch heute einige **Nonnen der barmherzigen Schwestern von Heiligkreuz,** die nicht nur soziale Dienste übernehmen, sondern sich auch um den Erhalt des Klosters kümmern. Das Kloster wird früh geöffnet (ca. 7 Uhr) und etwa „gegen Sonnenuntergang“ wieder geschlossen (Eintritt frei).

Praktische Tipps

Unterkunft

Zimmer und Ferienwohnungen in Porat werden über die **Agenturen in Malinska** vermittelt – noch gibt es keine Agentur in Porat selbst.

■ **Pansion Cvelić**②, Porat 13 (am kleinen Hafen), Tel. 051-867052, pansioncvelic@porat-krk.com. Studios und Apartments.

■ Sehr günstig kommt man in den **Apartments**① **der Familie Dujmović** unter, allerdings nicht direkt am Ufer. Porat 50, Tel. 051-867065, idujmovic.porat50@gmail.com. Die beiden genannten Direktanbieter sind auch online unter www.porat-krk.com vertreten.

■ Schön und ufernah wohnt man in der **Villa Margaret**② (Porat 25, zwischen Kneipen und Kloster, Tel. 051-867023, Fax 867024, www.villa-margaret.com) in insgesamt 14 stilvollen DZ oder Dreibettzimmern. Eigener Strandbereich und frische Fischgerichte (eigener Kutter).

■ Einzige Hotelunterkunft ist am Westrand der Bucht das **Hotel Pinia-Porat**④, Tel. 051-866333, Fax 866133, www.hotel-pinia.hr. Halbpension, Sauna, Wellness und Hallenbad.

Essen und Trinken

■ Am kleinen Fischerhafen kümmern sich die **Restaurants Piccola Venecia,** Tel. 051-867062, tgl. 12–23 Uhr, italienisch-kroatische Küche, und **Konoba Porat,** Tel. 051-867046, tgl. 9–23 Uhr, gutbürgerliche Hausmannskost, um das leibliche Wohl ihrer Gäste.

Nützliches

■ **Telefonzellen** und ein **Minimarkt** (tgl. 7–15 Uhr) liegen ebenfalls im kleinen Zentrum am Hafenbecken.

Milohnići

Anstatt von Malinska direkt nach Krk-Stadt zu fahren, bietet sich ein kleiner **Umweg über Glavotok am Westkap** der Insel an. Nur sehr wenige Besucher machen sich auf den Weg, die engen, mauergesäumten Sträßchen, vorbei an Olivenhainen und Feigenbäumen, zu erkunden. Schade, denn dieser Teil liegt etwas abseits und dürfte der vielleicht **ruhigste und idyllischste Abschnitt der Insel** sein.

Es gibt zwei Anfahrtsmöglichkeiten: Richtung Cres-Fähre und an der Kreuzung (links Vrh/Krk, rechts Glavotok) der Hauptroute folgend oder – etwas abenteuerlicher – vier Kilometer vorher bei Bajčići links bis Poljica und dort auf der Waldpiste (befahrbar) bis Milohnići.

Wanderung von Milohnići zur Kapelle Sv Krševan

Im Dörfchen Milohnići wende man sich an der zentralen kleinen Kreuzung (von Linardići kommend rechts) Richtung Poljica; nach wenigen Metern zweigt ein beschilderter Wanderweg zur Seekapelle Sv Krševan ab. Der Pfad führt erst asphaltiert, dann als Piste bis zu einem Gatter (500 m davor Parkmöglichkeit); dahinter 30 m links dem Wirtschaftsweg (Schild) dann 30 Minuten dem Pfad durch ein einsames Waldstück und über ein Ziegengatter hinweg folgen bis zu einer kleinen Gabelung (Steinzeichen): Rechts geht es in zwei Minuten zum malerischen, absolut **einsamen Ufer,** links in einer Minute zur Ruine der Kapelle Sv Krševan – ein echter Tipp!

Fährpier Valbiska

Zurück Richtung Krk-Stadt an der Kreuzung führt die rechte Straße drei Kilometer hinunter durch einsame Landschaft zum Fährpier Valbiska, wo die **Fähren nach Merag/Cres** ablegen, mit Tankstelle und Snackbar.

Praktische Tipps

Information

- Die kleine **Touristeninformation** gegenüber vom Minimarkt (Hinterhof, Treppe hinauf) hat sehr gute Wanderkarten (nur April bis Okt., Mo bis Fr 8–14 Uhr, Sa 8–13 Uhr, So geschlossen, Tel. 051-220226).

Unterkunft

- Die ersten Veranstalter haben Milohnići als Ferienstandort entdeckt, z.B. die schweizerische Firma **Interchalet** mit einigen hübschen Angeboten zwischen 250 und 450 €/Woche (je nach Saison und Schlafzimmerzahl); www.e-holidayhome.ch.
- Im **Nachbardorf Brzac** kann man in den **FeWo Rusin**①, mobil 091-5360405, angeboten z.B. über www.krktourist.com/de/apartmanok oder www.entercroatia.com, entweder im 2er-Apartment oder in der großen Wohnung für max. 6 Personen unterkommen. Beide Einheiten mit a/c, Grill, Terrasse, Parkplatz – uriges, traditionelles, allein stehendes Steinhaus! Nach Hr. Cimerman fragen.
- Die **Tauchbasis Correct-Diving** bietet ebenfalls Unterkunft an (s.u.).

Der Olivenhain des Klosters von Glavotok

063kb wl

Aktivitäten

■ **Tauchen:** Correct-Diving, Brzac 33, Tel./Fax 051-869289, www.correct-diving.com. Verschiedene Kurse, Tauchpension Gaspar im Ort, Vermittlung weiterer Unterkünfte und Campingplätze usw.

■ Im Ortsteil Linardići (Richtung Krk linker Hand an der Durchgangsstraße) bietet die britische Firma **Adriatic Adventures** (Tel. 0044-20-85662449, www.adriaticadventu res.com) unter dem sympathischen Motto „responsible tourism" u.a. organisierte Tauchgänge, Surfkurse, Mountainbike-Touren, Wanderungen, Kajaktouren usw. als Pauschaltour an. Hier auch Moped- und Quadverleih.

Nützliches

■ An der Dorfkreuzung in Milohnići Richtung Klosterbucht/Camping folgt rechter Hand ein **Minimarkt** (tgl. 7–21 Uhr, So bis 13 Uhr). **Geldwechsel** im Minimarkt möglich, davor auch **Telefonzellen.**

■ Etwas außerhalb, an der Ortskreuzung nach rechts Richtung Sv. Krševan, liegt die **Konoba Pod Prevolt,** in der ordentliches Essen aufgetischt wird, Tel. 051-862149.

Glavotok

Von Brzac sind es noch etwa zwei Kilometer bis Glavotok; an einer Straßengabelung fährt man rechts zum Camp und links hinunter zum Weiler Glavotok. In dem zehn Häuser umfassenden idyllischen **Fischerdörfchen** direkt am Ufer dominiert ein **Franziskanerkloster** die kleine Bucht: 1507 entstand die einschiffige Kirche Sv Maria mit gotischem Chor, die Seitenkapellen folgten 1760. Die Altarbilder im Inneren stammen von *Girolamo da Santacroce,* der auch im Kloster von Porat gearbeitet hat. An der Außenfassade ist eine interessante Sonnenuhr mit glagolitischer Schrift angebracht. Im Jahr 1879 war der Wellengang so hoch, dass die Anlage einige Meter weiter ins Landesinnere verlegt werden musste. Wegen zahlreicher Piratenüberfälle ummauerte man das Anwesen und verstärkte die Portale mit Eisentoren.

In der Hauptsaison ist ein **Kiosk** an dem kleinen Parkplatz beim Kloster geöffnet (Eis, kühle Getränke, Snacks wie Hotdog, Cheeseburger oder Čevapi).

Wer dem Trubel der Touristenorte einmal entgehen möchte, wird Glavotok lieben! Toll für **Schnorchler,** sogar an der alten Anlegestelle! Nahe der Straßengabelung Richtung Camp oberhalb von Glavotok führt nach links ein **Fußpfad** ab; er verläuft direkt und ufernah bis zum Camp (ca. 15 Minuten). Man achte dabei auf eine befestigte kleine Plattform am Ufer – hier kann man sehr schön schnorcheln.

Praktische Tipps

Camping

■ Sehr beliebt ist das einsame, abgelegene **AC Glavotok**②, Tel. 051-862117, www.kamp-glavo tok.hr. Mit Laden, Restaurant, Boots-Slip; maximal 250 Plätze.

■ Falls Glavotok voll sein sollte, man aber dennoch an der Südküste campen möchte: In einer Nachbarbucht vom Fährpier Valbiska liegen – sehr einsam und idyllisch – die Minicampingplätze **AC Amar**②, Njivine 8 im Weiler Pinezići, Tel. 051-863029, für zehn Personen (!), und **AC Marta**③, Skrpčići 29, Tel. 051-863126, für 30 Personen.

Krk-Stadt

Von Glavotok oder Malinska kommend, durchquert man bei der Fahrt zur Inselhauptstadt größere Mais- und Weinfelder, wobei die insgesamt empfehlenswertere **Route über den Ort Vrh** führt (Nebenstrecke).

Das **römische Munizipium Curicum** war traditionell kultureller, wirtschaftlicher und verkehrstechnischer Schnittpunkt der Insel. Überfälle und Zerstörungen führten zu wehrhaften Verstärkungen der Altstadt, deren **bastionsartige Wälle** sehr gut erhalten sind und das Stadtbild prägen. Die Stadt Krk (ca. 6500 Einwohner) bemüht sich sichtlich, das historische Erbe zu bewahren (viersprachige Hinweisschilder), ohne dabei übertriebenen Prunk herauszukehren – die Gebäude der Altstadt geben einen außerordentlich gelungenen Eindruck einer **mittelalterlichen Frankopanenstadt.**

Sehenswertes

Ummauerte Altstadt und Kastell

Vom Kreisel/Parkplatz westlich der Altstadt am Hafen achte man linker Hand auf einen ehemaligen Waschplatz **Krušija,** der am Austritt eines unterirdischen Bachlaufes lag (Hinweisschild). Die **Uferpromenade,** gesäumt von Souvenirhändlern, führt zur eigentlichen, vom 12. bis 15. Jahrhundert allmählich von Frankopanen und Venezianern aufgebauten und ummauerten Altstadt, die man von der großen Anlegestelle aus durch das **Kleine Stadttor** (Mala Vrata, 1398) betritt. Der Mahvica-Gasse nach rechts folgend, passiert man den ehemaligen **Gerichtssaal** (Sudnica, 1191) und das **Frankopanenkastell** (Kaštel, 1407) am Trg Kamplin, beide sehr beeindruckend.

Kathedrale

Bedeutendstes Bauwerk von Krk-Stadt ist die dreischiffige **Marienbasilika** mit Zwiebelturm, um 1150 errichtet auf den Relikten römischer Thermen aus dem 6. Jahrhundert. Das linke Seitenschiff birgt eine frankopanische Kapelle aus dem 15. Jahrhundert, der Hauptaltar eine ebenfalls frankopanische silberne Madonnenfigurine sowie ein Altarbild der Bestattung Christi von *G. Pordenone* (frühes 16. Jahrhundert).

Direkt angebunden sind die „gruftige" romanische **Kirche Sv Kvirin** aus dem 10. Jahrhundert, der **Glockenturm** aus dem 16. Jahrhundert sowie der **erzbischöfliche Palast** mit einer interessanten Sammlung venezianisch-italienischer Gemälde.

■ **Öffnungszeiten:** tgl. 9–12 Uhr; der Kathedralenkomplex kann nur als „Komplettpaket" zum Preis von 15 K besichtigt werden, Tickets im Turm.

Vela Placa

Durch die von Juwelieren und Boutiquen beherrschte Strossmeyera kommt

[>] Am Seetor von Krk-Stadt

man durch das **Haupttor** (Magna Porta Civitatis, 1493) zum prachtvollen **Zentralplatz** Vela Placa mit Cafés und Verwaltungsgebäuden. Von hier führt das **Seetor** (Kula Na Obali, 1470) wieder auf die Promenade.

Klöster

Es lohnt ein Spaziergang vom Vela Placa aus die Ulica J. Križnica hinauf zum Trg Krckih Glagoljaša, um von dort einen Blick auf das Nordtor (12. Jh.) und die Klöster Franjevački Samostan und Benediktinski Samostan zu werfen. Der Platz wird wegen seiner besonderen Konzentration traditionsreicher Sakralbauten bei Einheimischen auch (etwas spöttisch) „Kleiner Vatikan" genannt.

Das **Franziskanerkloster** entstand um 1277 als Teil der nördlichen Stadtmauer und wurde bis ins 20. Jahrhundert ständig erweitert und renoviert. Kunstfreunde werden das Werk „Madonna mit Kind" des Renaissancemalers *Vittoreo Carpaccio* in der Klosterkapelle zu schätzen wissen. Die Entstehungsgeschichte des **Benediktinerinnenklosters** reicht bis ins 13. Jahrhundert zurück, wobei zunächst nur ein Klosterteil bei der Konventskirche gebaut wurde und weite Teile der Gesamtanlage erst im 19. Jahrhundert hinzukamen, als von 1803 bis 1906 eine Grundschule auf dem Gelände von den Nonnen betrieben wurde. Die Konventskirche stammt aus dem 14. Jahrhundert und wurde später vom Kvarner Sakralbaumeister Sebastijan Petrucci aus Rijeka ausgestaltet.

Schließlich steht am Trg Krčkih Glagoljaša die **Kirche Majka Božja od zdravlja** (Muttergottes der Gesundheit) aus dem 11. Jahrhundert, die ursprünglich zum Benediktinerinnenkonvent gehörte und dem Hl. Michael geweiht war. Später wurde die Kirche abgegliedert und erhielt während einer Cholera-Epidemie im 19. Jahrhundert ihre heutige Bezeichnung.

268kro wl

Praktische Tipps

An und Weiterreise

■ Hinter der Ortseinfahrt folgt ein Kreisverkehr an der Bucht – hier kann man gegenüber vom Supermarkt beim Busplatz gut **parken,** die Altstadt kann bequem zu Fuß erkundet werden.

■ **Busse:** Der Busplatz von Krk in der Ul. Linardića hinter dem zentralen Kreisverkehr ist der Ausgangspunkt der Busverbindungen zu allen Inselorten. Es besteht Verbindung zu den Ortschaften Baška, Omišalj, Njivice, Malinska, Stara Baška, Vrbnik, Klimno und Brzac/Glavotok sowie nach Rijeka oder Zagreb auf dem Festland (siehe Kapitelanfang).

Info und Agenturen

■ **Touristeninformation,** Vela Placa 1, Tel./ Fax 051-221414, www.tz-krk.hr, Sa/So 8–13 Uhr, sonst 8–15 Uhr.

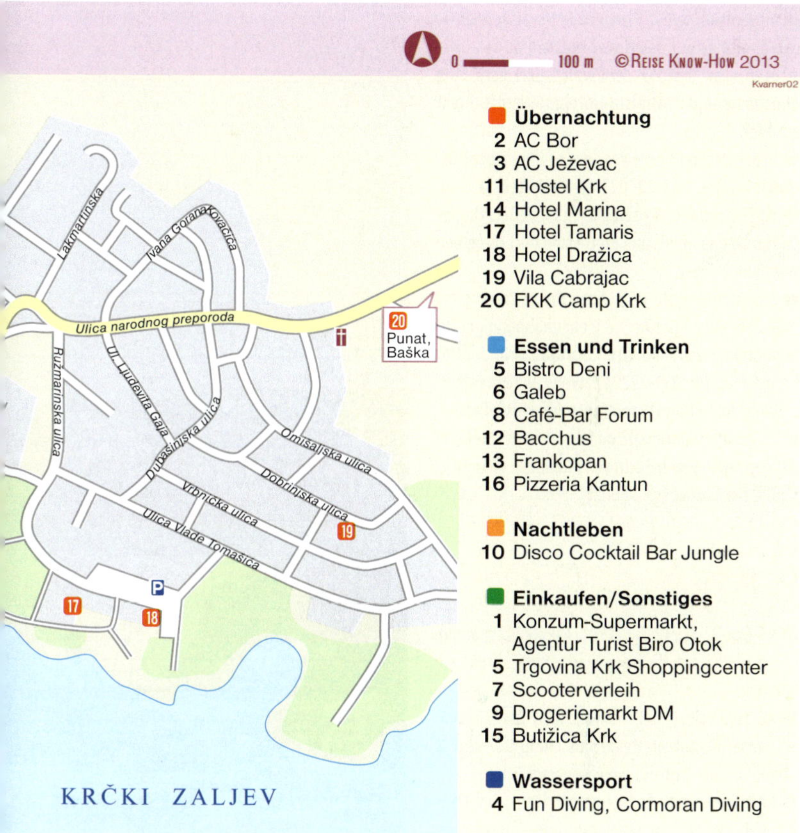

Organisierte Ausflüge, Privatzimmer und wunderhübsche Ferienwohungen (sehr individuell) vermitteln die **Agenturen;** viele an der Promenade, z.B.:

■ **Kvarner Express,** an der Promenade, Tel. 051-221403, www.kvarner-express.hr.

■ **Autotrans,** am Busbahnhof (Šetalište Svetog Bernardina 3), Tel. 060-300101, www.autotrans.hr, hauptsächlich Bustransport, hier auch Fahrräder, Zimmer.

■ Beim Konzum-Supermarkt an der Ausfallstraße nach Brzac liegt die **Agentur Turist Biro Otok,** Tel. 051-221120, www.turistbiro-krk.com. FeWos, Ausflüge, Bootsverleih.

Unterkunft

■ In der Dinka Vitezića 23 in der Nähe der Kathedrale dürften die meisten Backpacker landen: Das **Hostel Krk**①, Tel. 051-220212 und 220320, www.hostel-krk.hr, hat günstige Zimmer.

■ Im Zentrum selbst, Promenade Hrvatske Mornarice 6, gibt es nur das **Hotel Marina**③, Tel. 051-221128, Fax 221357, www.hotelikrk.com. Die günstigste und zentralste Hotelunterkunft direkt am Ufer.

■ In der Nachbarbucht liegt das teurere **Hotel Tamaris**③, Tel. 051-221022, www.hotelikrk.com, nebst Dependance **Dražica**③ (gleiche Tel./Homepage). Management und Preise sind dort dieselben wie beim Marina.

■ Privatunterkunft und Apartments arrangiert man über eine Agentur (s.o.); ein unabhängiger Direktanbieter wäre die **Vila Cabrajac**② in der Dobrinjska 18, Tel. 051-222047, www.apartmanikrk-cabrajac.hr, mit drei Wohnungen für 4 bis 6 Pers.

■ Privatunterkunft in DZ und Apartments bietet in der nahe gelegenen Bucht von Punat z.B. die Tauchschule **Divesport** (s.u.: Punat).

Camping

■ **AC Bor**②, Tel. 051-221581, Fax 222429, www.camp-bor.hr, westlich der Stadt (nicht direkt am Wasser).

■ **AC Ježevac**③, Tel. 051-221081, Fax 221362, www.zlatni-otok.hr. Besser als Camp Bor und in Gehnähe zum Zentrum, aber unpersönlicher.

■ **FKK Camp Krk**③ (vormals Politin), Tel. 051-221351, Fax 221246, www.camping-adriatic.com, am östlichen Ortsausgang Richtung Punat (an der Tankstelle rechts, beschildert). Umfassend renoviert und erweitert, z.B. auch Mobilheime erhältlich, Bootsslip, Kinderbetreuung usw.

■ Zwei kleine Privatcamps bei Krk sind das **AC Amar**①, Njivine 8 im Weiler Pinezići, Tel./Fax 051-863029, und **AC Marta**①, Skrbčići 29, Tel. 051-863126.

[>] Der markante Turm der Kathedrale in der Altstadt

Essen und Trinken

■ Das **Bistro Deni** am Trgovina-Krk-Einkaufszentrum (Tel. 051-221503) hat Kleinigkeiten und Snacks im Angebot; weitere einfache Bistros und Pizzerien liegen an der Promenade und am Jelačić Trg.

■ Die **Café-Bar Forum,** Vela Placa 1, Tel. 051-222739, eignet sich vorzüglich, um das geschäftige Treiben am traditionsreichen Hauptplatz von Krk-

064kb wl

Stadt bei einem kühlen Getränk oder einem Kaffee zu beobachten.

■ In der **Pizzeria Kantun,** Tel. 051-222979, am Ostende der Strossmeyera/Ecke Stepinća sitzt man nicht nur sehr angenehm, es gibt weit mehr als nur Pizza, etwa slawonische Kulen, eine Grillplatte oder riesige Fischplatten.

■ Das **Bacchus** Strossmeyera 3, Tel. 051-222002, inmitten der Altstadtgassen hat einen für Weinfreunde verlockenden Namen, Chef *Branko* legt aber Wert darauf, dass außer den flüssigen auch die festen Verköstigungen hohen Ansprüchen genügen.

■ Im **Frankopan** an der Kathedrale (Trg Sv Kvirina, Tel. 051-221437, tgl. 11–23 Uhr, 1.11.–20.12. geschl.) speist man sehr gediegen, auch wenn es als „Restaurant-Pizzeria" firmiert; Spezialität: Gerichte mit fangfrischem Fisch.

■ Sehr gut isst man auch im **Galeb** direkt an der Uferpromenade; neben einer reichhaltigen Auswahl an Cocktails wird nationale und internationale Küche geboten. Angenehmes Ambiente, aber nicht ganz billig: Hacksteak 80 K, Grillplatte 200 K/ 2 Pers., Muscheln ab 190 K. Obala hrvatske mornarice 3, Tel. 051-221261, April bis Okt. tgl. 8–23 Uhr.

Nachtleben

■ Abends flaniert man durch die Altstadt oder geht in die **Disco Cocktail Bar Jungle,** S. Radića, Tel. 051-221503, Mai–Sept. tgl. ab 20.30 Uhr, an Wochenenden bis 5 Uhr.

Einkaufen

■ Vom Vela Placa kommend wenige Meter die Strossmeyera hinein, bietet eine **Metzgerei** linker Hand u.a. frische Grillhähnchen.

■ **Bäckereien** (z.B. Ilirija Krk) und **Snacks** auf die Hand (z.B. Obelix Snackbar, Tel. 051-604248) findet man zahlreich entlang der Strossmeyera in der Altstadt.

■ Sowohl diverse lokale Schinken- und Käsespezialitäten als auch Schnäpse und Weine bietet die **Butižica Krk** in der Frankopanska/Ecke Strossmeyera; hier auch sonstige Souvenirs (Honig usw.).

■ Am Kreisverkehr vor der Altstadt liegt das kleine **Einkaufszentrum Trgovina Krk** mit Supermarkt, Bäckerei, Fischgeschäft (rechts um die Ecke) und Geldautomat.

■ Größer und besser ist der **Konzum-Supermarkt** an der Umgehungsstraße/Kreuzung Richtung Vrh (tgl. 7–20 Uhr, So bis 13 Uhr); nimmt alle Plastik-Pfandflaschen an.

■ **Drogeriemarkt DM** in der S. Radića.

Aktivitäten

■ **Bademöglichkeiten** bestehen an der Landzunge zwischen Marina und Campinganlagen sowie beim Hotel Dražica (Surfen, Tennis, Bootsverleih).

■ **Bootsausflüge** aller Art arrangieren die Agenturen (s.o.), sie können aber auch direkt an der Promenade bei den zahllosen Anbietern direkt gebucht werden; z.B. Rundfahrten (ca. 20 €)), Fischpicknick (etwa 35–40 €) oder Ausflüge zur Insel Košljun.

■ **Tauchbasen: Fun Diving,** Lukobran 8, Tel. 051-222563, www.fundiving krk.de, und **Rainer & Garvens Cormoran Diving,** Lukobran 10, Tel. 051-220141.

Eine sehr beliebte und bekannte Basis liegt direkt an der Gabelung Richtung Baška/Punat in der Bucht von Punat: **Divesport** (Tel. 051-867303, www.dive sport.de) bietet neben Tauchen auch preiswerte DZ und Apartments (s. Punat). In der Bucht kann man auch gut **baden** (Parkplätze, Snacklokale, Kinderrutschen).

■ **Radverleih:** Agentur Autotrans (Tel. 051-660375) und Hotel Dražica (Tel. 051-221022).

■ **Scooterverleih:** Rent-a-scooter, am Trg Bana Jelačića, mobil 098-643515, 45–50 €/Tag, sowie beim Internetcafé Nekretnine.

Nützliches

■ **Post:** am Trg Jelačića; Mo bis Fr 7–21 Uhr, Sa bis 12 Uhr.

■ **Bank/Geldautomat:** am Kreisverkehr; 8–14 und 15–20 Uhr, Sa bis 12 Uhr; Automaten auch in den Supermärkten.

■ **Hafenmeisterei** (Kapetania): Tel. 051-221380, **Marina:** Tel. 051-221221.

■ **Internet:** Nekretnine (Tel. 051 222625) am Einkaufszentrum Trgovina Krk; darin Enigma-Cybercafé; Krk sistemi, am Busbahnhof, tgl. 9–22 Uhr, liegt für Backpacker sehr günstig und kostet 10 K für 20 Minuten.

■ **Taxiruf:** Tel. 051-221456.

■ **Apotheke:** am Vela Placa.

▷ Strandbad am Plaža Punat
mit der Marina Punat im Hintergrund

Klosterinsel Košljun

Die kreisrunde Insel Košljun in der fast geschlossenen **Bucht von Punat** östlich von Krk-Stadt wirkt in ihrer natürlichen Schönheit geradezu pittoresk-surreal und lohnt jederzeit einen Ausflug. Einzig ein **einsames Kloster** thront erhaben auf dem gut 6400 m² großen Eiland, auf dem im 13. Jahrhundert Benediktinermönche eine Abtei errichteten, die im 15. Jahrhundert von den Franziskanern übernommen wurde. Sehenswert ist hier die **Marienkirche** mit dem mehrteiligen Altargemälde, auf dem auch Sv Kvirin, der Krker Schutzpatron (Stadt in Händen), verewigt wurde. Im angeschlossenen **Sakral- und Heimatmuseum** werden unersetzliche glagolitische Schriften sowie Utensilien und Trachten vergangener Jahrhunderte aufbewahrt. Beachtenswert ist ferner der Grabstein der letzten Frankopanenfürstin *Katarina* (gest. 1529).

Tagestouren inklusive Museumsbesuch werden für ca. 60 € an der Promenade in Krk angeboten.

Punat

Im Südosten der Insel Krk liegen einige Abschnitte, die unterschiedlicher nicht sein könnten: das aktive, lebhafte und durch die Marina mondän wirkende Punat und auf der anderen Seite, getrennt durch einen Bergpass, das ruhige Stara Baška (s.u.).

Der **zweitgrößte Ort** auf Krk (knapp 2000 Einwohner) wird wegen der in

066kb wl

Kroatien seltenen und schönen **Sandstrände** sowie wegen der gigantischen 5-Sterne-Marina als **mondäner Ferienort** beworben. Offen gestanden: Wer nicht zur privilegierten Schicht gehört und im Besitz einer Yacht ist, dürfte sich hier kaum wohlfühlen. Das mag vielleicht etwas übertrieben sein, auf jeden Fall aber ist Punat fest in der Hand der **Segler,** der Durchschnittstourist wird sich (auf den ersten Blick) deplatziert vorkommen.

Praktische Tipps

Info und Agenturen

■ **Touristeninformation,** am Busplatz in der Pod topol (nur im Sommer 8–20 Uhr), Tel./Fax 051-854970, www.tzpunat.hr und www.punat.com (Unterkunftsseite).

Übrigens werden hier auf Rechnungen nicht nur die Kurtaxe (meist 7 K pro Tag und Person), sondern auch eine **„Ekotaxe"** (Ökosteuer) in Höhe von 1 K pro Tag und Person aufgeschlagen. In anderen Regionen ist die Praxis einer Umweltabgabe (noch) nicht verbreitet.

■ ür Unterkünfte, Ausflüge und Aktivitäten aller Art wende man sich an die **Agentur Marina Tours,** Obala/Ecke Kljepina, Tel. 051-854375, Fax 854340, www.marina-tours.hr, mit Filiale am

Yachthafen oder an die **Agentur More** (Tel. 051-855033, www.more-punat.hr); beide liegen zentral an der kleinen Promenade.

Unterkunft

■ Beliebt bei Seglern, da in der Nähe der Anlegestellen (Obala 94), ist das **Falkensteiner-Hotel Park**③, Tel. 051-854024, Fax 855001, www.hoteli-punat.hr. Mehrere neuere Dependancen (Park II und Kvarner) in unmittelbarer Nähe. Etwas überteuert.

■ Das **Hotel Kanajt**④, Kanajt 5, Tel. 051-654340, Fax 654341, www.kanajt.hr, liegt direkt bei der Marina und ist ein sehr ansprechendes Familienhotel.

■ In der Frankopanska liegen die **Apartments Omorika**③, Tel. 051-654500, www.omorika-punat.com, nicht gerade billig.

■ Das meist als „Jugendherberge" bezeichnete **Hostel Haluga**①, Novi Put 8, Tel./Fax 051-854037, www.nazor.hr, liegt im Zentrum; geöffnet Mai bis Sept. Frühstück ist gesondert erhältlich (25 K).

■ Günstige **Zimmer und Ferienwohnungen** vermitteln auch die örtlichen Tauchschulen.

Camping

■ **AC Pila**③, Tel. 051-854122, www.hoteli-punat.hr. Platz für 2000 Menschen, etwas außerhalb im Süden mit breiter Badeplattform.

■ **FKK Camp Konobe**③, Tel. 051-854049, Fax 854101, www.hoteli-punat.hr, in fjordähnlicher Bucht am Ufer Richtung Stara Baška. Keine Pkw-Parkmöglichkeit in den Parzellen, einige Mobilheime können gemietet werden.

■ An der Durchgangsstraße liegt der von der Marina betriebene kleine Platz **Maslinik**②, mobil 091-1654445, www.kamp-maslinik.hr.

Essen und Trinken

■ An der Ausfallstraße nach Stara Baška liegt linker Hand das sehr zu empfehlende **Restaurant Aurora** (Kralja Zvonimira 143, Tel. 051-855352), bekannt für gutbürgerliche Fleisch- und Fischgerichte.

■ Im **Restaurant Lanterna** (Ul. Kljepina, Tel. 051-654926) bekommt man neben Pizzen und Suppen auch zahlreiche vegetarische Gerichte.

■ Die **Pizzeria Ragusa** (Kljepina 8, Tel. 051-855010) hat von Mitte März bis Mitte Okt. täglich 12–24 Uhr (Winter 22 Uhr) geöffnet, neben Pizzen ist hier die mexikanische Küche (Tacos, Burritos, Fajitas usw.) zu moderaten Preisen hervorzuheben.

■ Die Käsespezialisten im **Restaurant Vele Vode** (Obala 29, Tel. 051-854109) bieten gemischte Käse-/Schinkenteller, Knoblauchcremesuppe und zahlreiche Fischkreationen (Haifischsteak oder Scampi vom Rost).

■ Ebenfalls sehr gut und ufernah speist man im **Restaurant Sidro** (Obala 18, Tel. 051-854235, tgl. 11–24 Uhr, im Winter bis 22 Uhr). Sehr zu empfehlen sind hier die Fischsuppe, Calamari Sidro mit Rohschinken und Reis, Gnocchi 4 Käse sowie hausgemachte Bratwürste mit Beilagen.

Einkaufen

■ An der Durchfahrtsstraße liegt ein **„Cash & Carry"-Minimarkt,** ein weiterer in der Ul. Kljepina (tgl. 6.30–21 Uhr).

■ Die **Bäckerei** in der Ul. Kljepina hat tgl. 6.30–13.30 Uhr geöffnet, So 7–13 Uhr, die **Bäckerei Milo** am Ufer (Obala bb.) 6–24 Uhr.

■ Eine **Metzgerei** liegt neben dem Restaurant Ragusa in der Ul. Kljepina.

■ Kunstfreunde mögen sich vielleicht einmal in der kleinen **Galerie Toš** (Ul. Klančić) umsehen wollen, geöffnet wird nur auf Verlangen (klingeln).

Aktivitäten

■ Entlang der Promenade gibt es mehrere **Bademöglichkeiten,** allerdings nicht unmittelbar im Ortszentrum selbst. Am schönsten ist es etwas außerhalb Richtung Krk am Plaža Punat. Von Krk-Stadt kommend, folgt nach der Abzweigung Richtung Punat ein größerer Strandabschnitt mit Restaurants, Tauchbasis und Wasserskilift.

■ Die Tauchbasis **Divesport** (Tel. 051-867303, www.divesport.de) am Plaža Punat vermittelt auch preiswerte Unterkunft im Ortsteil Kornic nahe der Strandbucht: DZ 25–40 €, FeWo 30–60 € (2 Pers.) bzw. 55–96 €/Tag (6 Pers.).

■ Schon fast als Einheimischer gilt *Erwin Kropp* mit seiner Basis **Tauchertreff Magic Dive** (Pasjak 1, Tel. 051-855120, www.tauchertreff-punat.de) mit Taucherpension (30 Zimmer) und Restaurant.

■ Wenige hundert Meter außerhalb von Punat (Hauptstraße Richtung Stara Baška) liegt der gut beschilderte Ausgangspunkt für **Wanderungen** über den Veli Vrh (549 m) nach Jurandvor (12 km). In diesem sehr gut markierten Wandergebiet liegt der höchste Gipfel von Krk, der Obzova (569 m).

■ **Pape,** Kljepina 30 (nahe Minimarkt/Apotheke), vermietet **Scooter** (Tel. 051-854163).

■ **Bootsverleih Punat,** Tel. 051-654170, www.mcp.hr.

Nützliches

■ **Ambulanz, Apotheke, Bank, Post** (Mo bis Fr 7.30–18 Uhr, Sa bis 14 Uhr) und **Autoverleih** liegen direkt landseitig an der Promenade, eine weitere Bank und eine Apotheke auch in der Ul. Kljepina.

■ **Marina,** Tel. 051-654111, Fax 654110, www.marina-punat.hr.

■ Eine **Touristenbahn** (10 K) verkehrt im Sommer tagsüber zwischen Marina und AC Pila.

Stara Baška

Zehn Kilometer von Punat entfernt locken die **einsamen Kiesstrände** von Stara Baška (Sackgasse). Die Gegend erinnert in ihrer rauen Unwirtlichkeit ab dem 238 m hohen **Svinsko-Pass** stark an das südöstliche Rab bzw. Pag. Kurz hinter dem Pass geht es steil abwärts; hier kann man rechts hinunter in die schöne **Badebucht Uvala Stara Baška** gehen (mit Kiosk, parken nur auf der anderen Straßenseite am Rand möglich).

▷ Blick vom Straževnik-Pass auf die Badebucht bei Stara Baška

Unten in der Bucht folgt dann noch einen Kilometer vor dem Ort das **Camp Škrila,** dann kommt Stara Baška, das sich die enge Straße entlangzieht und in den steilen Hang gebaut ist. Auch von hier aus bestehen **Wandermöglichkeiten:** auf den 549 m hohen Veli Vrh (an der Straße mehrfach beschildert) sowie über den Veli Hlam (482 m) und Batomalj nach Jurandvor sowie direkt nach Baška.

Unterkunft, Camping

■ In der Ortsmitte mit der kleinen Fußgängerzone zum Meer hinunter liegt die **Agentur Zala** (Tel. 051-844755), die für Unterkunfts- und Ausflugsarrangements in Anspruch genommen werden kann.

■ Zimmer bietet die **Pension Stanka**① (Stara Baška 1, Tel. 051-844654) am Ortseingang.

■ Ein Stückchen weiter die Straße in der Nummer 28 verfügt das Haus **Stara Baška**①, Tel. 051-844658, www.baska-apartmani. com, über DZ und Apartments.

■ In **Nr. 185**①, rechts der Hauptstraße, Tel. 051-844611, gibt es ebenfalls günstige DZ.

■ Am Ende der Straße etwas oberhalb liegt **Pension-Restaurant Nadia**②, Stara Baška 253, Tel. 051-844663, www.nadia.hr, mit Tauchbasis (www.divepoint-croatia.com).

■ **AC Škrila**③, Tel. 051-844678, Fax 844725, www.skrila.cjb.net. 1 km vom Ort Stara Baška entfernter Campingplatz, 850 Personen haben Platz,

067kb wl

überwiegend unbewachsenes Gelände (kein Schatten!), direkte Meereslage, langer Kiesstrand.

Nützliches

- Im Ort verstreut liegen einige Gaststätten, etwa der **Felix-Grill** (Frühstück, Pizza, Fischgerichte) direkt am Meer in der Senke.
- **Parken** ist ein Kunststück, am besten bleibt man auf dem großen Platz am Ortsende bei der Pension Nadia (5 K/Stunde).

Von Punat nach Baška

Von Punat bis Vrbnik bildet ein Höhenzug eine natürliche Barriere zwischen dem belebten und dichter besiedelten Nordteil der Insel und dem idyllischen, eher ruhigen Südteil. Nur eine Straße führt Richtung Baška, die **schönste Strecke auf Krk** überhaupt: Durch die erst karge, dann pinien- und kiefernbewachsene Landschaft windet sich die Straße über einen malerischen **Pass am Straževnik** (367 m) hinauf zu einem Aussichtspunkt mit herrlichem Fernblick auf 320 Meter Höhe. Dann öffnet sich das Bergland abrupt gleich einer Schere nach beiden Seiten hin und die Straße fällt jäh ab, während beidseitig die 300 bis 400 Meter hohen Bergzüge allmählich einer abgeschotteten Talebene weichen. An der Abfahrt plätschert rechter Hand eine erfrischende **Süßwasserquelle** an der Straße – hier halten auch viele Einheimische, um Trinkwasser zu zapfen.

Draga Bašćanska

Die erste Ortschaft im **Ričina-Tal,** benannt nach dem zumindest außerhalb des Sommers wasserführenden Ričina-Flüsschen, ist Draga Bašćanska, ein landwirtschaftlich orientiertes Straßendorf mit einem Plus-Minimarkt und einigen **Obst-, Öl- und Honigverkäufern** direkt an der Straße.

Nützliches

- Am Ortsausgang bietet die **Agentur Igen,** Tel. 051-844095, www.igen.hr, u.a. Unterkunftsvermittlung und Scooterverleih.
- In Draga Bašćanska hat die **Tauchbasis Delphin,** Draga Bašćanska 38, Tel. 051-880233, www.tauchbasisdelphin.com, ihren Sitz.

Jurandvor-Batomalj

Kapelle Sv Majke

Der folgende Abstecher ist unbedingt empfehlenswert: In Jurandvor-Batomalj achte man rechter Hand auf die Beschilderung „Batomalj, Sv Majke“; das Sträßchen führt hinauf zu einer Bergkapelle mit **sagenhaftem Ausblick** über das Tal von Baška. Das schlichte einschiffige Kirchlein Sv Majke wurde 1415 erbaut und mit Altarbildnissen aus weißem Marmor und einem Marienbildnis von *Celestin Medović* ausgestattet. Der Glockenturm wurde 1594 ergänzt und soll angeblich immer dann genutzt werden, wenn der Bischof von Baška zu Besuch ist.

Im **Weiler Batomalj** treffen sich die Wanderwege Stara Baška – Baška (beschildert) und weitere **Wanderwege** von/nach Baška und zum AC Zablaca (alles beschildert), sodass auch längere Wanderungen zur Kapelle von Baška möglich sind. Oben an der Kirche (am Gittertor links von der Kapelle) führt ein mit „Lipica" bezeichneter Weg zum Nordrand von Draga Bašćanska.

Kapelle Sv Lucija

Zurück an der Durchfahrtsstraße liegt gleich dahinter nach links ausgeschildert („Sv Lucija, Bašćanska Ploča") die kleine Lucienkapelle mit der berühmten **Steintafel von Baška,** dem ältesten kroatischen Schriftstück überhaupt. Die Tafel bezeugt die Abtretung des Kapellenlandes durch König Zvonimir (gest. 1089) an die Kirche sowie den Bau der Kapelle. Das Gelände ist heute ein archäologischer Park, daher kann die Kirche selbst leider nur noch im Rahmen einer Führung besucht werden (Führungen 10–12 und 16–22 Uhr, 20 K).

Nützliches

- Einkaufsmöglichkeiten bestehen im **Plus-Minimarkt** im Ort.
- An der Abzweigung zur Kapelle Sv Majke bietet die **Konoba Malin,** Tel. 051-856149, deftige Lammgerichte und Spanferkel, tgl. 10–23 Uhr.

☐ Das Grab von Emil Geistlich bei der Kirche Sv Ivan oberhalb von Baška

Baška

Das in die **südliche Inselbucht** eingebettete Städtchen Baška empfiehlt sich für all jene, die es nicht so bieder-touristisch wie an der Nordwestseite von Krk mögen und eventuell einmal halbtägige Wanderungen durch die stille Landschaft unternehmen möchten, ohne dabei auf umfangreiche touristische Angebote wie Abendunterhaltung, Tauchen, Wassersport usw. verzichten zu müssen. Der kilometerlange **Sand-Kiesstrand Velika Plaža,** geradezu paradiesisch umrahmt von kargen Hügeln, die engen Gassen des kleinen Zentrums und nicht zuletzt die majestätisch oberhalb des Ortes thronende Johanneskirche tun ihr Übriges, alljährlich Zehntausende von Besuchern in den Kreis der „Baška-Fans" zu ziehen. Wichtig: Die Autofähre

070kb wl

Der Tourismuspionier von Baška: Emil Geistlich (1870–1922)

Der Strand von Baška ist wirklich eine Klasse für sich, ob man sich nun in die Fluten stürzt oder nur die Promenade Emil Geistlicha entlang flanieren möchte. Apropos: Emil Geistlich – nicht gerade ein typisch kroatischer Name! Der gebürtige Tscheche und Leiter der Prager Zeitungsdruckerei „Narodna Politika" (Heimatpolitik) kam 1909 zunächst mehr oder weniger zufällig als Tourist nach Baška. Er war vom Meer und dem örtlichen Strand so sehr angetan, dass er beschloss, in Baška zu bleiben, und schon bald betätigte er sich als nachhaltiger Förderer des Tourismus in der Region: 1910 ließ er den **ersten vorgefertigten Strandpavillon** aufstellen, und ein Jahr später begann der Druckereispezialist mit dem **Druck von Werbebroschüren** über Baška. 1912 organisierte er die „Abende von Baška", eine Art Vorläufer folkloristisch geprägter touristischer Veranstaltungen. 1914 folgte seine **Zeitschrift „Baška"**, die insgesamt jedoch nur neunmal erschien, nicht zuletzt wegen des Ersten Weltkrieges, der jeglichen Tourismus verhinderte. Am Ende des Krieges stand die italienische Okkupation, der Tourismus konnte sich nicht erholen. Emil Geistlich blieb seiner Liebe Baška jedoch treu. Er starb dort am 7. Juli 1922. Auf seinen Namen trifft man immer wieder – als Uferpromenade, als Denkmal oder bei einem Besuch der Bergkirche Sv Ivan.

von/nach Rab (Lopar) verkehrt nicht mehr hier, sondern ab Valbiska.

Gleich hinter Jurandvor liegt eine Straßengabelung: Rechts geht es zu den Hotels, dem Camp Zablace und zu Parkplätzen für einen reinen Strandbesuch. Die Hauptstraße zieht sich um den Ort herum zum FKK-Camp Bunculuka und der Bergkirche Sv Ivan; kurz vor der Zufahrt zu Sv Ivan (Vogelschutzgebiet „Ornitoložska Zona") führt die Kralja Tomislava nach rechts zum Bushalteplatz und einigen Parkplätzen – hier ist man schnell im Altstadtkern, aber etwas weiter vom Strand- und Hotelbereich entfernt.

Sehenswertes

Pfarrkirche und Museum

Im kleinen Zentrum sind die barocke Pfarrkirche **Sv Trojice** aus dem frühen 18. Jahrhundert und das benachbarte, 1974 eröffnete **Heimatmuseum** sehenswert. Die acht wertvollen Altartafeln des 2007 komplett restaurierten Altarraumes stammen von venezianischen Künstlern, u.a. von *Palma dem Jüngeren* die Muttergottes mit dem Hl. Markus sowie das letzte Abendmahl. Das Triptychon des Hl. Michael wird *Paolo Campsa* zugeschrieben (1514). Die Glasfenster wurden erst vor wenigen Jahren eingebaut. Als Sitz des Kapitels von Baška ersetzte sie nach ihrer Inauguration am 29. Juni 1740 die Bergkirche Sv Ivan.

■ **Heimatmuseum,** geöffnet nur im Sommer tgl. außer Mo 9–13 und 17–20 Uhr, Eintritt 10 K, Kinder 5 K; Tel. 051-750550.

Aquarium

Aufs Meer blickend am linken Ende der Badebucht den Weg hinauf, liegt in der Kralja Tomislava (Richtung Bushalteplatz) linker Hand das Aquarium mit einer der größten **Muschel- und Schneckensammlungen** der Adria. Es werden über 400 Muschel- und rund 100 Fischarten gezeigt.

■ **Aquarium,** St. Radica 26, Tel. 051-856052, www.akvarij-baska.com.hr, im Sommer tgl. 9–22 Uhr, im Winter 10–15 Uhr, Eintritt 30 K, Kinder 20 K.

Sv Marka

Am Velika Plaža, zwischen Villa Adria und Hotel Atrium, liegt die kleine unscheinbare Kapelle Sv Marka (Markus-

Übernachtung
- 4 AC Zablače
- 5 Corinthia Baška
- 6 Hotel Zvonimir
- 7 Atrium Residence, Villa Adria
- 15 FKK Camp Bunculuka

Essen und Trinken
- 2 Buddha-Bar
- 3 Galeb
- 8 Lantino und Cicibela
- 9 Konoba Mare
- 10 Fish & Chips Fast Fish
- 12 Pizzeria Konoba Lanterna
- 14 Captains, Café-Bar Marinero

Einkaufen
- 7 Konzum-Supermarkt
- 11 Minimärkte
- 13 Fischgeschäft

Wassersport
- 1 Squatina Diving und Delphin
- 16 Scuba Tironi

kirche). Es handelt sich um einen **frühchristlichen Komplex,** der vermutlich bis ins 5. Jahrhundert zurückreicht. Recht gut erhalten sind die typischen **römischen Mosaikböden** jener Zeit, das heutige Bauwerk stammt allerdings erst aus dem 16. Jahrhundert (tgl. 8–11 und 18– 21 Uhr, Eintritt 10 K).

Sv Ivan

Geradezu ein Muss ist der Aufstieg bzw. die Auffahrt zur markanten, ockerfarbenen Friedhofskirche Sv Ivan mit **phänomenalem Ausblick** über den Velika Plaža bis zur Insel Rab. Einige der wildwestartigen, schlichten Holzkreuze verleihen der Szenerie hier oben eine schaurig-pietätvolle Note. Hier befindet sich auch die letzte **Ruhestätte von Emil Geistlich** (siehe Exkurs).

Praktische Tipps

Info und Agenturen

- **Touristeninformation,** Kralja Zvonimira 114, Tel. 051-856817, www.tz-baska.hr, tgl. 8–22 Uhr, im Winter nicht So und nur bis 18 Uhr.

Zahlreiche zentral gelegene Agenturen arrangieren Geldwechsel, Unterkunft, Ausflüge, Bootsverleih usw., insbesondere für Apartments/Ferienwohnungen wird man kaum um sie herumkommen. Die vier folgenden Agenturen liegen an der Hauptfußgängerstraße im Ortszentrum.

- **Aventura,** Zvonimira 194, Tel./Fax 051-856774, www.aventura-baska.hr.
- **Guliver,** Zvonimira 98, Tel./Fax 051-856004, www.pdmguliver.hr.
- **Primaturist,** Zvonimira 98, Tel. 051-856132, Fax 856971, www.primaturist.hr.
- **Splendido,** Zvonimira 148, Tel. 051-856116, Fax 856616, www.splendido.hr.

Unterkunft

Zimmer und Ferienwohnungen vermitteln die Touristeninformation und die Agenturen; privat findet man Apartments (2 bis 4 Personen, 35–100 €/Apartment und Tag) z.B. unter www.baska.at oder www.baska-krk.at. Weitere Privatanbieter sind die **Apartmani Dvori Narca** und die **Apartments Petrinic,** beide unter mobil 095-8370999, www.baska.info zu kontaktieren.

Über ein Hotelmonopol in Baška verfügt seit Urzeiten die Gruppe **Hoteli Baška,** der alle unten genannten Häuser (teilweise Aparthotel) gehören und die über die Internetseite www.hotelibaska.hr gebucht werden können.

- Neu und direkt am Badestrand bietet die **Villa Adria**④ (E. Geistlicha 39, Tel. 051-656111, Fax 856584), mondäne und luxuriöse Apartmentunterkunft für 2 bis 6 Personen.
- Wenige Meter entfernt liegt ebenfalls in der ersten Reihe das neue **Atrium Residence**⑤ mit DZ und Studios in glamourösem Ambiente (Tel. 051-656890, Fax 656889.).
- **Corinthia Baška**③, Riesenhotel mit drei Flügeln in der E. Geistlicha 38, Tel. 051-656800, 656 111, Fax 856109. Mit Poollandschaft und diversen Gastronomiebetrieben, inzwischen wegen der Neubauten in der zweiten Reihe.
- Das **Zvonimir**④ (Tel. 051-656810, Fax 656811) mit 70 Zimmern und 15 Apartments ist eine Mittelding zwischen dem Hotel Corinthia und den Nobelapartments. Noch überschaubar und schöne Lage an der Strandpromenade.

[>] In den Gassen von Baška, im Hintergrund Sv Ivan

080kb wl

Camping

In Baška können Camper auf zwei Plätzen unterkommen: Zablače liegt näher am Velika-Plaža-Strand, dafür ist es nach der Schließung der Fähre in Bunculuka ruhiger. Infos im Internet für beide Plätze unter www.hotelibaska.hr.

■ **AC Zablače**①, Tel. 051-856909, Fax 856604, www.campzablace.info.hr bzw. www.hotelibaska.hr/hr/kampovi/kamp-zablace. Geöffnet Mai bis Sept., flaches Wiesengelände, Kapazität 1600 Personen, Mietcaravans, Sport- und Einkaufsmöglichkeiten.

■ **FKK Camp Bunculuka**②, Tel. 051-856806, Fax 856595, www.bunculuka.info bzw. www.hotelibaska.hr/hr/kampovi/naturist-kamp-bunculuka. Geöffnet Mai bis Sept. Restaurant, Bar und Minimarkt auf dem Gelände, welches sehr verschachtelt an einem Hang liegt (ein Teil der Plätze ohne Pkw-Parkmöglichkeit; Zentralparkplatz), 1200 Personen Maximalkapazität, Sportzentrum (Tauchen, Surfen, Minigolf und Tennis).

Essen und Trinken

Snacks

Eine kleine Spezialität sind die an der Promenade Geistlicha in Buden gebackenen, einer länglichen, essbaren Schuheinlage ähnelnden **Pačića** ab 7 K, eine Art Krapfen mit Puderzucker. Pačića gibt es in einigen Varianten: mit Ketchup, Käse, Schokolade, Zucker, Marmelade usw.

■ Beinahe englisch mutet der kleine Self-Service **Fish & Chips Fast Fish** am Uferfußweg Palada an; Sardellen, Calamari, Sardinen, Garnelen (alles im Bereich 35–45 K), auch Pommes und Softdrinks sind erhältlich.

■ Wer mehr auf einen fleischhaltigen Imbiss steht – wenige Meter weiter gibt es einen **Dönerstand.**

Restaurants und Bars

■ Für einen gemütlichen Drink bieten sich die ein wenig Südseeatmosphäre verbreitende **Buddha-Bar** am Strand (nahe Restaurant Galeb) oder beim ehemaligen Fährpier die **Café-Bar Marinero** an.

www.fotolia.de © Pablo Debat

■ Am linken Ende des Velika Plaža (E. Geistlicha 3, Tel. 051-856114) gibt es in der **Konoba Mare** günstige Pizzen, heimische Schinken- und Käseteller, grüne Nudeln mit Meeresfrüchten oder Fischplatte (sehr gut!) für 2 Personen für allerdings knapp 40 €. Etwas außergewöhnlich sind die Hühnerbrust in Pilzsauce oder das Beefsteak in Salbeisauce mit Pršut (Rohschinken) und Beilage.

■ In der Kralja Zvonimira kann man in der **Pizzeria-Konoba Lanterna** (Tel. 098-9352262) Pizzen zwischen 40 und 75 K oder Fischgerichte sowie heimischen Käse genießen. Besonderheiten sind hier das Curry-Hühnchen oder hausgemachte Teigwaren mit Lammgulasch.

■ Etwas gediegener speist man im **Restaurant Galeb,** E. Geistlicha 38, kurz vor dem Camp, Tel. 051-856651.

■ Ebenfalls an der Strandpromenade zaubert das **Bistro-Restaurant Lantino,** E. Geistlicha 30, Tel. 051-856484, gute Salatkreationen wie Meeresfrüchtesalat oder Oktopussalat sowie Pasta mit Meeresfrüchten oder die fast schon legendären Krebsfleischspieße mit Beilagen. Sehr gepflegtes und angenehmes Ambiente; tgl. 8–24 Uhr, Oktober bis März geschl.

■ Nur wenige Meter weiter (E. Geistlicha 22a, Tel. 051-856013) kreiert der inselweit bekannte Koch *Eda Bogdešić* im **Restoran Cicibela** landestypische Kleinigkeiten und Fleischplatten. Seine Spezialität sind jedoch Fischgerichte wie Jakobsmuscheln, Scampicocktail oder die Fischplatte, nur April bis September tgl. 10–24 Uhr geöffnet.

■ Als die Rab-Fähre Lopar – Baška noch in Betrieb war, rentierten sich auch die zahllosen Lokale rund um die Fähre; heute bietet hier nicht einmal mehr eine Handvoll ihre kulinarischen Schöpfungen an: **Captains** (Tel. 051-856541, April bis Nov. tgl. 10–24 Uhr) serviert leckere Suppen, Fleischplatte, Sardellen und Miesmuschen.

⌃ Blick auf die Bucht von Baška

Einkaufen

Noch gibt es keine größeren Supermärkte in Baška, was Sommerurlauber angesichts der Menschenmengen immer wieder etwas verwundert. Wenn man aber bedenkt, dass acht Monate lang nur rund 1000 Einwohner vor Ort leben, erklärt sich dieser Mangel von selbst. Dennoch sind die Einkaufsmöglichkeiten ausreichend, für Großeinkäufe sollte man den Konzum-Supermarkt in Krk aufsuchen.

- Ein **Minimarkt** liegt in der Hauptgasse Kralja Zvonimira, ebenso ein **Metzger** (Mo–Sa 7–13 und 17–20 Uhr, So nur vormittags) und eine **Bäckerei** (tgl. 6.30–22 Uhr); einen weiteren Bäcker findet man in der E. Geistlicha beim Zvonimir-Hotel.
- Ein **Konzum-Supermarkt** findet sich am Ufer bei der Villa Adria.
- Die örtliche **Ribarnica** (Fischgeschäft) liegt in der Palada/Ecke Nazora, tgl. 7–11 Uhr.

Aktivitäten

- Die **Tauchbasis Delphin** hat Niederlassungen nahe der kleinen Marienkapelle und im FKK-Camp, E. Geistlicha 46, Tel. 051-880233, www.tauchbasis delphin.com. Es gibt vor Ort noch **Squatina Diving,** Zarok 88a, Tel. 051-856034, www.squatina-diving.com.
- Eine **Surf-Schule** liegt an der Zufahrtsstraße zum AC Zablaće.
- Die Hotel- und Campinganlagen bieten **Tennis, Volleyball, Fitness- und Wellnessprogramme.**
- Am linken Strandende bietet **Water Sports Baška** Banane (10 €/Std.), Paragliding (40 €/Std.), Surfbrettverleih (10 €/Std.), Kajakverleih (8 €/Std.).
- **Segler** wenden sich an Rare Bird, Kircin 12, Tel. 051-856536, www.rare-bird.org.
- **Sonnenschirme und Liegen** (ca. 5 €/Tag) gibt es am Strand, ebenso die **„Käfer"-Tretboote** (ab 10 €/Std.).
- Wer **Klettern** (echtes Climbing) exerzieren möchte: Es wurden jüngst zwei Abschnitte – Bunculuka im FKK-Camp und Portafortuna außerhalb im Tal – eröffnet, Infos unter www.climbin baska.com.
- Wer am 15. April auf Krk ist, sollte das **Markusfest** zu Ehren des Dorfheiligen nicht versäumen. Gefeiert wird überall im Ort.

Nützliches

- **Post** (mit Telefonzellen; Mo bis Fr 7.30–21 Uhr, Sa 7.30–14 Uhr), **Bank** und eine **Apotheke** liegen an der Haupteinfahrtsstraße Richtung Strand (nahe dem Hotel Corinthia).
- **Ambulanz:** Ul. Kralja Zvonimira 100, Notruf 051-856825.

Vrbnik

Die eher karge Landschaft südöstlich von Krk-Stadt mit vorwiegend Krüppelkiefer- und Strauchbewuchs steht in deutlichem Kontrast zur **Nordostküste** mit intensivem **Weinbau** rund um Vrbnik – das hölzerne Fass am Ortseingang unterstreicht die Bedeutung dieses Inselteils als zentrales Weinbaugebiet. Das Städtchen (900 Einwohner) liegt 48 Meter oberhalb eines kleinen Fjords und wehrte sich schon im 12. Jahrhundert gegen die Einführung des Lateinischen – seither galt Vrbnik als Hochburg slawisch-glagolitischer Schriftkultur. Auch der letzte Sprecher des Dalmatischen soll hier Ende des 19. Jahrhunderts gelebt haben.

Touristisch betrachtet ist Vrbnik ein typisches Ausflugsziel für ein paar Stunden, man nutzt am besten den Parkplatz unmittelbar vor der Altstadt und den Trg Skujica für 5 K/Stunde.

Sehenswertes

Vom Trg Skujica geht man die Fußgängergasse Ulica Potocina hinauf. Ein besonderes Vergnügen bereitet es immer wieder, arglose Touristen im wahrsten Sinne des Wortes durch Vrbnik rutschen zu sehen! Vorbei an zwei **Kapellen** (Sv Ivan und Sv Martin mit glagolitischen Inschriften) und dem Placa Vrbničkog Statuta „gleitet" man sanft über die spiegelglatten Pflastersteine der Roč Ulica Richtung **Pfarrkirche.** Der prachtvolle Hauptaltar im Inneren mit den beidseitigen Schnitzereien ist ein Werk des kroatischen Meisters *I. Rendica.* Im Glockenturm der Marienkirche ist ein **Lokalmuseum** (10–12 und 18–21 Uhr) untergebracht. Dahinter liegt ein Aussichtspunkt mit dem Weinlokal Nada. Die engen Gassen weiter entlang, folgt eine **Kunstgalerie** (Ulica Petrisa), von der aus der Zentralplatz gleich wieder erreicht ist. Eine **Bademöglichkeit** gibt es im Kies-Strandbad am nördlichen Ortsrand.

Praktische Tipps

Info und Agenturen

- **Touristeninformation,** Trg Vrbničkog Statuta 4, Tel. 051-857479, www.vrbnik.hr.
- **Agentur Mare Tours,** Trg Skujica, Tel. 051-604401, www.mare-vrbnik.com. Vermittelt werden DZ ab 25 €, in der Hauptsaison bis 40 €, oder FeWos von 30–70 €, in der Hauptsaison bis 100 €. Ähnliches bietet **Vrbnik-Tours,** Trg Sv Ivana, Tel. 051-857128, mobil 091-5466296, 8–13 und 18–20 Uhr (So nur vormittags).

Unterkunft

- Das einfache **Hotel Argentum**② liegt an der Hauptstraße vor der Altstadt, Tel. 051-857352, http://apartments-croatia.info/hotel-argentum/de.htm; nur 10 Zimmer.

Essen und Trinken

- Noch vor dem Ortseingang liegt die sehr empfehlenswerte **Konoba-Vinarija Katunar,** Tel. 051-857391, www.katunar.hr. Hier besteht die Möglichkeit zu einer Weinprobe inkl. Imbiss (ab 10 Pers.) oder Menü (je 3x Fisch bzw. Fleisch zur Auswahl).
- In der Frankopanska 1, oberhalb vom Trg Skujica, liegt das **Restoran Gospoja** (Tel. 051-857142, tgl. 10–23 Uhr, Sa/So 12–22 Uhr, Jan.–März geschl.) Spezialitäten sind Gulasch und Lammgerichte mit lokalen Weißweinen.
- Für Kleinigkeiten und Snacks empfiehlt sich das **Bistro Galeb** gleich nebenan.

Einkaufen

- Backwaren bietet die **Bäckerei Pekara Vrbnik** am Trg Sv Ivana 6, 6.30–13 Uhr, So 7–12 Uhr.
- Gegenüber hat die **Ribarnica** frischen Fisch und der **Minimarkt Draga** ein Basissortiment für Selbstversorger (7–21 Uhr, So 7–11 Uhr).
- **Minimarkt Stupec** beim Parkplatz die Varoš hinein.

Nützliches

- **Post:** Ul. Varoš, nebenan Ambulanz.
- **Geldautomat** beim Bäcker, Trg Sv Ivana.

- **Internetcafé** in der Agentur Mare-Tours (s.o.).
- **Bushaltestelle** am Parkplatz (Anbindungen siehe Gesamtübersicht am Anfang des Kapitels).
- Eine **Touristenbahn** fährt alle Ortsteile von Vrbnik außerhalb der Altstadt an, 12 K.

Dobrinj

Vergleichsweise selten machen Reisende entlang der Route Šilo/Klimno – Vrbnik einen Abstecher zum Verwaltungszentrum des nordöstlichen Krk. Die Sehenswürdigkeiten der ältesten Siedlung auf dem Plateau beschränken sich auf Sakralbauwerke, namentlich die Hauptkirche **Sv Stjepan** aus dem 11. und **Sv Antun** aus dem 14. Jahrhundert sowie die Kapellen Sv Vid (11. Jh.) und Sv Ivan (14. Jh.).

Essen und Trinken

- Für Speis' und Trank sorgt in Dobrinj die **Konoba Kennedy** (Tel. 051-848129, 1.4.–30.9. tgl. 12–24 Uhr) mit Fisch- und Muschelgerichten sowie Spezialitäten vom Grill.

Šilo

Šilo in der **Stipanja-Bucht** war einst ein Fährort zum gegenüber auf dem Festland gelegenen Crikvenica, geriet aber mit dem Brückenbau trotz der insgesamt guten touristischen Infrastruktur etwas ins Abseits. Auf der Abfahrt hinunter zum Ort passiert man die kleinen Weiler Polje und Zupanje, in denen vereinzelt Privatunterkunft geboten wird. Dann gelangt man über die Nova Cesta hinunter zum Ufer (Parkmöglichkeiten). Ein schmaler Fahrweg führt dort rechts zu Tauchbasis und Camp (knapp 1 km), unmittelbar links liegt das kleine Zentrum rund um das Hafenbecken.

Bademöglichkeiten bestehen am Ufer rechts gehend an befestigten Abschnitten sowie Richtung Camp an Sandstrandabschnitten. Weitere kleine Buch-

ten liegen beim Campingplatz, unterhalb der Ruinen-Kurzwanderung sowie am Fußweg Richtung Klimno.

Kurzwanderung zur Ruine

Hinter der Bäckerei am Ufer entlang Richtung Camp passiert man nach ca. 100 m das Hinweisschild „Roman Villa 650 m". Nach einem kurzen Anstieg endet das Sträßchen, eine Piste führt weiter landeinwärts; nach ca. 200 m zweigt nach links ein Pfad (wieder beschildert) ab, dem man noch etwa 10 Minuten bis zu den Ruinen eines allerdings kaum mehr als solches erkennbaren **spätrömischen Anwesens** gelangt. Die Anlage selbst ist weniger sehenswert, aber man hat von hier eine **sehr schöne Aussicht.**

Das Dorf Dobrinj oberhalb der Soline-Bucht, im Hintergrund erheben sich die Berge des Kvarner Hochlands

Fußweg nach Klimno

Hinter der Apotheke zweigt ein Weg (Borići) ab, der zunächst durch Wohngebiet führt und sich nach ca. 10 Minuten gabelt. Rechts erreicht man in 5 Minuten eine kleine Badebucht, links führt ein markierter Wanderweg über den 114 m hohen Sladova ins ca. 5 km entfernte Klimno.

Praktische Tipps

Info und Agenturen

- **Touristeninformation Šilo,** Stara Cesta bb., Tel./Fax 051-852107 (neben der Agentur Estee).
- Ein paar örtliche Agenturen helfen bei der Unterkunftssuche: **Agentur Tina,** Nova Cesta, Tel. 051-852311, www.atina.hr, am Ortseingang rechter Hand; am Hafenbecken die **Agentur Šiloturist,** Tel. 051-852203, www.siloturist.hr; am Ende des Hafens um die Ecke das Sträßchen hinauf die **Agentur Estee** (Tel. 051-852241, www.estee.hr), jeweils tgl. 8–20 Uhr geöffnet.

Winzige Bucht bei Šilo

Unterkunft, Camping

■ **Ferienwohnungen** (über 50 FeWo-Angebote, 32–74 €/4er) kann man beispielsweise unter www.siloturist.com arrangieren.

■ **Pension Zeba**②, www.zeba.hr, rechter Hand am Ortseingang.

■ Camping ermöglicht das **AC Tiha**③, Tel. 051-852120, Fax 852362, geöffnet Mai bis Sept.

Essen und Trinken

■ An der kleinen Promenade liegen einige preiswerte **Snackbars.**

071kb wl

■ Die **Konoba Portić,** Cesta bb., Tel. 051-852170, zaubert marinierte Sardellen mit Ruccola und Kartoffeln auf den Teller, Miesmuscheln oder hausgemachte Pasta mit Scampi.

■ **Bistro-Pizzeria Roko,** Stara Cesta 1, Tel. 051-852342, u.a. vorzügliche Meeresfrüchtepizzen ab 40 K.

Nützliches

■ **Post:** in der Stara Cesta, Mo bis Fr 8–12 und 13–17 Uhr.

■ **Internetcafé** in der Agentur Estee (s.o.).

■ **Geldautomat** und **Apotheke** neben der Touristeninformation in der Stara Cesta.

■ Direkt am Hafenbecken beim Parkplatz liegen ein **Minimarkt** und eine gute **Bäckerei** (tgl. 7–13 Uhr), ein weiterer Minimarkt (7–21 Uhr, So 7–13 Uhr) findet sich in der Stara Cesta neben der Touristeninformation.

■ **Tauchen** (auch mit Unterkunft) bietet das **Tauchcenter Neptun,** Tel. 051-604404, www.neptun-silo.com.

Soline-Bucht

Klimno

In der nächsten Bucht namens Soline liegt am Ende einer Stichstraße das Dörfchen Klimno, noch heute **Zentrum des Fischerbootsbaus.** Viele neue Häuser prägen das Ortsbild. An der kleinen Promenade liegen eine Agentur (Ausflüge, Bootsverleih), die Marina und ein glagolitisches Denkmal. Am Ende der Bucht befindet sich ein kleiner Campingplatz – die Zufahrt mit breiten Fahrzeugen ist eine Kunstübung. Rund um

073kb wl

die Bucht von Soline kann man überall baden. Noch herrscht hier einigermaßen Ruhe – sehr zu empfehlen, wenn man abseits von Malinska oder gar Baška eher Entspannung und Einsamkeit auf Krk sucht.

Unterkunft, Essen und Trinken

- Schöne **Ferienwohnungen** finden sich online unter www.klimno.net/klimno_deu.htm, vor Ort hilft die **Agentur Paralela-Tours** (am Uferssträßchen, Tel. 051-850504, www.paralela-klimno.com) weiter, wenn es um Unterkunftssuche, Geldwechsel, Fahrzeugverleih, Ausflüge usw. geht.

[^] [>] Badespaß der gesunden Art – Heilschlamm in der Bucht von Soline

- **Infos** nicht nur zu Klimno: www.klimno.net.
- Kulinarisch empfehlen sich in Klimno das **Fischrestaurant Žal,** Klimno 44, Tel. 051-853142, sowie die **Konoba Oleander,** Klimno 36, Tel. 051-853144, tgl. 9–24 Uhr, Febr. geschl., für Schinken und Käse, Muscheln, Scampi und Fleischgerichte auf Bestellung.

Soline

Weniger der nächste Weiler der Soline-Bucht, als vielmehr das Treiben unmittelbar außerhalb Richtung Čižići ist mehr als nur einen Blick wert. Die Bucht ist hier extrem flach und am Buchtende von mineralsalzhaltigem **Heilschlamm** geprägt. Ein langer Betonsteg ragt hier ins Meer hinein, beidseitig sind **vulkantrichterähnliche Bodenvertiefungen** auszumachen. Und in diesen Trichtern befindet sich der zähflüssige Schlamm, in dem sich Männer, Frauen und Kinder im echten Wortsinne wälzen und anschwärzen – ein Erlebnis für Jung und Alt. Diese Gruben sind nur hüfttief und ungefährlich; selbstredend sollte man Kinder im Auge behalten.

Čižići

Das Dörfchen Čižići am Nordwestrand der Soline-Bucht findet – wenn überhaupt – Eingang in die Reiseliteratur durch den Hinweis auf die einige Kilometer außerhalb gelegenen Tropfsteinhöhle. Ein Touristenmagnet wird die 250-Seelengemeinde wohl mittelfristig nicht werden, immerhin aber findet der Durchreisende mehrere Bademöglichkeiten, die Tamaris Pizzeria & Apartments am Ortsrand landseitig, die Snackbar Café Porto Fango sowie einen Zeitschriftenkiosk am Ufer.

Tropfsteinhöhle Rudine

Folgt man der Uferstraße und hinter dem Ortsausgang von Čižići an einer Abzweigung der Beschilderung „Biserujka", endet der Weg an der sehenswerten Tropfsteinhöhle Rudine (Špilja Biserujka-Rudine). Die Höhle ist zwar nicht besonders groß, dafür hält sich der Andrang in Grenzen und man kann die „Reise zum Mittelpunkt der Erde" einmal genießen!

Von der Uferstraße aus (von der Höhle kommend rechts halten) windet sich das Nebensträßchen durch ein karges, wenig bewachsenes Gebiet bis zur Haupt-Inselstraße bei Omišalj.

■ **Špilja Biserujka-Rudine:** April und Okt. 10–15 Uhr, Mai, Juni 9–17 Uhr, Juli und August 9–18 Uhr, Sept. 10–17 Uhr, Nov. bis März geschlossen, Tel. 051-852203, www.spilja-biserujka.com.hr, Eintritt 20 K, Kinder 6–12 Jahre 12 K.

072kb wl

034kb wl

Mit Rab endet die Kvarner Bucht im Südosten. Die sich anschließende Insel Pag gehört bereits zu Dalmatien. Das 94 km² große Rab gilt als die mondänste Insel der Kvarner Bucht, zugleich ist sie am üppigsten begrünt und am dichtesten besiedelt.

5 Insel Rab

In der abgelegenen Ciganka-Bucht auf der Lopar-Halbinsel

INSEL RAB

Ein kleiner Nachteil der Insel ist, dass es auf Rab weniger Bademöglichkeiten als auf anderen Inseln zu geben scheint: Die zum Festland gelegene Ostseite ist steil und unzugänglich, auf der Westseite sind viele Abschnitte entlang der Hauptstraßen in Privatbesitz und umzäunt. Nichtsdestotrotz gibt es natürlich auch auf Rab einige großartige und vielseitige Strandbereiche mit Zentrum rund um den Hauptbadeort Lopar, wenn auch teilweise etwas versteckt. Die Stadt Rab verzückt jeden, ob man nun auf kulturhistorischen Spuren wandeln oder einfach das erfrischende Seebad mit städtischem Flair genießen möchte.

Geschichte

In vorgeschichtlicher Zeit von illyrischen Liburnern bewohnt (illyrisch *Arb* = „grün, bewaldet"), wurde die Insel als „Arba" 155 v. Chr. römische Kolonie. Unter Kaiser *Augustus* erfolgte der Ausbau der Hauptstadt mit Wehrtürmen, Stadtmauer und Hafen. Mit der Völkerwanderung zunächst byzantinisch, stand Arba vom 9. bis 15. Jahrhundert unter kroatischer, von 1409 bis 1797 unter venezianischer, bis 1918 unter österreichischer und bis 1943/45 unter italienisch-deutscher Herrschaft. Anfang des 20. Jh. setzte eine touristische Entwicklung ein, die heute das Rückgrat der lokalen Wirtschaft bildet – so soll der **erste FKK-Strand Jugoslawiens** auf Rab entstanden sein. Angeblich soll *Edward VIII.*, später König von England, 1934 um die Genehmigung des hüllenlosen Badevergnügens für seine Frau **Wallis** ersucht haben.

NICHT VERPASSEN!

- Markantes Panorama – **vier Kirchtürme in einer Reihe in Rab-Stadt** | 161
- Einsame kleine Badestellen abseits der Zivilisation in der **Schinkenbucht** | 171
- Biken, wandern und entdecken im **Waldpark Šuma Dundo** | 172
- Familien mit Kindern lieben den riesigen **Sandstrand von Lopar** | 175

Diese Tipps erkennt man an der gelben Hinterlegung.

Allgemeine Reiseinfos Insel Rab

An- und Weiterreise

Fähre

- Die Fähre **von Jablanac nach Mišnjak** auf Rab (häufigste und schnellste Fährverbindung) legt in der Hauptsaison von 3.30 bis 23 Uhr permanent ab (alle vier Fähren werden eingesetzt und fahren ab, wenn sie voll sind). Zwei Personen inklusive Pkw zahlen ca. 20 €; Infos unter www.rapska-plovidba.hr.
- „Inselhüpfer" werden die längst eingestellte, aber noch häufig in Publikationen verzeichnete Route Lopar – Baška (Krk) vermissen, sie wurde durch die (längere) Verbindung **Lopar – Valbiska** (Krk) ersetzt; in beide Richtungen 2x tgl. (nur im Hochsommer 4x tgl.) für ca. 40 € (PKW + 2 Pers.), www.splittours.hr. **Abfahrt Lopar/Rab:** 7.45, 11.45, 16.00, 20.30 Uhr; **Abfahrt Valbiska/Krk:** 6.00, 9.45, 14.00, 18.30 Uhr.
- Neben Personenverbindungen von/nach **Rijeka** und **Novalja** (Insel Pag, Katamaran-Schnellboot, www.jadrolinija.com) besteht im Sommer von Rab aus eine direkte Fährverbindung in die Schwesterstadt **San Marino** auf dem italienischen Festland. Informationen unter www.emiliaromagnalines.it.

Bus

Dreh- und Angelpunkt für alle lokalen und Langstreckenlinien ist der **Busbahnhof Rab-Stadt** an der Durchgangsstraße vor der Altstadt; Infos unter www.rab-croatia.com.

- **Langstreckenbusse** nach Zagreb starten 4 bis 5x tgl. (5.25 und 6.40 Uhr sowie 2–3x am Nachmittag), nach Rijeka tgl. 5.25, 13.40 (nur Sommer) und 15.40 Uhr für 141 K via Crikvenica. Die Agenturen in

Rab organisieren auch Direktlimousinen-Service vom/zum Flughafen Rijeka-Krk (4 Personen zusammen etwa 100 €/einfach) oder im Linienbus (etwa 25 € einfach p.P.).

■ Die wichtigsten Linien der **Inselbusse:**

Rab – Lopar: 4.30, 5.45, 8.30, 10.15, 12.15, 14.15, 14.45 (nur Fr und So), 15.15, 18 und 22.15 Uhr.

Lopar – Rab: 5, 6.10, 9, 10.45, 12.45, 14.45, 15.45, 18.30 und 22.45 Uhr.

Rab – Kampor: 5, 6.15, 6.45, 10.15, 13.40, 15.15 Uhr, vom 1.7. bis 31.8. nur Fr und So: 17.30 und 22.15 Uhr.

Kampor – Rab: 5.20, 6.30, 7, 10.30, 13.55, 15.30 Uhr, vom 1.7. bis 31.8. nur Fr und So: 17.45 und 22.30 Uhr.

Rab – Barbat: 5.40, 6.30, 6.40, 7.15, 10, 14.15, 14.40 und 15.40 Uhr.

Barbat – Rab: 5.50, 6.40, 7.30, 9.20, 10.15, 11.20, 14.30, 16.50 und 21.55 Uhr.

Rab – Dumici/Supetarska Draga: 7.15, 10.15, 13.15, 15.15 und 19.30 Uhr.

Dumici/Supetarska Draga – Rab: 7.30, 10.30, 13.30, 15.30 und 19.45 Uhr.

Rab – S. Punta: 8.45, 12, 13.40, 18.50 Uhr und 22.15 Uhr (nur 1.7. bis 31.8.).

S. Punta – Rab: 9, 12.10, 14, 19 Uhr und 22.30 Uhr (nur 1.7. bis 31.8.).

Unterkunftssuche

■ Auf in Deutschland organisierbare **Bootsreisen bzw. Bootsausbildung** inkl. Unterkunftsvermittlung für Rab hat sich die **Yachtschule Am Katthagen** mit einem preiswerten, breiten Angebotspaket spezialisiert; Gittruper Str. 67, 48157 Münster, Tel. 0251-3211212, Fax 3211213, www.yacht-ak.de.

■ Unter www.apartmani-hrvatska.com findet man Angebote für **Ferienwohnungen** besonders zu Rab, weitere Webseiten sind www.rabonline.net, www.reisen-nach-rab.de, www.apartmani-rab.net.

■ Eine sehr umfangreiche Homepage mit zahlreichen guten Informationen, v.a. Unterkünften in allen Orten auf Rab findet man unter **www.rab-croatia.com.** Auch die offizielle Homepage von Rab (www.tzg-rab.hr, hier „Ortschaften" klicken) hilft bei der Suche nach Hotel-, Privat- und Campingunterkunft.

Jablanac

Während die meisten Fährhäfen der Kvarner Bucht praktisch nur aus einem Pier bestehen, darf man Jablanac (ca. 70 Einwohner), den **Fährort zur Insel Rab auf dem Festland,** getrost als malerisches kleines Dorf bezeichnen. An einer kleinen Bucht gelegen, hat es immerhin eine Pfarrkirche, zwei Schänken und ein Hotel zu bieten (unterhalb Bademöglichkeit). Die Wartezeit auf die Fähre kann man mit einem Spaziergang (ausgeschilderter Weg am Ortseingang rechts) zum **Planinarski Dom,** einem schönen Aussichtspunkt, überbrücken.

☒ Eine Autofähre verlässt den Hafen von Mišnjak auf Rab in Richtung Jablanac auf dem Festland

Barbat und Banjol

Von der **Fährstelle Mišnjak** erstreckt sich zunächst ödes, unbesiedeltes Land – wie man es von Pag her kennt – den Hang hinauf. Unmittelbar gegenüber der vorgelagerten Insel Dolin liegt die beliebte **Badebucht Pudarica** (Sand!). Ab Barbat ändert sich das Bild grundlegend: Das Land wird deutlich grüner, Wein, Mais und Tomaten werden angebaut. Eine ununterbrochene Besiedlung entlang der beiden Hauptstraßen bis Lopar bzw. Kampor wird sichtbar.

Bei Barbat und Banjol, einst eigenständige Dörfer, handelt es sich heute praktisch um eine zusammenhängende **Verlängerung der Stadt Rab** in Form eines Straßendorfes entlang der **Uferstraße** auf der der Insel Dolin zugewandten Seite. Irgendwelche Ortsgrenzen sind nicht zu erkennen – ab einem bestimmten Punkt (etwa Hausnummer 800) heißt die Uferstraße einfach „Barbat" statt „Banjol".

Die Bademöglichkeiten sind hier eher mäßig, meist befestigte kleine Plattformen und winzige Kiesabschnitte. Viele der Häuser entlang der sehr schmalen Uferstraße bieten Ferienunterkunft an, oder besser: Wer ein Haus in der ersten Reihe besitzt, vermietet mit hoher Wahrscheinlichkeit Zimmer oder Wohnungen. Es sind hauptsächlich Angler und Bootsbesitzer, die hier wohnen, um unmittelbar eine Anlegestelle vor der Tür zu haben – und/oder ein wenig Abstand vom üblichen Baderummel.

Praktische Tipps

Unterkunft

Vielfach werden Unterkünfte in Barbat und Banjol pauschal als „Rab" angeboten, sie liegen allerdings ziemlich weit außerhalb des eigentlichen Rab (Altstadt); siehe Rab-Stadt.

Essen und Trinken

■ **Restauranttipp:** Von Rab kommend, zweigt unmittelbar hinter dem Eko-Centar Natura Rab in Barbat rechts ein Sträßchen ab; dann gleich wieder rechts kommt man zum **Restaurant Bimbo,** Barbat 643, Tel. 051-721176, geöffnet Mitte Mai bis Mitte Okt. 11–14 und 17–24 Uhr. Immer gut gefüllt, keine Laufkundschaft, angenehme Terrasse, super Essen (Fischteller „Bimbo"!) – eines der qualitativ besten Lokale der Insel, dabei aber insgesamt durchaus günstig.

■ Etwas näher am Ufer isst man auch gut im **Restaurant Leut,** Barbat 254, Tel. 051-724064, März bis Sept. tgl. 11–23 Uhr, geboten wird fangfrischer Fisch, aber auch die Fleischspieße sind ausgezeichnet.

■ Das kleine **Bistro-Konoba Puntica** (Tel. 051-654380) kurz vor dem Ende des Uferstäßchens linker Hand bietet Erfrischungen und Snacks wie Čevapi im Fladenbrot, Hamburger und Thunfischsandwich an.

■ **Kaštel Cocktail-Bar** und Internetcafé kurz vor dem Bootskran von Barbat am Ufer.

Einkaufen

■ An der Hauptstraße (Fährpier – Rab-Stadt) liegt im Bezirk Barbat das markante **Eko-Centar Natura Rab** rechter Hand, Tel. 051-721927, wo man hauptsächlich Liköre, Honig, Früchte, Weine usw. aus ökologischem Anbau erwerben kann; eine Filiale befindet sich in Rab-Stadt am Trg Municipium Arba. Die Homepage www.natura-rab.hr informiert über weitere Details zum beginnenden Öko-Anbau auf Rab.

Nützliches

■ **Tauchbasis Mirko,** Barbat 710, Tel./Fax 051-721154, www.mirkodivingcenter.com. Arrangiert werden auch Genehmigungen und Boots-/Tauchexkursionen.

■ In der Bucht hinter dem Restaurant Leut liegen ein **Minimarkt** sowie ein **Fahrrad-/Scooterverleih** (Captain's Club, 7 €/Tag, http://captains-club.net); auch Pensionszimmer und Familienapartments.

029kb wl

Rab-Stadt

Die Altstadt von Rab wird neben Dubrovnik oft als **schönste Stadt der kroatischen Küste** bezeichnet. Ihr unverkennbares Wahrzeichen sind die – von einem Aussichtspunkt im Ort betrachtet – vier in einer Reihe stehenden Kirchtürme.

Der Ausgangspunkt für Besichtigungstouren der Altstadt liegt am kleinen Stadtpark auf der Buchtseite, von hier verläuft die Uferpromenade Obala Krešimira IV unterhalb der sich rechts den Hügel hinauf erstreckenden Altstadt. Hier und in der Donja Ulica („Talstraße") liegen etliche Bars, Restaurants und Eisdielen, das Bild der Srednja Ulica („Mittelstraße") wird von Juwelieren und Boutiquen geprägt, während die Gornja Ulica („Bergstraße") den schönsten und kulturell bedeutendsten Teil der Stadt umfasst. Rab-Stadt bietet gleich zwei zentrale Ortsplätze mit „Glanz und Gloria": den Trg Kristofora und den Trg Municipium Arba. Die Altstadt ist überwiegend für Autos gesperrt, Parkplätze (7 K/Std.) liegen vor der Altstadt am Hafenbecken beim Hotel Imperial.

Rab-Stadt umfasst im Kern die **Altstadt** und nördlich davon den recht zersiedelten **Bezirk Palit** mit Busbahnhof, Einkaufspassage und einigen Unterkünften. Gegenüber der Altstadt liegen die Marina und der sich nach Osten am Ufer entlang erstreckende Bereich **Banjol** (s.o.) u.a. mit dem großen Campingplatz Padova.

◁ Eine der engen Altstadtgassen in Rab-Stadt

Sehenswertes

Trg Sv Kristofora

Es empfiehlt sich für einen allgemeinen Überblick, zunächst vom Trg Sv Kristofora die Treppen zu den gleichnamigen **Ruinen** aus dem 15. Jahrhundert hinaufzugehen – von der kleinen Galerie Vidikovac hat man den typischen Panoramablick mit den vier Türmen. Unmittelbar daneben liegt das **Kristoferus-Museum** mit Lapidarium. Die kleine **Kapelle Sv Antun** neben dem Restaurant am Trg Sv Kristofora wurde von *F. Prazza* im 17. Jh. gestiftet.

■ **Kristoferus-Museum,** 10–13 und 19–21 Uhr, Tel. 051-777341, Einrtitt 5 K.

Vier Türme

Auf den Grundmauern einer Basilika aus dem 6. Jh. entstand im 11. Jh. die **Johanneskirche (Sv Ivan Evanđelista);** zu sehen sind nur noch einige Säulen und der Turm (man kann jederzeit hinauf – sehr eng, sehr schöne Aussicht). Direkt daneben steht die Kirche **Sv Križ** (Hl. Kreuz, 16. Jh.). Bemerkenswert sind hier einige Bodenmosaike, die von einer unbekannten Vorgängerkirche stammen.

Die Kirche **Sv Justina** (16. Jh.) mit einem integrierten **Sakralmuseum** ist leicht an ihrer kronenähnlichen Kirchturmspitze zu erkennen, während die Türme der anderen Kirchen spitz und kantig sind. Sehenswert ist das zentrale Altarbild „Tod des Josef" aus dem 16. Jh.

Der dritte Turm steht auf dem Areal der Kirche des Benediktinerinnenklosters **Sv Andrija** (11. Jh.), das noch von

einigen Nonnen bewohnt ist. Gegenüber der Klosterkirche achte man auf die schweren, mit aufwendigen Ornamenten verzierten Türen der Privathäuser.

Der vierte und hinterste Turm schließlich gehört zur Kirche **Sv Marija Velika** (Große Maria, 1177 von Papst *Alexander III.* geweiht) mit einem sehr hübschen Marienbildnis im linken Flügel. Typisch byzantinisch sind die Säulengänge der Seitenflügel und der baldachinähnliche Hauptaltar. Da die Kirche erst im 11. Jh. gebaut wurde (lange nach Byzanz), nimmt man an, dass sie einem an gleicher Stelle erbauten älteren Vorbild nachempfunden wurde. Taufbecken und Portal (15. Jh.) stammen vom kroatischen Baumeister *Peter* aus Trogir. Die Relikte des Stadtpatrons, des Hl. Christoph, werden in der Schatzkammer aufbewahrt. Der frei stehende, 26 Meter hohe **Campanile** (10–13 und 19–21 Uhr,

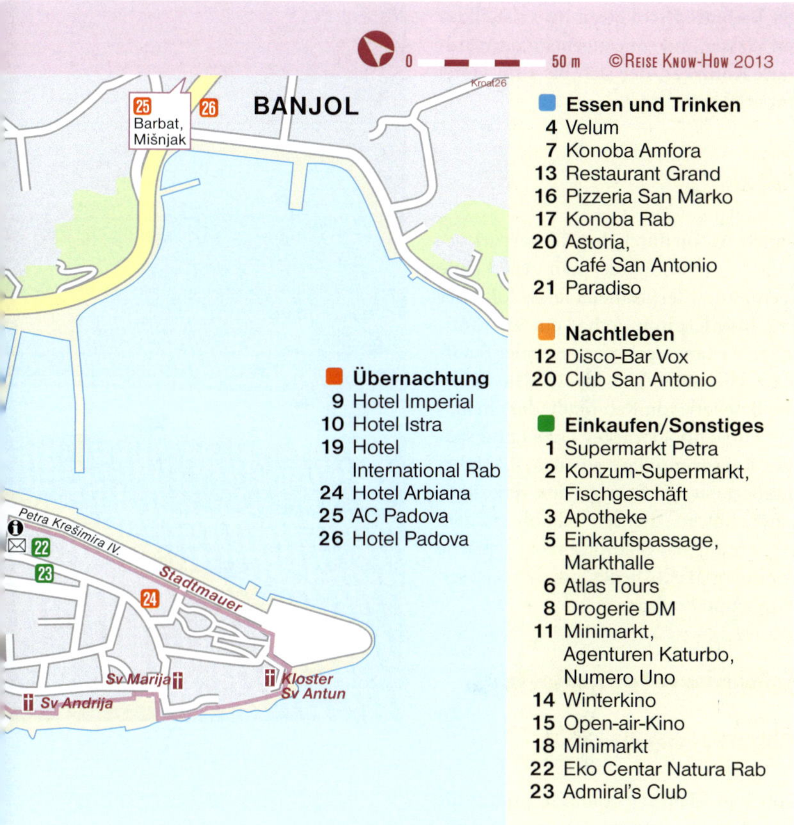

Eintritt 5 K) gilt als Paradestück des gesamten Mittelmeerraumes.

Kloster Sv Antun

Rechts um Sv Marija herum – hier hat man einen schönen **Ausblick** über die Bucht – gelangt man schließlich zum Kloster Sv Antun mit einer kleinen Kapelle. Beide Gebäude wurden vermutlich Ende des 15. Jahrhunderts von *Katarina,* der letzten Frankopanenfürstin, aus Furcht vor den auf dem Festland heranahenden Türken errichtet.

Uferpromenade

Von der Ulica Gornja führen einige Treppen hinunter zum herrlichen Uferweg (bis zum Eufemija-Kloster) mit guten **Bademöglichkeiten** im kristallklaren Wasser und zum angenehmen **Waldpark Komrčar,** der sich bis zum Hotel Imperial erstreckt.

Paläste

Von Sv Antun durch den Klosterpark gehend, durchschreitet man das kleine Seetor zur Uferpromenade. Es folgt der **Trg Municipium Arba,** ein zu römischen Zeiten angelegter, zentraler Stadtplatz. Hier steht das bedeutendste weltliche Bauwerk von Rab-Stadt, der ehemalige Fürstenhof (Knežev Dvor) und spätere **Rektorenpalast** aus dem 13. Jahrhundert, zu erkennen an den venezianischen Löwen, die den Balkon stützen. Weitere für das Stadtbild recht typische Familienpaläste liegen in den Gassen Donja und Srednja.

Sehenswertes außerhalb

Kloster Sv Eufemija

Von Rab Richtung Kampor, immer die besiedelte, aber dennoch landwirtschaftlich geprägte Hauptroute entlang, überrascht hinter einer Kurve ein verträumt liegendes Klosterareal aus dem 15. Jahrhundert, genannt Sv Eufemija. Sehr empfehlenswert ist der **Fußweg** von Rab-Stadt am Ufer entlang (ca. 1 Std.). Auf dem Hauptaltar sticht ein recht seltenes zehnteiliges, farbiges Ikonenbildnis ins Auge.

■ **Museum:** 10–12 und 16–18 Uhr, Eintritt 15 K.

090is wl

Mundanje

An der Inselhauptstraße beim kleinen landwirtschaftlichen Weiler Mundanje kann man hausgemachte Weine erwerben (Schilder „vino"), je nach Saison auch Obst oder Honig. Hier lohnt die Auffahrt zum 410 Meter hohen **Kamenjak** mit einmaliger **Aussicht auf Rab-Stadt.** Das Sträßchen ist okay, aber sehr eng und erfordert bei Gegenverkehr haarsträubende Manöver – am besten sehr früh hinauffahren, wenn man mehr oder weniger allein ist (bestes Licht!).

Praktische Tipps

An- und Weiterreise

Der **Busbahnhof** liegt günstig vor der Altstadt an der Durchfahrtsstraße, Verbindung besteht von hier sowohl zu den wichtigsten Inselorten als auch auf das Festland (u.a. Rijeka, Zagreb; Details siehe Kapitelanfang). Tickets direkt am Busbahnhof (Autotrans), tgl. 5.15–19.15 Uhr.

Rab-Stadt mit den berühmten vier Türmen

Info und Agenturen

- **Touristeninformation Rab,** Škver 6, am Trg Municipium Arba, Tel. 051-771111, Fax 771110, www.tzg-rab.hr, Mo bis Sa 8–15 Uhr, im Sommer tgl. 8–22 Uhr, mit Filiale in der Fußgänger-Einkaufszone hinter dem Busbahnhof (tgl. 8–21 Uhr).

Unterkunftsvermittlung, Ausflüge und Geldwechsel bieten z.B. folgende **Agenturen:**

- **Atlas Tours,** Trg Municipium Arba und Busbahnhof, Tel. 051-724585, www.atlas-rab.com.
- **Katurbo,** Dominisa 5, Tel. 051-724495, Fax 777015, www.katurbo.hr.

030kb wl

■ **Numero Uno,** Dominisa 5, Tel./Fax 051-724688, www.numero-uno.hr.

Unterkunft

Hotels

■ Segelfreunde bevorzugen das **Hotel Padova**③, Tel. 051-724544, Fax 724418, www.imperial.hr, da es noch in Gehnähe zum Zentrum nahe der Marina liegt. Riesenanlage mit tollem Blick auf die Altstadt.

■ Der relativ neue Zweckbau des **Hotel Imperial**③, Tel. 051-724522, Fax 724126, www.imperial.hr, liegt gegenüber vom Busbahnhof und wird gerne von Reisegruppen genutzt. Keine schöne Aussicht aus den meisten Zimmern, aber zentral.

Gemütliche Cafés säumen den Trg Municipium Arba

■ Das zentrale **Hotel Istra**③, Tel. 051-724276 und 724134, Fax 724050, www.hotel-istra.hr, gilt zu Recht als ältestes und stilvollstes Hotel von Rab. Sehr schönes gehobenes Ambiente. Es lohnt der Aufpreis von 4 € für die Halbpension.

■ Die vielleicht schönste Lage fast an der Spitze der Altstadt-Landzunge nimmt das **Hotel Arbiana**④ ein (Obala Krešimira IV Nr. 12, Tel. 051-775900, www.arbianahotel. com). 1928 als Exklusivhotel für betuchte Gäste eröffnet, bieten 28 großzügige Wohneinheiten gediegenen Luxus für die Oberklasse (alle Zimmer mit a/c, Internet, Sat-TV, Safe usw.).

■ Alternativ empfiehlt sich noch das **Hotel International Rab**③ (ehem. Ros Maris), Obala Krešimira 4, Tel. 051-774875, Fax 724876, www.hotelrab.com, ein umfassend renoviertes, gehobenes Mittelklassehotel am Hafen mit Hallenbad, Wellness und komfortablen Zimmern; bei Vorabbuchung über die Homepage maximal 98 €/DZ (in der Hauptsaison).

Pensionen und Ferienwohnungen

Die meisten **Privatunterkünfte** liegen im Ortsteil **Banjol** hinter dem Sportplatz (siehe „Agenturen" und Hinweise am Anfang des Rab-Kapitels).

- Recht beliebt im Bezirk Banjol ist die **Vila Lučica**③, Banjol 737, Tel./Fax 051-721510, hellrotes Haus mit Palme und antiker Brunnenschale davor, mit Apartments und Zimmern.
- Ein weiterer Anbieter ist die **Villa Petrac**③, Banjol 590, Tel. 051-771088, www.villa-petrac.hr, schöne Apartments für max. 8 Personen.
- Am anderen Ortsrand, im Distrikt Palit, empfiehlt sich die **Villa Ana**②, mobil 091-1000059, www.villaana-rab.com, Richtung Kampor kurz vor dem Kloster.

Camping

- **AC Padova**② (Padova I bis III), Tel. 051-724355, Fax 724539, ein gutes Stück außerhalb am kleinen Kap Artić in Banjol gelegen, zu Fuß 45 Minuten bis zur Altstadt. Infos unter www.rab-camping.com. Die Beschilderung in Rab vor dem Supermarkt Tina linker Hand beachten. Gilt als einer der besten Plätze des Landes mit gutem Freizeitangebot von Tauchschule über Rad-/Bootsverleih bis zu Wassersportvergnügungen (Banane, Parasailing).

Essen und Trinken

Cafés und Snacks

- **Essensstände** rund um den Trg Kristofora haben oft Fettgebackenes (eine Art Minikrapfen) im Angebot, eine Spezialität auf Rab und Krk.
- In der Fußgängerzone hinter dem Busbahnhof findet man mehrere **Cafés, Bäckereien** und **Snacklokale.**
- Guten Cappuccino serviert das **Café San Antonio** am Trg Municipium Arba mit schönem Blick über den Hafen.

Restaurants

Hier soll nicht verschwiegen werden, dass viele Lokale in Rab-Stadt (nicht alle!) vom **Tagestourismus** leben und einige Reisende daher einen gewissen Qualitätsabfall im Vergleich zu Lokalen in anderen Inselorten bemängeln; außerdem sind die Gaststätten in Rab etwas teurer (Getränke!) als gewohnt. Praktisch alle Restaurants liegen an den beiden Sträßchen Sredna und Donja Ulica, man sollte durchaus einmal beide entlanggehen und sich inspirieren lassen.

Innerhalb der Altstadt:

- Sehr schön und zentral am Trg Kristofora wurde das **Restaurant Grand** in die Altstadtmauern integriert. Nationale und internationale Küche, geöffnet tgl. bis 23 Uhr, Tel. 051-724115.
- In der Ulica Rabske Brigade, abzweigend von der Srednja Ulica, liegt recht versteckt mit kleinem Außenbereich die **Pizzeria San Marko,** deren Portionsgrößen legendär (Lasagne!) sind; die Getränke sind teuer, Tel. 051-724820.
- Mit einigen empfehlenswerten Spezialitäten wartet die **Konoba Rab,** Branimira 3, Tel. 051-725666, geöffnet März bis Okt. 10–24 Uhr, Wochenende 17–23 Uhr, auf: Im Angebot stehen Meeresfrüchtesalat, Lamm im Tontopf oder Kalbshaxe. Auch die Getränkepreise sind für Raber Verhältnisse günstig.
- Das **Paradiso** in der Srednja Ulica/Ecke Radića 1, Tel. 051-771109, tgl. 8–24 Uhr, an der alten Loggia bietet Frühstück, eine angeschlossene Vinothek, ein stilvolles Restaurant (im Sommer an Wochenenden Hintergrundmusik) und DZ (ab 60 € inkl. Frühstück).
- Als eines der trendigsten Oberklasserestaurants von Rab hat sich das **Astoria** etabliert, Trg Municipium Arba 7, Tel. 051-774844, geöffnet tgl. 12–15 und 18–23 Uhr. Die Jakobsmuscheln sind ein Gedicht, ebenso die Kalmare vom Grill mit Knoblauch oder die Fischsuppe nach Hausfrauenart. Sehr lieb-

Nächste Seite: Meerblick auf die Stadt Rab

lich schmecken die Putenmedaillons mit Pflaumen. Hier wird Wert auf die Verarbeitung heimischer, im ökologischen Anbau erzeugter Produkte gelegt.

Vor der Altstadt:

- Das **Restaurant Velum,** Palit 71, Tel. 051-774855, in der Einkaufspassage ist eines der nobleren von Rab: Pasta- und vor allem Fischspezialitäten, sehr gut sind die Riesengarnelen auf Nudeln.
- Die kleine **Konoba Amfora** ist eines der wenigen Spanferkelrestaurants auf Rab, Banjol 1, Tel. 051-776394, tgl. 8–14 und 16–24 Uhr, Jan./Febr. geschlossen. Einfach und zünftig, einziger Nachteil ist die Lage direkt an der Straße.

Nachtleben

- Am Abend wird die **Disco-Bar Vox** (um die Ecke vom Trg Kristofora) vor allem von der einheimischen Jugend angesteuert.
- Neueste Musik wird im **Club San Antonio** am Trg Municipium Arba gespielt.
- Im Sommer wird am Sandstrand beim alten Fährpier von Pudarica (s. Banjol) eine **Open-Air Disco** aufgebaut – ein Hit für Einheimische wie Touristen gleichermaßen.
- Das **Open-air-Kino** (Ljetno Kino) zeigt an Sommerabenden englischsprachige Filme (Aushänge beachten).
- An der Treppe zwischen Trg Kristofora und dem Aussichtspunkt liegt linker Hand ein Saal, der im Sommer als **Kunstgalerie,** im Winter als **Kino/Theater** dient.
- Es wirkt in Rab ein wenig deplatziert, aber man kann rund um die Uhr im Automatenkasino **Admiral's Club** zocken (am Trg Municipium Arba).

Einkaufen

- Selbstversorger shoppen im kleinen **Supermarkt** neben dem Hotel Istra oder in der **Einkaufspassage Banka** mit Kaufhaus hinter dem Busbahnhof; hier auch mehrere **Bäckereien** (tgl. 6.30–22 Uhr).
- In der Einkaufspassage Banka liegt auch die Tržnica Rab (**Markthalle,** neben dem Merkur-Kaufhaus) mit Metzgerei, Fischgeschäft, Obst- und Gemüseständen (nur vormittags).
- **Ribarnica** (Fischgeschäft): 20 m vor dem Parkplatz des Konzum-Supermarktes rechter Hand, nur vormittags geöffnet.
- Groß sind die beiden **Supermärkte** von Rab: **Petra** (an der Hauptstraße, von Mišnjak kommend kurz vor der Kurve ins Zentrum; tgl. 7–22 Uhr) und **Konzum** (tgl. 6.30–21 Uhr; mit Bankautomat), ca. 150 m hinter dem Busbahnhof Richtung Lopar nach rechts; hier hinter dem Eingang um die Ecke Pfandflaschensammelstelle für ganz Rab.
- **Eko Centar Natura Rab,** am Trg Municipium Arba, 9.30–13 und 19–22 Uhr, Verkaufsfiliale des Eko Centar Barbat (siehe dort).
- **Drogerie DM:** am Hafenbecken.

Nützliches

- **Ambulanz:** Blato 1, Tel. 051-775165.
- **Apotheke:** neben der Touristeninformation/Einkaufspassage.
- Die **Hauptpost** in der Einkaufspassage hat Mo bis Fr 7–20 Uhr, Sa 7–14 Uhr geöffnet.
- **Bank/Geldautomat:** in der Altstadt am Trg Municipium Arba und in der Einkaufspassage am Busbahnhof.
- **Marina Rab:** Tel. 051-724023, Fax 724229, www.aci-club.hr, **Hafenmeisterei:** Tel. 051-776122.
- **Polizei:** Ortsausgang Richtung Suha Punta neben dem Fischgeschäft vor dem Konzum-Supermarkt rechts 100 m, Tel. 051-439810.
- **Scooterverleih:** bei der Tankstelle in der Šetalište Dominisa.
- **Bootsausflüge** arrangieren die oben genannten Agenturen, man kann aber auch direkt am

Stadthafen vor der Altstadt die Boote begutachten und buchen.

■ **Internetcafé:** Online-Internet, Srednja Ulica, Ecke Domagoja, Tel. 051-777010, www.digitalx-rab.com.

Halbinsel Kalifront

Suha Punta

Nördlich des Klosters Sv Eufemija Richtung Kampor setzt eine intensivere landwirtschaftliche Nutzung ein. Die **Feriensiedlung** Suha Punta unterbricht diesen Eindruck deutlich. Am Ende der **Bucht Sv Fumija** (Eufemija) zweigt die einzige befestigte Straße in ein zusammenhängendes größeres **Waldgebiet** ab. Am Ende dieses Sträßchens liegt die zu den älteren Feriensiedlungen gehörende Anlage Suha Punta, in der Sportmöglichkeiten wie Wasserski, Surfen, Reiten und Tennis angeboten werden; Fahrradverleih im Hotel Eva. Familien sollten ihren Standort eher in Lopar suchen.

Unterkunft

■ **Carolina**③, Tel. 051-669100, Fax 669428, www.imperial.hr. Alle Zimmer mit Seeblick.

■ **Eva**②, Tel. 051-668200, Fax 668518, www.imperial.hr. Tennis, Restaurant und Bootsanlegestelle.

■ **Suha Punta**②, Tel. 051-724060, Fax 724562, www.imperial.hr. Sehr beliebte Apartmentanlage.

■ **Villa Anka**③, Suha Punta 90, Tel. 051-724775, www.suha-punta.com. Moderne DZ mit a/c, Sat-TV und Frühstück. Das Haus liegt an der kleinen Straße zwischen den Hotels Carolina und Eva.

Schinkenbucht (Uvala Gozinka)

Die gesamte bewaldete, fast unbewohnte Halbinsel Kalifront ist mit Wegen zu den zahlreichen Badebuchten (FKK-Möglichkeiten) und Wanderwegen (teilweise beschranktes Naturschutzgebiet) durchzogen. An den Hotels selbst bestehen eher bescheidene Bademöglichkeiten, sehr schön und ruhig sind die Buchten am **Kap Kristifor** – Hinweisschilder „Uvala Gozinka/Schinkenbucht" (tatsächlich so!) an der einzigen Abzweigung von der Hauptstraße beachten.

Gleich hinter der S-Kurve in den Wald Richtung Suha Punta führt eine schmale Asphaltstraße rechts ab; hier entlang achte man linker Hand auf die **Abzweigung „Uvala Gozinka/Schinkenbucht".** Dabei handelt es sich um eine winzige Anlegestelle am Kap Kristifor mit einem sehr beliebten Uferlokal (Muscheln!) und einigen Privatvermietern.

Die Parkmöglichkeiten sind begrenzt. Wo sich das Zufahrtssträßchen gabelt, geht es links hinunter zum Lokal mit Parkplatz, rechts zu einigen Wohnungen und einem kleinen Waldparkplatz rechter Hand – hier geht es am Ende hinab zur anderen Buchtseite **(Cifnata)** mit mehreren schönen Badebuchten und Spaziermöglichkeiten. Folgt man hier immer dem Ufer-Fußweg, erreicht man u.a. eine FKK-Bucht mit beschilderten Lehrabschnitten (z.B. ein alter Meiler).

Unterkunft

Alles ist im Augenblick noch sehr untouristisch; im Folgenden einige **Zimmeranbieter** (eigentlich gibt es hier nur einen einzigen „Clan"). DZ kosten in allen Häusern zwischen 45 und 55 €, Apartments 75–110 € für 4 bis 6 Personen. Weil Gozinka administrativ zu Kampor (s.u.) gezählt wird, lautet die offizielle Postanschrift der Vermieter „Kampor" nebst einer 100er-Hausnummer.

- **Vila Lucija – Srečko Kurelić,** Tel. 051-772510, http://vilalucija.com.
- **Marija Kurelić,** Kampor 100, Tel. 051-724815 (Zimmer und Apartments).
- **Sonja i Petar Kurelić** (Tel./Fax 051-725426) oder **Vesna Kurelić,** Tel. 051-724882, www.suhapunta.info.
- Neu ist die **Villa Felix Arbat** von den Kurelić-Sprösslingen *Frane* und *Ana,* Nr. 102, Tel. 051-772469, http://rab-gozinka.com.

Waldpark Šuma Dundo

Für längere Spaziergänge bietet sich der Waldpark Šuma Dundo an (am Hinweis „Uvala Gozinka/Schinkenbucht" geradeaus bis zur Schranke), welcher bereits in den 1950er Jahren als kleines Waldreservat eingerichtet wurde (Eintritt frei, Infos unter www.ju-priroda.hr. Hier findet man einige **ruhige Buchten** mit Bademöglichkeiten sowie unberührte Flora und Fauna, z.B. Zwergeule oder Gelbrückenmaus.

[>] In der Bucht von Supetarska Draga

Kampor

Der Name des Ortes Kampor („Camp, Lager", gemeint ist KZ) hat einen faden Beigeschmack: Von **Juli 1942 bis September 1943** unterhielt die italienische Besatzungsmacht hier ein **Konzentrationslager,** in dem 15.000 „Staatsfeinde", großteils Juden und Slowenen, inhaftiert waren. Das ehemalige Lager ist heute ein antifaschistisches Mahnmal (Eintritt frei, Schild „Groblje Žrtava Fašista" vor dem Ort links beachten).

Kampor ist ein winziges **Fischerdorf** mit ein paar Badebuchten rund um den Ort und zwei Tauchbasen. Man wohnt hier relativ abgeschieden, dennoch gibt es alles Notwendige vor Ort im Einkaufszentrum (unübersehbar) mit Bäcker, Minimarkt und Agentur (Unterkunft, Radverleih). Die Straße ist im Ort zu Ende (Buswendeplatz), dahinter halbrechts über den Hügel verteilt liegen weitere kleine Buchten und ein schmaler, befestigter Ufer-Fußweg bis Donji Supetarska Draga.

Praktische Tipps

Unterkunft

Privatvermieter (FeWo)

- **Ralf Waldeck**②, Kampor 396, mobil 098-1303078, www.rab-apartments.eu.
- **Vila Staničić**②, Kampor 412, Tel. 051-776027, www.rab-kampor412.com.
- **Fam. Guščić**③, Kampor 446, Tel./Fax 051-776 6695, www.guscic.com.
- **Starturist Vile Kampor**③, Kampor 443, Verwaltung in Rab-Stadt, Tel. 047-645600, www.villas-rab.com.

Essen und Trinken

- Kleine Kioske und Pizzerien, z.B. **Pizzeria Victoria,** Tel. 051-776301, findet man an der Hauptstraße und am Ende des langen Strandes (am Minimarkt halblinks blickend).
- Mehr für das Frühstück oder einen Drink eignet sich das **Café Trto** (tgl. 7.30–24 Uhr) neben dem Minimarkt.
- Richtig gut essen kann man in Kampor im ausgezeichneten **Restaurant der Tauchbasis Kron** (s.u.): Spezialitäten sind u.a. Spieß für 2 Personen inkl. Beilagen (250 K), Seehecht in Weinsauce (75 K), ausgezeichnete Steaks, alles mit sehr guten und frischen Zutaten! Auch Paulaner Weißbier ist zu haben.

Aktivitäten

- **Kron Diving,** Kampor 413a, Tel. 051-776620, www.kron-diving.com, ausgezeichnete Basis, tolles Restaurant anbei, auch sehr schöne Unterkünfte.
- **Rab Eko Diving,** Kampor 378, Tel. 051-776671, www.rab-eko.hr.

Nützliches

- **Agentur Matovica,** gegenüber vom Minimarkt, Tel. 051-604199, www.matovica.hr, tgl. 7.30–22 Uhr, Räder und Scooter, Geldwechsel, Ausflüge, Unterkunft usw.
- Der **Minimarkt** am Ufer bietet alles Notwendige; gegenüber verkauft der **Bäcker** frische Backwaren.

Supetarska Draga

Vom 11. bis zum 16. Jahrhundert Klosterort, zieht das beidseitig der Bucht (vor der Bucht links Donji Supetarska Draga, rechts Gornji Supetarska Draga) gelegene Straßendorf in erster Linie **Wassersportler** an. Zum Baden ist der Ort weniger gut geeignet, dafür liegen die Strände von Lopar nahe.

Kurz vor Supetarska Draga weist ein braunes Hinweisschild auf **Sv Petar** nach

032kb wl

rechts hin. Das **Kloster** geht auf eine großzügige Stiftung der Bürger der Stadt Rab zurück und wurde 1059 im romanischen Stil errichtet. Trotz mehrfacher Restaurationsarbeiten gilt Sv Petar als eine der am besten erhaltenen Sakralanlagen des Landes, deren Glockenturm die älteste Glocke Kroatiens beherbergt.

Richtung Lopar nach dem Ortsausgang liegt linker Hand ein größerer **Aussichtspunkt-Parkplatz** – unbedingt halten, denn der Ausblick ist wirklich toll! Die Bucht unten ist trotz des Fährwracks aber nicht empfehlenswert; 200 Meter weiter folgt links ein Feldplatz (Parkmöglichkeit), dann dem Trampelpfad halbrechts folgen.

Praktische Tipps

Unterkunft

Es werden ausschließlich **Ferienwohnungen bzw. Zimmer** angeboten, und zwar sowohl links in Donji Supetarska Draga (Dumići, Gonar) in den Hängen als auch in Gornji Supetarska Draga entlang der langen Durchgangsstraße. Schöner und auch ruhiger wohnt (und isst) man im Bezirk Donji Supetarska Draga, der ziemlich verstreut in die Hügel gebaut ist.

■ Man kann entweder über eine der Agenturen (siehe Rab), allgemeine Webseiten (siehe „Unterkunft" zur Insel Rab allgemein) oder direkt über die Webseiten der Vermieter Vorabbuchungen vornehmen, z.B. **M. Dumić,** Sup. Draga 245, Tel. 051-776158, www.sikic-rab.com; **S. Dumi,** Sup. Draga 263, Tel. 051-776122, www.arbia.hr; **Z. Eminefendić,** Sup. Draga 469, Tel. 051-776435, www.arbia.hr; **F. Gulić,** Sup. Draga 399, Tel. 051-776227, www.apartments-subic-rab.com, oder **M. Precca,** Sup. Draga 375, Tel. 051-776425, www.precca.com. Alle genannten Vermieter haben mehrere Wohnungen im Angebot und liegen in einer Preisklasse zwischen 45 und 110 €/Tag je nach Größe und Saison.

■ Die **Pension Royal**③, Donji Sup. Draga, www.rab-royal.com, Tel./Fax 051-776320, hat Zimmer und Apartments inkl. Tennis, Fitness und Bootsanlegeplatz direkt vor der Tür; WLAN und Liegeplatz für Bootsbesitzer inklusive.

■ Sehr günstig kommt man im **Belveder**①-② unter, Tel. 051-776162, www.belveder-rab.com.

■ Sehr ruhig liegen in Donji Sup. Draga-Gonar 304, die **Apartments Boni Lilijana**②, Tel. 051-776619, www.gonarboni-rab.com.

Essen und Trinken

■ Marktführer vor Ort ist das **Belveder-Stiegenwirt,** Donji Sup. Draga 223, Tel. 051-776162, geöffnet 8–24 Uhr; sehr schöne Terrasse.

■ Das **Restaurant Valentino** in Donji Sup. Draga bietet gutbürgerliche Küche zu überraschend günstigen Preisen; viele Einheimische. Tel. 051-776588, ab 17 Uhr. Vermieten auch Apartments②.

■ **Snackbar Mareta,** Donji Sup. Draga-Dumići, an der Gabel des Sträßchens rechts, Tel. 051-776114.

■ Am Ende des Sträßchens, Donji Sup. Draga-Gonar, Dreiergabel rechts, liegt die **Konoba Gonar,** Tel. 051-776638, tgl. 10–24 Uhr. Kroatische Küche, frischer Fisch.

■ **Bistro Snoopy,** Donji Sup. Draga-Gonar, Dreiergabel geradeaus, hier führt auch ein Uferweg nach Kampor, geöffnet tgl. 9–24 Uhr, Tel. 051-776749. Es gibt Snacks und merkwürdig anmutende Katergerichte wie Rührei mit Oktopus.

■ Um die Ecke vom Snoopy beginnt ein kleiner Promenadenweg mit dem **Restaurant More,** Tel. 051-776457. Schöne Terrasse, große Auswahl von Pizza über Snacks (Schinken, Čevapi) bis hin zu feinen Fischmenüs.

Aktivitäten

- Die **Agentur Valentino,** Donji Sup. Draga, bietet neben Unterkunftsvermittlung auch Bootsverleih, ebenso der Bootsverleih Dumičić, mobil 098-289686.
- **Bademöglichkeiten** beim Restaurant More (betonierte Liegeflächen); hier auch **Telefonzellen.**
- **Nautic-Bootsverleih** und **Wassersport:** am Badeufer beim Restaurant More (tgl. 9.30–18 Uhr), Boote ab 100 K/Stunde, Motorjachten ab 1500 K/Tag. Infos und Buchung unter www.nautic.hr.
- **Aquasport Diving,** Donji Sup. Draga-Gonar (an der Dreiergabelung rechts), Tel. 051-776145, www.aquasport.hr, vermietet auch Zimmer① und Apartments②.

Nützliches

- **Bäckerei** und **Minimarkt** an der Durchfahrtsstraße (Gornji Sup. Draga).
- **Marina,** Tel. 051-776268, Fax 776222.

Lopar

Lopar, die zweitgrößte Siedlung auf Rab und **Fährhafen nach Krk,** lebt vom Tourismus und von den zahlreichen Wein- und Gemüsepflanzungen außerhalb. Im Ort bietet fast jedes zweite Haus Privatzimmer an. Lopar verfügt über mehr als zwanzig Badebuchten, von denen drei (Ciganka, Sahara und Stolac) den Nudisten vorbehalten sind. Insgesamt ein **idealer Ferienort für Familien mit Kindern** sowie für jüngere Reisende, denen Rab-Stadt und Suha Punta zu „gediegen" sind.

Hauptstrand ist die weitläufige, kinderfreundliche, flache **Sandbucht San Marino** (Veli Mel) mit dem riesigen Campingplatz. Der Legende zufolge war ein gewisser Marin von Lopar der Gründer der Schwestergemeinde San Marino auf der anderen Seite der Adria.

Das Areal ist vollständig erschlossen mit Bars, Snackbuden, Restaurants, Souvenirständen sowie Wassersport (linkes Buchtende Richtung Hotels). Man kann ein Inselchen in der Bucht erkennen, ein beliebtes Ziel von Tretbootfahrern. Erwachsene können zwei Drittel des Weges durch das flache Wasser gehen, sodass man auch ohne Boot hinüberkommt.

Weitere Buchten auf der Halbinsel

Tipp: Die **ruhigen Badebuchten** liegen alle etwas abseits der Siedlung Lopar auf der Nordseite der gleichnamigen Halbinsel. Am einfachsten orientiert man sich an der Ortseingangsgabel (bei der Touristeninformation) und fährt/ geht links, bis nach ca. 200 Metern ein Schild auf das Restaurant „Madonna" hinweist; man folgt diesem Hinweis und dem befestigten Weg am Restaurant vorbei in den Wald hinauf bis zu einem Parkplatz. Dort geht es nur zu Fuß (im Sommer wird der weitere Weg versperrt) geradeaus weiter bis zu Wegweisern (mit Entfernungsangaben) zu den einzelnen Buchten. Hier kann man der Beschilderung **„Ciganka"** – Bucht – folgen (sehr schön, zwei FKK-Abschnitte).

Die **anderen Buchten** des Wegweisers wie Dubac, Sturić etc. erreicht man auch und etwas schneller, wenn man an der Gabelung bei der Touristeninformation immer geradeaus (Kirche im Blick) das Gässchen hinauffährt (beschildert).

Praktische Tipps

An- und Weiterreise

- **Bushaltestelle:** an der Agentur Numero Uno/Campingzufahrt und kurz vor dem Fährpier. 11x tgl. von/nach Rab (20 K); letzter Bus 20.04 Uhr.
- Die **Parkplätze** an der Straße sind im Hochsommer gebührenpflichtig.

Info und Agenturen

- **Touristeninformation Lopar,** Tel. 051-775 508, Fax 775487, www.lopar.hr, am Ortseingang/Gabelung linker Hand, tgl. 7.30–20 Uhr.
- Professionell arbeitet die **Agentur Turist-Biro,** Tel. 051-771105.
- **Agentur Numero Uno,** am Minimarkt/Abzweigung zum Camp, Tel. 051-775073, www.numero-uno.hr, geöffnet tgl. 8–22 Uhr. Ausflüge, Geldwechsel, Unterkunft, Internetcafé, Fahrzeugverleih, Radverleih usw.

Übernachtung
3 Hotel San Marino
4 Hotel Epario
5 Aptm. Paparić
6 Aptm. Lorena
7 AC San Marino
9 Aptm. Jerić
10 Hotel Zlatni Zalaz
11 Pension Dragica
12 Pension Lavanda

Essen und Trinken
1 Madonna
11 Dragica, Sv Marin

Einkaufen/Sonstiges
2 Bäcker, Minimarkt
8 Minimarkt, Agentur Nr. Uno

Unterkunft

Die drei Hotels liegen in der Zufahrt zur Badebucht.

■ **San Marino**③, Tel. 051-775144, Fax 775128, www.imperial.hr. Riesenkomplex mit über 1000 Betten.

■ **Hotel Zlatni Zalaz**②, Tel. 051-775150, Fax 775465, www.zlatnizalaz.com. Das 500-Betten-Haus liegt günstig zur Marina mit eigenem Zugang zum schönen Badestrand.

■ **Epario**③, kurz vor der Zufahrt zum Campingplatz/San-Marino-Strand linker Hand, etwas abseits vom Trubel, Tel. 051-777500, Fax 777510, www.epario.net. Fitness, Kinderbetreuung, Sportcamps usw., 28 Zimmer, familiär.

■ **Apartments Paparić**②, Lopar 466, zentral und doch etwas abseits des Trubels, Tel. 051-775308, www.rajka-lopar.com. Insgesamt vier schöne und große Wohnungen für 4 Personen.

■ Gegenüber der Parkplätze am großen Strand (neben dem Bäcker) liegen die **Apartmani Lorena**③, Lopar 491, Tel. 051-775575, www.apartmani-lorena-lopar.com, mit modernen, hellen Wohneinheiten.

■ Dem Sträßchen Richtung Fähre folgend, liegen noch vor den großen Hotels rechter Hand oberhalb der Bucht die **Apartmani Jerić**②, Lopar 555, Tel. 051-775320, www.rab-jeric.com. Apartments für 2 bis 6 Personen.

■ Sehr beliebt ist auch die **Pension Lavanda**② am Hügel im Hotelbereich (Lopar bb., Tel./Fax 051-775399, www.pension-lavanda.com). DZ inkl. Halbpension, Sat-TV, Internet, Balkon, Meerblick, Apartments mit ähnlicher Ausstattung.

■ Schließlich sei noch auf die **Pension Dragica**② (s.a. „Essen und Trinken") verwiesen.

■ Weitere Wohnungsanbieter findet man online unter www.rabonline.net, www.reisen-nach-rab.de und www.apartmani-rab.net.

Camping

■ **AC San Marino**③, Tel. 051-775133, Fax 775 290, www. imperial.hr. Sehr großer Platz am Strand mit etlichen Sportangeboten und Tauchbasis Moby Dick (s.u.), Boots-, Scooter-, Wasserskiverleih (am Ufer, mobil 098-9702439) u.Ä. mehr. Besonders gut sind hier die Einkaufsmöglichkeiten (für jedermann zugänglich, s.u.), weniger gut ist das eintönige Erscheinungsbild der Parzellen, das einem Schrebergarten-Musterkatalog entnommen sein könnte – es fehlen nur noch die Gartenzwerge ...

Essen und Trinken

Das gastronomische Angebot in und um Lopar entspricht der touristischen Bedeutung des Ortes, kurz: Man kann hier sehr gut essen. Die Betreiber sind in aller Regel keine Pächter (wie in Rab), sondern Eigentümer und somit noch mehr auf wiederkehrende Besucher angewiesen.

■ Eines der versteckten Lokale von Lopar ist das **Restaurant Madonna,** Lopar 38, Tel. 051-775173, geöffnet 12–15.30 und 17.30–23 Uhr. Gutbürgerliche Küche, schöne Terrasse und gute Fleisch- und Fischgerichte. Vor der Fähre nach rechts beschildert.

■ Die **Gostionica Frankys** neben der Touristeninformation hat Spanferkel und Lamm vom Grill im „Programm".

■ Das **Sv Marin** an dem Sträßchen zum Hotelbereich linker Hand, Tel. 051-775074, verfügt über einen schönen Außenbereich (Veranda), serviert großartige Pizzen, aber auch Eintopf Hausmacher Art, Gulasch, gefüllte Paprika und sonstige Leckereien.

■ Ganz in der Nähe liegt auch die **Pension Dragica,** Tel. 051-775420, www.pensiondragica.com, mit Internetcafé, Bootsverleih, Pensions- und Restaurantbetrieb. Einfache und leckere Kost nicht nur für Gäste.

■ **Obst- und Grillhähnchenstände** (ca. 45 K/Hähnchen; *pečeni pilić*) an der Abzweigung zum

Campingplatz; **Snacklokale** am linken Buchtabschnitt mit Tischtennis, Spielplätzen usw.

Nachtleben

■ Ein kleines **Vergnügungszentrum (Marineros)** mit Bars, Billard, Kinderbelustigung (Trampolin, Hüpfburg) und abendlicher Sommerdisco (Millennium, tgl. 21–4.30 Uhr) liegt neben dem Parkplatz am Hauptstrand.

■ An Wochenenden bietet die **Sunset Bar** am Nordrand der Siedlung während der Sommermonate Live-Musik, an Donnerstagen Beachparty.

Einkaufen

■ **Minimarkt, Apotheke** und **Bäckerei** rund um den Kreisel bei der Touristeninformation am Ortseingang; ein zweiter Minimarkt (tgl. 7–21 Uhr, So bis 20 Uhr) mit Geldautomat und Bäckerei (tgl. 6–21 Uhr) liegt vor der Zufahrt zum Campingplatz.

■ **Fischgeschäft** (tgl. 7–11 Uhr), **Metzgerei** (Mo bis Fr 7–19.30 Uhr, Sa/So 8–12.30 und 17–19.30 Uhr), **Bäckerei** (tgl. 7–22 Uhr), **Zeitschriftenhandel** und **Minimarkt** (tgl. 7–21 Uhr) im Camp.

■ Auch auf der anderen Ortsseite Richtung Pier kann man im **Minimarkt** und in der **Bäckerei** (gegenüber vom Kinderspielplatz) einkaufen.

085kb wl

Aktivitäten

■ Am Nordrand der Bucht **Tennis** (ab 10 €/Stunde), **Minigolf** (20 K), **Tischtennis** (30 K/Stunde), Sonnenschirm- und Liegestuhlverleih.

■ **Ausflugsboote** zu den Inseln Goli Otok und Sv Grgur fahren unregelmäßig am Pier unterhalb des Hotelbereiches ab; hier auch **Wassersport** (Jetski, Banane, Glasbodenboot usw.) sowie **Bootsverleih** direkt am Pier. Reservierung unter mobil 091-5258147 sowie 091-5391300.

■ **Tauchen: Moby Dick,** Tel. 051-775577, 091-5201643, www.moby-dick1.com, im AC San Marino (s.o.).

■ **Wassersport aller Art** aller Art unterhalb des Hotelkomplexes San Marino, im Campingareal und entlang des San-Marino-Strandes.

Nützliches

■ Eine **Touristenbahn** verkehrt tagsüber zwischen den einzelnen Ortsteilen von Lopar entlang der Hauptstraße.

■ **Geldautomat:** neben der Touristeninformation.

■ **Internetcafés:** Gostionica Dragica und Agentur Numero Uno (s.o.).

■ **Post:** am kleinen Platz neben der Touristeninformation, Mo–Fr 8–21 Uhr (Pause 16–17 Uhr), Sa 8–12 Uhr.

■ **Süßwasserduschen** bei den Tennisplätzen am Uferweg.

■ **Ambulanz:** an der Hauptstraße gegenüber der Agentur Numero Uno, Tel. 051- 775165.

Inseln Sv Grgur und Goli Otok

Von Lopar aus können zwei größere **vorgelagerte Inseln** im Rahmen eines Ausfluges besucht werden, wobei die beiden sehr unterschiedlich sind.

Goli Otok

Heute zwar gänzlich **unbewohnt,** findet man dennoch zahlreiche Spuren einstiger menschlicher Aufenthalte auf Goli

☐ Flache Sandbuchten prägen die Halbinsel Lopar

Otok. Lange Zeit diente die Insel als ein Weidegebiet für Schafe, wovon noch einige verfallene Hirtenschutzhütten und Zisternen zeugen. Nach dem Zweiten Weltkrieg suchten die Schergen Titos nach einem geeigneten „Gulag" für politische und schwerkriminelle (männliche) Häftlinge – man fand es auf dem nur 4,5 km^2 großen Goli Otok und errichtete dort ein **Hochsicherheitsgefängnis,** welches von 1949 bis 1988 in Betrieb war. Die Gefangenen – bis zu 3000 gleichzeitig – mussten unter härtesten Bedingungen Schwerstarbeit (Steinbruch und Marmorwerke) verrichten. Interessante Details und zahlreiche Hintergrundinformationen findet man bei einem sehr guten virtuellen Rundgang auf der (auch deutschsprachigen) Internetseite www.goliotok.com. Nach dem Zerfall Jugoslawiens wurde das Gefängnis als Synonym für menschenunwürdi-

www.fotolia.de © LianeM

ge Haftbedingungen geschlossen, Goli Otok ist seither unbewohnt. Bunker, Gleisanlagen, Fabriken und Gefängnis können besichtigt werden, ein kleines Restaurant bietet während der Sommermonate Erfrischungen und Snacks.

Kleine, unbewohnte Inseln liegen zwischen Rab, Krk und dem Festland

Sv Grgur

Die größere der beiden Inseln, Sv. Grgur, umfasst 6,4 km². Ähnlich wie Goli Otok war auch Sv Grgur eine **Gefängnisinsel,** allerdings ausschließlich für Frauen. Die Anstalt ist allerdings schon seit etwa 1980 geschlossen und der Zerfall relativ weit fortgeschritten, sodass Goli Otok die interessantere, Sv Grgur die unberührtere der beiden Inseln ist.

Anfahrt

Das übliche Programm beinhaltet eine etwa dreieinhalbstündige **Bootstour** mit insgesamt jeweils einer Stunde Aufenthalt pro Insel, wobei einige Ausflugsanbieter auch gezielt eine Insel anfahren und z.B. einen mehrstündigen **Badeaufenthalt** anbieten.

■ Als ein Beispiel sei das **Glasbodenboot „San Marino"** genannt (mobil 098-424660), das täglich um 10.30 und 15.30 Uhr in Lopar ablegt (etwa 20 €/Person, Kinder 50 %).

6 Praktische Reisetipps A–Z

Glasklares Wasser und Felsbuchten mit Kiesstränden sind typisch für die kroatische Adria

Anreise

Mit dem Auto

Kroatien gehört wie Italien oder Frankreich zu den „klassischen“ Autoreisezielelen, wobei verschiedene Routen für die einzelnen Großräume zu beachten sind.

Der vielleicht **wichtigste Tipp** ist: **Man meide den Samstag** auf kroatischen Straßen um jeden Preis; insbesondere im Hochsommer sind stundenlange **Staus** vorprogrammiert! Leider bestehen noch immer viele Unterkunftsvermieter auf den üblichen „Bettenwechsel am Samstag“, anstatt durch individuelle Lösungen zu einer Entzerrung dieser Stoßzeiten beizutragen. Begrenzte Abhilfe ist mit dem EU-Beitritt Kroatiens in Sicht, wenn die zeitraubenden **Grenzkontrollen** auf slowenischer und kroatischer Seite entfallen; es bleiben aber die grenznahen Mautstellen in Kroatien, die immer wieder zu langen Rückstaus führen.

Routen

Die **Tauernroute** ist die Haupttransitroute durch die Alpen, sie führt von München über Salzburg und Villach nach **Ljubljana,** der Hauptstadt von Slowenien. Dabei passiert man in Österreich die **Tauernautobahn** und den **Karawankentunnel** mit der slowenischen Grenze unmittelbar dahinter.

Ab Ljubljana gibt es mehrere Möglichkeiten der Weiterreise nach Istrien und zur Kvarner Bucht. An die **istrische Westküste** fährt man über die Autobahn bis hinter Postojna, von dort geht es auf der Landstraße über Koper und Portorož zum küstennächsten slowenisch-kroatischen Grenzübergang Sečovlje oder zum nahe gelegenen Übergang Kaštel über eine Inlandsstrecke. Von beiden Übergängen erreicht man in wenigen Minuten Savudrija, den nördlichsten istrischen Küstenort, oder die Hauptroute in Richtung Südspitze.

Zentralistrien errreicht man ab Ljubljana und Postojna am besten via Grabovica – Hrastovlje – Sočerga; der kleine Grenzübergang liegt nur wenige Minuten vor Buzet.

Für die **Ostküste Istriens** und zur **Kvarner Bucht** verlässt man bei Postojna die Autobahn und fährt über die „10“ zum Grenzübergang Rupa, von wo aus die neue Autobahn A7 (alternativ Landstraße E 61) nach Opatija bzw. Rijeka führt. Die Fährhafenorte für Cres, Krk und Rab erreicht man dann über die Küstenstraße. Diese Hauptroute ist aber auch die meistbefahrene Route und tagsüber sowie an den Sommerwochenenden, fast immer **total überlastet!**

Wegen der slowenischen Mautpraxis (s.u.) wählen viele Reisende für Nordkroatien ab dem österreichischem Villach (noch vor der Krawankenroute rechts der Beschilderung nach Italien folgen) als kostengünstigere Alternative die **Autobahnstrecke über Udine bis Triest** (Autobahnmaut bis Triest knapp 10 €) und folgen dort der Landstraße E-61 nach Rijeka. Die Route ab Triest ist nicht ganz einfach zu finden, da Rijeka mit dem alten italienischen Begriff „Fiume“ ausgeschildert ist. Einen ordentlichen Planer bietet www.oeamtc.at/routenplaner.

Achtung: In **Italien** muss auch bei kurzen Transitreisen eine **Pannen-Signalweste** mitgeführt werden. Außerdem

Anreise
0 100 km
©Reise Know-How 2013
Dalma33
D
Passau, Nürnberg
München, Innsbruck, CH
Bratislava, Budapest
Budapest
Slavonski Brod, Belgrad
Split, Dubrovnik
Linz
Wien
Salzburg
„Wohlfühlroute"
„Tauernautobahn"
Pyhrnroute
ÖSTERREICH
Radstadt
Graz
UNGARN
Lienz
Klagenfurt
Villach
Tolmezzo
Karawanken-tunnel
Maribor
ITALIEN
SLOWENIEN
Udine
Ljubljana
Varaždin
Novo Mesto
Zagreb
Postojna
Triest
Kozina
Kočevje
Koper
Podgrad
Rijeka
Skrad
Karlovac
Opatija
Sečovlje
Poreč
Istrien
KROATIEN
Krk
Pula
Cres
Rab
Plitvice
Bihać
BOSNIEN-HERZEGOWINA
Kvarner Bucht
Karlobag
Gospić
Adriatisches Meer
Pag
Obrovac
Gračac
Zadar
Dalmatien
3
8
A1
A2
A3
A4
A5
A6
A8
A9
A10
A23
E61

besteht für alle Transitländer (Tschechien, Slowenien, Italien, Österreich) wie auch für Kroatien selbst auch tagsüber **Lichtpflicht,** Verstöße werden mit 15–40 € Bußgeld belegt.

Neben o.g. Möglichkeit bietet sich für den Großraum **Rijeka** insbesondere die Autobahn Linz – Graz – Maribor – Zagreb – Karlovac – Rijeka an. Nach einem lohnenden Abstecher zu den **Plitwitzer Seen** kann man die Fahrt zur östlichen Kvarner Bucht mit den Inseln **Rab und Krk** fortsetzen. Gerade in den Ferienzeiten droht die „klassische" Tauernroute aus allen Nähten zu platzen, kilometerlange Staus an Tauern- und Katschbergtunnel sind nur eine Folge. Den Abschnitt München – Tauern – Ljubljana – Karlovac kann man auf der sogenannten **„Wohlfühlroute"** umgehen: Ab Nürnberg fährt man via Regensburg, Passau, Linz, Graz und **Maribor** bis **Zagreb** und weiter nach **Karlovac.** Wer aus Norddeutschland/Ostösterreich anreist, ist damit sicherlich gut beraten. Eindrücke und Hintergrundinformationen erhält man auf der Webseite www.wohlfuehlroute.de.

Transit Österreich

Für KFZ bis 3,5 t verlangt Österreich eine **Autobahn-Vignettengebühr** von 80,60 € (Jahr) bzw. 24,20 € (2 Monate); das zehn Tage gültige „Pickerl" kostet 8,30 € – es empfiehlt sich somit die Anschaffung zweier 10-Tages-Vignetten (Motorrad 32,10 €/12,10 €/4,80 €). Strafe bei Fahren ohne Vignette: 120 €! Damit nicht genug: Die gängige Route Salzburg – Ljubljana via Tauernautobahn und Karawankentunnel wird zusätzlich jeweils einfach mit einer Maut von 10 € (Tauern) und 6,50 € (Karawanken) belegt, auf der Route Linz – Graz sind es 4,50 € für den Bosrucktunnel und 8 € für den Gleinalmtunnel. Alle Mautrouten und aktuellen Details finden sich unter www.oeamtc.at, der Homepage des nationalen Automobilclubs.

Bei den heimischen Automobilclubs kann man eine **Prepaid-Maut** für die wichtigsten **Tunnelstrecken** zum gleichen Tarif buchen. Österreichische Mobilfunknetzkunden können zudem Einzelfahrten per Mobilfunk buchen (www.paybox.at), für andere Transitreisende kommt auch die Internet-Buchung in Frage (www.asfinag. at). Das KFZ-Kennzeichen wird beim Kauf eingegeben, bei der Anreise fährt man dann an der Mautstation in eine Sonderspur, das KFZ-Kennzeichen wird per Kamera geprüft – fertig. Theoretisch ganz nett, aber: erstens ist die tatsächliche Zeitersparnis vor Ort eher gering (den Stau bis zur Mautstation kann man damit nämlich nicht umfahren), zweitens liegt man mit der (bezahlten) Buchung fest, kann also nicht je nach Verkehrslage flexibel auf eine Umgehungsroute ausweichen (keine Rückerstattung bei Nicht-Nutzung).

Kfz über 3,5 t müssen eine „Go-Maut-Box" für einmalig 5 € erwerben (alle Grenzbüros/Tankstellen in Grenznähe) und diese dann mit einem Guthaben von 50 bis 500 € aufladen. Auf allen mautpflichtigen Strecken wird dann automatisch per Funksignal die entsprechende Gebühr „abgebucht". Dieses System gilt auch für **Wohnmobile,** wobei die Bemautung nach Emissionsklassen automatisch vorgenommen wird. Infos unter www.go-maut.at.

Eine **Umgehung der Tauernautobahn** ist möglich, kostet aber Zeit und ist nur für zugkräftige Fahrzeuge mit Einschränkungen, für Kradfahrer jedoch durchaus empfehlenswert: Tauernautobahn Abfahrt „Lammertal", dann via Radstadt und Mauterndorf bis Rennweg (Mehraufwand ca. 40 Minuten, malerische Strecke über zwei Pässe); Karawankentunnel bei Villach-West via Wurzenpass (bis 20 % Steigung, für Gespanne gesperrt!) nach Kranjska Gora, dort Richtung Bled und Ljubljana (Mehraufwand ca. 45 Minuten).

Auch eine **Umgehung der Karawankenroute** ist möglich – hierzu folgt man kurz vor Villach der Autobahn Richtung Udine/Italien, kurz darauf der Beschilderung „Wurzenpass"; auch hier gilt: vor allem für Biker interessant.

Die Mautpraxis klingt hart, doch muss fairerweise hinzugefügt werden, dass sich die österreichischen Autobahnen im Vergleich zu vielen deutschen Strecken in einem hervorragenden Zustand befinden.

Transit Slowenien

Auch Slowenien erhebt Mautgebühren in **Vignettenform,** die an den grenznahen Tankstellen in Österreich oder vorab über die Automobilclubs gekauft werden können: PKW/Gespanne bis 3,5t kosten 15 €/Woche oder 30 €/Monat sowie 95 €/Jahr; Motorräder zahlen 7,50 €/Woche, 25 €/Halbjahr oder 47,50 €/Jahr. Es ist nicht möglich die Plakette für einen in der Zukunft gelegenen Termin entwerten zu lassen. Ein im Mai gekauftes Monatspickerl wird für den Mai entwertet und ist im Juni nicht mehr gültig. (Kaufbeleg für Kontrollen aufbewahren und mitführen!) Ausnahme sind die 7-Tagesplaketten, die – wie die österreichischen – für ein anderes Datum als den Kauftag gelocht werden können. Fahren ohne Plakette kostet bis zu 800 Euro Bußgeld! Je nach Heimatort und weiteren Mautstrecken (etwa Tschechien, Schweiz) hat man bis zur Ankunft in Kroatien eine hübsche Vignettensammlung an der Scheibe kleben.

Mautgebühren in Kroatien

In Kroatien kosten die Autobahnen eine **moderate Gebühr,** eine Umgehung lohnt keinesfalls; von der slowenisch-kroatischen Grenze zahlt ein Pkw bis Split (Dalmatien) rund 160 K (ca. 21 €), wer in der Kvarner Bucht bleibt, zahlt nur rund 3 €. Die Autobahnen sind ausgezeichnet, viele Autobahnraststätten bieten Übernachtungsmöglichkeiten, die Spritpreise sind landesweit identisch (auch an Autobahnen). An der Autobahnzufahrt erhält man ein Ticket (gut aufbewahren!), welches man beim Verlassen an der Mautstation abgibt, erst dann wird der Routenpreis berechnet.

Die genauen **Autobahngebühren** (detailliert zwischen zwei Ein-/Ausfahrten) kann man unter www.hak.hr – dort den Suchbegriff „Straßengebühren" eingeben – einsehen und ausdrucken. Für die slowenischen Straßengebühren werfe man einen Blick auf die Seite www.kroatien-information.de/html/kroatische_maut_kroatien.html.

Achtung: für den Transit die gelbe **Pannenweste** nicht vergessen. In Kroatien selbst ist zudem zu beachten, dass ein Satz **KFZ-Birnen** mitgeführt wird und keine (gefüllten) Benzinkanister erlaubt sind! Zum **Autofahren in Kroatien** s.u., Stichwort „Autofahren".

Autozug

Wer den sommerlichen Autostau Richtung Süden vermeiden will, kann von April bis Oktober auch die Autozugverbindung in Erwägung ziehen. Es bestehen (nur freitags) Verbindungen von Berlin-Wannsee, Düsseldorf, Frankfurt (Neu-Isenburg) und Hamburg-Altona nach Triest in Italien. Ab Berlin kann man die Strecke nach Triest je nach Datum und Buchungszeitpunkt für 568–833 € hin und zurück mit PKW und zwei Personen im Liegewagen buchen. Teurer wird's im eigenen Abteil oder im Schlafwagen. Nicht zu verachten: Man spart dabei eine Zwischenübernachtung, Benzingeld, Autoverschleiß und Maut ein. Von Triest aus erreicht man Istrien

Herrliche Landschaften:
Umgehung der Tauernautobahn in Österreich

und die Kvarner Bucht in rund zwei Stunden über die mautfreie Landstraße (beschildert „Fiume"!).

Eine ähnliche Idee verfolgte eine Familie, die ihren Kindern die lange Autofahrt ersparen wollte, mit der **Anreise per Bahn nach Villach/Österreich.** Der Vater fuhr gleichzeitig mit dem Pkw und man traf sich dort. Das Bahnticket kostete unter 150 € (ein Erwachsener und zwei Kinder).

■ **DB AutoZug,** http://preisfinder.dbautozug.de oder Tel. 01805-241224 (0,14 €/Min.).

003is wl

Flug

Als Ziel für die Anreise mit dem Flugzeug zur Kvarner Bucht bietet sich ausschließlich **Rijeka** an, wobei der Flughafen weit außerhalb auf der **Insel Krk** bei Omišalj liegt. Geflogen wird hauptsächlich von April bis Oktober, wobei im deutschsprachigen Raum Direktflüge von/nach Berlin, Hamburg, Düsseldorf, Köln, Frankfurt/M., Frankfurt-Hahn, Stuttgart und Bern auf dem Plan stehen, wenn auch nicht täglich. Zumindest Nord- und Mitteldeutschland sind recht gut in das Streckennetz eingebunden. Infos unter www.rijeka-airport.hr.

Abgestimmt auf die Flüge pendelt ein Bus der Fa. Autotrans (www.autotrans.hr) für umgerechnet knapp 5 € vom/zum Flughafen nach Rijeka. Abfahrt vom Busbahnhof Rijeka ist ca. 2½ Stunden vor dem geplanten Abflug.

Flugpreise

Am teuersten ist es in der Hauptsaison im Sommerhalbjahr, wenn die Preise für Flüge in den Sommerferien bzw. im Juli und August besonders hoch sind und **über 300 Euro** betragen können. Das gilt vor allem bei Abflug von internationalen Großflughäfen wie Basel, Hamburg oder Frankfurt, wo kaum Flüge unter 300 € zu haben sind. Germanwings oder Conder nehmen beispielsweise zwischen 210 € (Köln) und 280 € (Frankfurt), der Billigflieger Ryanair ab Hahn etwa 110 € für ein Rückflugticket zzgl. der individuellen „Serviceentgelte". Gute Suchmaschinen für Flüge, die auf die konkreten Anbieter verweisen, sind u.a.:

- www.kayak.de
- www.swoodoo.com
- www.skyscanner.de
- http://flug.renego.de
- www.liligo.de
- http://cfde.momondo.de

Check-in

Ohne einen gültigen **Reisepass oder Personalausweis** kommt man nicht an Bord eines Flugzeuges (auch Kinder benötigen ein eigenes Reisedokument). Bei den innereuropäischen Flügen sollte man **eine Stunde vor Abflug** am Schalter der Airline eingecheckt haben. Einige Airlines neigen zum **Überbuchen,** d.h., sie buchen mehr Passagiere ein, als Sitze im Flugzeug vorhanden sind, und wer zuletzt kommt, hat dann möglicherweise das Nachsehen.

Gepäck

In der Economy-Class darf man in der Regel nur Gepäck bis zu 20 kg pro Person einchecken und zusätzlich ein Handgepäck von 7 kg in die Kabine mitnehmen, welches eine bestimmte Größe von 55 x 40 x 23 cm nicht überschreiten darf. In der Business Class sind es meist 30 kg pro Person und zwei Handgepäckstücke, die insgesamt nicht mehr als 12 kg wiegen dürfen. Man sollte sich beim Kauf des Tickets über die Bestimmungen der Fluggesellschaft informieren. **Flüssigkeiten** oder vergleichbare Gegenstände in ähnlicher Konsistenz (z.B. Getränke, Gels, Sprays, Shampoos, Cremes, Zahnpasta, Suppen) dürfen Fluggäste nur in der Höchstmenge von jeweils 0,1 Liter als Handgepäck mit ins Flugzeug nehmen. Die Flüssigkeiten müssen in einem durchsichtigen, wiederverschließbaren *Plastikbeutel* transportiert werden, der maximal einen Liter Fassungsvermögen hat. Da sich diese Regelungen ändern können, sollte man sich beim Reisebüro oder der Fluggesellschaft nach den derzeit gültigen Bestimmungen erkundigen.

Aus **Sicherheitsgründen** dürfen Taschenmesser, Nagelfeilen, Nagelscheren, sonstige Scheren und Ähnliches nicht im Handgepäck untergebracht werden. Man sollte sie unbedingt im aufzugebenden Gepäck verstauen, sonst werden diese Gegenstände bei der Sicherheitskontrolle einfach weggeworfen. Darüber hinaus gilt, dass Feuerwerkskörper, leicht entzündliche Gase (in Sprühdosen, Campinggas), entflammbare Stoffe (in Benzinfeuerzeugen, Feuerzeugfüllung) etc. nichts im Passagiergepäck zu suchen haben.

Anreise mit dem Bus

Von Pauschalreisen abgesehen (Information und Buchung in jedem Reisebüro), gibt es gerade im Bereich des ehemaligen Jugoslawien (alle Nachfolgestaaten, nicht nur Kroatien), sehr gute und häufige Linienbusverbindungen von zahlreichen Städten in Deutschland zu vielen Zielen in Kroatien.

Als beliebtes Ziel kommt z.B. **Rijeka** in der Kvarner Bucht in Betracht: Man kommt gegen 3 Uhr nachts an und fährt dann die Küste entlang zu vielen weiteren Zielen. Einzelheiten, Fahrpläne und Buchungen sind bei der **Deutschen Touring GmbH** erhältlich. Die Preise unterliegen nicht den gewaltigen saisonalen Schwankungen der Flugticketpreise und bewegen sich in einem Rahmen von rund 100 € für die Rückfahrkarte. Auf der Internetseite können Ausgangs- und Zielorte gewählt sowie Fahrtzeiten und genaue Preise (abhängig vom Ausgangspunkt) abgefragt werden:

- **Deutsche Touring GmbH,** Am Römerhof 17, 60486 Frankfurt am Main, Tel. 069-7903-501, Fax 7903-219, www.touring.de.

Die Mitnahme von **Reisegepäck** ist pro Person auf zwei Gepäckstücke in Koffermaßen und ein Handgepäckstück begrenzt. Pro Gepäckstück wird eine Gebühr von 3 € beim Einstieg in den Bus erhoben. Als Quittung wird eine Gepäckmarke ausgegeben; das Handgepäck ist frei. Wenn es die Gepäckraumkapazität zulässt, kann nach Ermessen der Fahrer ein drittes Gepäckstück gegen eine Gebühr von 5 € mitgenommen werden; es ist daher reine Glückssache, ob man z.B. ein Fahrrad mitnehmen kann oder nicht (ordentlich in Karton verpackt).

Wichtig: Die **Rückbestätigung** (Reservierung für die Rückfahrt) muss am Zielort durchgeführt werden, wofür vor Ort eine Gebühr von umgerechnet etwa 3 € erhoben wird.

Anreise mit der Bahn

Direkte Verbindung nach Kroatien besteht von Deutschland z.B. ab Frankfurt/Main per **Nachtzug** um 19.54 Uhr mit Umsteigen in München und Ljubljana, Ankunft in Rijeka (Kvarner Bucht) um 9.20 Uhr des Folgetages. Abgesehen von Liegewagenzuschlägen kostet die einfache Fahrt rund 200 €, Teilermäßigungen (z.B. in Deutschland BahnCard, in Österreich VORTEILScard oder in der Schweiz Halbtax-Abonnenten) nicht berücksichtigt. **Fahrplanauskünfte** erteilt jedes Kundencenter der Bahn, online unter http://reiseauskunft.bahn.de.

Hinweis für alle, die ihr **Fahrrad mitnehmen** wollen: Vielleicht schon in Slowenien, spätestens aber in Kroatien wird der Sportsfreund den heimischen Kartenverkäufer verfluchen, denn es interessiert dort niemanden, was auf der deutschen, daheim gekauften Fahrrad-Fahrkarte steht. Wenn ein Radtransport nicht vorgesehen ist, wird der Drahtesel nicht mitgenommen! Mit anderen Worten: Der Radtransport ist **in Kroatien praktisch nicht möglich!** Es gibt nur wenige Züge mit Sperrgutwaggon und diese fahren grundsätzlich über Zagreb – eine Anreise nach Rijeka würde also erhebliche Umwege (und Mehrkosten) mit sich bringen. Wer sein Fahrrad jedoch in eine **Fahrradtasche** packt, reist nicht mit einem „Fahrrad", sondern mit einem normalen Gepäckstück – schon ist das Problem gelöst.

Zur Anreise per **Autozug** s.o.: „Anreise mit dem Auto".

» Nächste Seite: Mali Lošinj auf der Insel Lošinj

Ausrüstung und Reisegepäck

Grundsätzlich gilt: So wenig wie möglich mitnehmen, bei Bedarf kann nahezu alles unterwegs nachgekauft werden. Neben Toilettenartikeln und der persönlichen Bekleidung, die in den Sommermonaten leicht und luftig sein sollte, könnte eine **Basisausrüstung** folgendermaßen aussehen:

- **Schwimmkleidung,** evtl. Schnorchelausrüstung (Inseln)
- **Schuhe:** für die Stadt gute Laufschuhe, denn die Kopfsteinpflaster der oft steilen Altstadtgassen sind auch bei Trockenheit glatt wie Schmierseife; für die Berge Wander- oder gute Sportschuhe; für den Strand Schlappen oder Gummisandalen (Steinstrände!) und Liegedecken o.Ä.
- **Regenschutz:** Ein Schirm kann gleichzeitig als Sonnenschutz dienen; für Fahrrad- und Mopedtouren eine leichte Regenjacke
- **Sonnenschutz:** Sonnencreme sowie Tuch, Hut oder Mütze für Wanderungen oder Sonnenbäder in der heißen Jahreszeit (insbesondere für Kinder!), Sonnenbrille
- **Taschenmesser:** Multifunktionsmesser mit Büchsenöffner, Schere, Feile usw.
- **Wäscheleine** zum Aufhängen der Handwäsche, besser noch ein flexibles Hosengummi
- **Waschmittel:** ein kleines, abgefülltes Glas; kann man zwar vor Ort kaufen, braucht man aber meist nicht auf
- **Wanderausrüstung:** Tagesrucksack, bruchfeste Feldflasche
- **Reisewecker** für frühe Wanderungen, öffentliche Verkehrsmittel usw.

Ähnlich wie bei uns werden **Reisende mit Rucksack,** wenn sie in ein mittleres oder besseres Hotel kommen, zuweilen schräg angesehen. Aber gerade **Koffer** sind das denkbar ungeeignetste Transportmittel, wenn man nicht gerade von Hoteltür zu Hoteltür fährt bzw. gefahren wird. Für alle Zwecke sehr gut bewährt haben sich **Reisetaschen.** Wer sich überwiegend in Städten und an Stränden aufhalten will, sollte mit einer Tragetasche mit Schulterriemen gut beraten sein.

Wie in Mitteleuropa versteht es sich von selbst, dass man in Museen, Kirchen, guten Restaurants, Casinos usw. **angemessene Kleidung** trägt, während an den Stränden, in Touristenorten und auf Wanderungen lockere Freizeitkleidung völlig in Ordnung ist. Für offizielle Anlässe oder Geschäftsreisen sind Kostüm bzw. Anzug und Krawatte unverzichtbar.

› Eine Brücke verbindet das Festland mit Krk, der größten Insel der Adria

Autofahren

„Hinter Wien beginnt der Balkan“, hieß es immer – hinsichtlich der Fahrweise vieler Bewohner Ex-Jugoslawiens sicherlich nicht aus der Luft gegriffen. Trotz der recht häufigen Polizeikontrollen mutet manch riskantes Überholmanöver der Einheimischen recht abenteuerlich an. Als Gast im fremden Land sollte man besonders **vorsichtig und defensiv fahren,** um Unfälle oder Ärger von vornherein zu vermeiden.

Straßennetz

Das kroatische Straßennetz ist **vollkommen ausreichend.** Die Autobahnen sind ausgezeichnet, viele **Raststätten** bieten Übernachtungsmöglichkeiten. Trotz etlicher Neubaumaßnahmen muss jedoch auf dem Großteil der alten Küsten- und Landstraßen mit Vorsicht gefahren werden. Neben den Autobahnen sind auch die autobahnähnlichen Schnellstraßen in Istrien sowie die Brücke zur Insel Krk mautpflichtig (s.o.: Anreise“).

Tanken

Tankstellen gibt es reichlich, sowohl an den Haupt- als auch den Nebenstraßen, wobei neben den üblichen Kraftstoffsorten auch **LPG (Flüssiggas)** in Kroatien weit verbreitet und auch an etwa jeder zweiten Autobahntankstelle erhältlich ist. Anders verhält es sich mit **CNG (Erdgas),** ein CNG-Netz soll bis 2020 auf dem Festland aufgebaut werden. Derzeit noch gibt es lediglich eine einzige Zapfstelle in Zagreb (Gradska plinara Zagreb, Radnicka cesta 1, Industriegebiet, Tel. 01-414648, Mo–Fr 7–23 Uhr, Sa/So 7–15 Uhr). Die **Kraftstoffpreise** sind landesweit fast identisch (auch an Autobahnen).

080is wl

Verkehrsbestimmungen

In Kroatien sind die folgenden Geschwindigkeitsbegrenzungen zu beachten: **50 km/h** in Siedlungen, **80 km/h** auf Landstraßen außerhalb von Siedlungen, **100 km/h** auf Kraftfahrtstraßen und **130 km/h** auf Autobahnen; für Pkw mit Anhänger gelten außerhalb von Ortschaften grundsätzlich 80 km/h.

Auf kroatischen Straßen gilt wie auch in Österreich und Slowenien nach vielen Jahren des absoluten Alkoholverbotes eine **0,5-Promillegrenze.** Ausnahme: für junge Kraftfahrer bis 24 Jahre gilt nach wie vor ein absolutes Alkoholverbot. Hierzu eine kleine Anekdote: Ein Priester hat sich gegen die 0,0-Promille-Regelung vor Gericht beschwert. Seine Argumentation: Er müsse mehrere Gemeinden autofahrend betreuen, am selben Tage oft Messwein trinken und käme so aus beruflichen Gründen auf einen gewissen Pegel ...

Weitere Vorschriften: In Kroatien besteht eine grundsätzliche Anschnall- und für Kradfahrer Helmpflicht. Mitzuführen sind **Verbandskasten, Warndreieck, Pannenweste** und **Abschleppseil,** auch **Ersatzbirnen** für die Beleuchtung sind offiziell Pflicht. Ersatzkanister mit Treibstoff dürfen nicht mitgeführt werden. Kinder unter 12 Jahren müssen auf dem Rücksitz befördert werden. Tagsüber muss – wie auch in Slowenien, Italien und Österreich – mit **Abblendlicht** gefahren werden. Und wie in den Transitländern sind während des Fahrens **Mobiltelefone** am Ohr verboten – das scheint sich wie bei uns allerdings noch nicht überall herumgesprochen zu haben.

Parken

Wichtig sind auch die **Parkregelungen,** die in fast allen größeren Orten mittlerweile umgesetzt wurden: Das Parken ist (abgesehen von Parkhäusern, z.B. in Zagreb oder Dubrovnik) nur auf farbig markierten Parkflächen erlaubt. Dabei steht „Rot“ für 60 Min., „Gelb“ für 120 Min. und „Grün/Blau“ für 180 Min., die in aller Regel Mo bis Fr 7–20 Uhr und Samstag bis 14 Uhr **gebührenpflichtig** sind (Parkscheinautomaten – Münzen sammeln!).

Papiere

An Pkw-Papieren sind **Führerschein** und **Kfz-Zulassungsschein** Pflicht; die **„Grüne Versicherungskarte“** der KFZ-Versicherung ist ebenfalls vorgeschrieben (auch für Bosnien-Herzegowina).

Wer mit einem **Mietfahrzeug** unterwegs ist (Wohnmobil, Leihwagen), benötigt eine Vollmacht des Vermieters – Vordrucke stellen die Automobilclubs zur Verfügung. Außerdem ist, wie bei jeder Auslandsreise, der Kfz-Schutzbrief eines Automobilclubs ratsam.

Unfälle

Bei Unfällen sollte man unbedingt eine **polizeiliche Unfallbestätigung** ausstellen lassen! Nur damit ist die problemlose Ausreise möglich, da Fahrzeuge mit auffälligen Karosserieschäden die Grenze nicht passieren dürfen, ehe der (mögliche) Verkehrsunfall nachweislich geregelt wurde. Für die heimische Versicherung und um langwierige Schadensersatzprozesse zu vermeiden unbedingt das mehrsprachige Formular „Europäischer Unfallbericht" (Automobilclubs) mitführen und zusammen mit dem Unfallgegner ausfüllen!

Notruf/Pannenhilfe

Die Pannenhilfe des **kroatischen Autoclubs HAK** ist unter Tel. 987 durchgehend erreichbar (aus Mobilnetzen unter 01987). Man achte auf die Aufschrift „Pomoć na cesti 987" – andere Pannenhelfer sind wesentlich teurer.

- **Crikvenica:** Kralja Tomislavova 113, Tel. 051-785060
- **Krk:** Radića 13, Tel./Fax 051-221-159
- **Rijeka:** Dolac 11, Tel./Fax 051-212-442
- **Senj:** Obala Kr. Zvonimira 14, Tel./Fax 053-881120

Hilfe ist z.B. für ADACPlus-Mitglieder oder ÖAMTC-Mitglieder teilweise kostenlos. Man kann sich auch direkt an seinen Automobilclub wenden. Hier die drei größten für Deutschland, Österreich und die Schweiz:

- **ADAC,** in Zagreb Tel. 01-3440666, sonst in Deutschland (auch aus dem Ausland) Tel. 0180-222222; unter (D-)Tel. 089-222222 gibt es Adressen von deutschsprachigen Ärzten in der Nähe des Urlaubsortes (Liste auch vorab anforderbar).
- **ÖAMTC,** in Zagreb Tel. 01-3440644, sonst in Österreich Tel. 01-2512000 oder 01-2512020 für medizinische Notfälle. Als allgemeine Notrufnummer wurde die 0800-133133 des ÖAMTC aufgenommen.
- **TCS,** (CH-)Tel. 022-4172220 (Einsatzzentrale) und 0844-888111 (24-Stunden-Service).

Landkarten

Sehr empfehlenswert ist die **Kroatien-Karte** aus dem world mapping project des Reise Know-How Verlages, bei der die komplette Küstenregion im Maßstab 1:300.000 abgebildet ist (der Ostteil Kroatiens hat den Maßstab 1:700.000). Die Karte besteht aus reiß- und wasserfestem Papier, ist GPS-genau und mit Höhenlinien versehen. Außerdem sind die wichtigsten Sehenswürdigkeiten markiert, ein Register verzeichnet alle Orte. In der gleichen Reihe ist eine Karte von **Istrien** im Maßstab 1:70.000 erschienen.

Leihwagen

Zahlreiche international renommierte Unternehmen (Avis, Hertz) bieten ihren Service auch in Kroatien an und sind an den Flughäfen sowie in größeren Orten vertreten. Die **Preise** liegen in Kroatien **überdurchschnittlich hoch** – unter 50 € pro Tag ist kaum ein Kleinwagen zu haben, die namhaften Vermieter verlangen in der Hauptsaison oft das Doppelte! Günstiger sind Fahrräder und Mopeds, die von kleineren Händlern in vielen Touristenorten vermietet werden. In aller Regel ist unabhängig vom Fahrzeug eine Kaution zu entrichten. Auf die Vermietstellen/Agenturen vor Ort wird in den Ortsbeschreibungen hingewiesen.

Die meisten Verleihstellen schließen **Grenzübertritte** (etwa nach Montenegro oder Bosnien-Herzegowina) auch zu Tagesbesuchen aus, Ausnahme ist nach Erprobung durch Leser z.B. die Fa. Hertz (www.hertz.de). Andere Leser haben mit kroatischen Leihwagen sehr schlechte

Erfahrungen in Montenegro gemacht (willkürliches Abschleppen mit hoher Auslöse usw.).

Diplomatische Vertretungen

Die Republik Kroatien unterhält diplomatische Beziehungen zu über hundert Ländern, von denen etwa die Hälfte ihre Botschaft in Zagreb hat, einige Länder unterhalten zudem **Konsulate** in Rijeka, Split und Dubrovnik.

Heimatvertretungen in Kroatien

- **Deutsche Botschaft** (Njemačko Veleposlanstvo), Ulica Grada Vukovara 64, **Zagreb,** Tel. 01-6300100 und bei dringenden Notfällen mobil 098-227136.
- **Honorarkonsulat der Bundesrepublik Deutschland,** Svačiceva 4, **Split,** Tel. 021-409347.
- **Österreichische Botschaft** (Austrijsko Veleposlanstvo), Jabukovac 39, **Zagreb,** Tel. 01-4881050.
- **Konsulat der Republik Österreich** (Austrijski Konzulat), Stipana Istranina Konzula 2, **Rijeka,** Tel. 051-338554; Klaiceva poljana 1, **Split,** Tel. 021-322535.
- **Botschaft der Schweiz** (Švicarsko Veleposlanstvo), Bogoviceva 3, **Zagreb,** Tel. 01-4878800.

Kroatische Vertretungen im deutschsprachigen Raum

- **Botschaft der Republik Kroatien,** Ahornstr. 4, 10787 **Berlin,** Tel. 030-21915514, Fax 236 28965. Konsulate in Bonn, Düsseldorf, Frankfurt/M., Hamburg, München und Stuttgart; siehe www.auswaertiges-amt.de und http://de.mfa.hr.
- **Botschaft der Republik Kroatien,** Heuberggasse 10, 1170 **Wien,** Tel. 01-4802083, Fax 480 2942. Konsulate in Telfs und Graz; siehe www.bmeia.gv.at.
- **Botschaft der Republik Kroatien,** Thunstr. 45, 3005 **Bern,** Tel. 031-3520275, Fax 3520373. **Konsulat in Zürich,** Bellerivestraße 5, Tel. 044-4228318, www.eda.admin.ch.

Ein- und Ausreisebestimmungen

Die Republik Kroatien ist mit Wirkung vom 1.7.2013 **Vollmitglied der Europäischen Union.** Für die Einreise nach Kroatien mit einer geplanten Aufenthaltsdauer von bis zu drei Monaten genügt somit ein gültiger **Personalausweis.** Diesen sollte man zwar auch für die sehr seltenen Personenkontrollen bei sich haben, er wird aber insbesondere von Vermietern für die Anmeldung bzw. Kurtaxe benötigt. **Schweizer** und Reisende durch **Bosnien-Herzegowina** (z.B. nach Süddalmatien) sollten einen **Reisepass** mitführen (auch wenn in der Praxis oft ein Ausweis genügt).

Seit 2012 sind Kindereinträge im Reisepass der Eltern ungültig und berechtigen das Kind nicht mehr zum Grenzübertritt. Somit müssen **alle Kinder** (ab der Geburt) bei Reisen ins Ausland über ein **eigenes Reisedokument** verfügen. **Impfvorschriften** bestehen keine.

Mitnahme von Tieren

Für die Mitnahme von Tieren wird ein gültiger und aktualisierter **Impfpass** (Tierarzt) benötigt. Achtung: Auch schon für die Durchreiseländer innerhalb der EU muss für das Tier eine ordnungsgemäße Tollwutschutzimpfung und ein EU-Heimtierausweis („Pet Passport" genannt) oder übergangsweise der bisherige Impfausweis vorgelegt werden. Darüber hinaus muss das Tier neuerdings mit einem **Microchip** gekennzeichnet sein.

Zoll in Kroatien

Auf Gegenstände des persönlichen Bedarfs in üblichen Mengen wird kein Zoll erhoben. Ansonsten gelten die internationalen **Höchstmengen:** 200 Zigaretten oder 250 g Tabak, 50 ml Parfum, 250 ml Eau de Toilette, 1 l Spirituosen oder 1 l Wein.

Wertvollere **professionelle und technische Ausrüstung** muss deklariert werden (nicht aber die private Kamera- oder Tauchausrüstung). Die Ein- und Ausfuhr von **Devisen** ist in unbegrenzter Höhe zulässig.

Mehrwertsteuer

Für **in Kroatien gekaufte Waren** (mit Ausnahme von Treibstoffen; auch nicht Dienstleistungen/Mieten usw.) kann die Mehrwertsteuer (PDV, derzeit 23 %) auf Rechnungen von über 500 Kuna **rückerstattet** werden. Beim Kauf verlangt man hierzu das Formular PDV-P, welches vom Verkäufer ausgefüllt werden muss. Bei der Ausreise lässt man diese Rechnungen vom Zollamt gegenbestätigen. Die Mehrwertsteuer kann dann innerhalb von sechs Monaten rückerstattet werden: entweder persönlich beim Verkäufer, bei dem die Ware gekauft wurde, oder postalisch (Adresse des Verkäufers) unter Angabe der Kontonummer, auf die der Betrag eingezahlt werden soll. Die Erstattung erfolgt innerhalb von 15 Tagen nach Eingang.

Zoll in den Heimatländern

Bei der **Rückkehr** gibt es auch auf europäischer Seite Freigrenzen, Verbote und Einschränkungen. Folgende Freimengen darf man zollfrei einführen in die EU und die Schweiz:

- **Tabakwaren** (für Personen ab 17 Jahren): 200 Zigaretten oder 100 Zigarillos oder 50 Zigarren oder 250 g Tabak oder eine anteilige Zusammenstellung dieser Waren.
- **Alkohol** (für Personen ab 17 Jahren) **in die EU:** 1 l Spirituosen (über 22 Vol.-%) oder 2 l Spirituosen (unter 22 Vol.-%) oder eine anteilige Zusammenstellung dieser Waren, und 4 l nicht-schäumende Weine, und 16 l Bier; **in die Schweiz:** 2 l bis 15 Vol.-% und 1 l über 15 Vol.-%.
- **Andere Waren** (in die EU): für See- und Flugreisende bis zu einem Warenwert von insgesamt 430 €, über Land Reisende 300 €, alle Reisende unter 15 Jahren 175 € (bzw. 150 € in Österreich); (in die Schweiz): neuangeschaffte Waren für den Privatgebrauch bis zu einem Gesamtwert von 300 SFr. Bei Nahrungsmitteln gibt es innerhalb dieser Wertfreigrenze auch Mengenbeschränkungen.

Wird die Wertfreigrenze überschritten, sind Einfuhrabgaben auf den Gesamt-

Einige Richtpreise

- **Brot:** 14–15 K
- **Butter:** 15 K
- **Wurst und Käse:** durchschnittlich 20 % teurer als bei uns
- **Eier:** 1,50 K
- **Eiscreme** (Riesenkugel): 6–8 K

Obst und Gemüse (1 kg)

- **Paprika:** 6–8 K
- **Tomaten:** 7 K
- **Trauben:** 11–16 K
- **Bananen:** 11–12 K
- **Pfirsiche:** 16 K
- **Kohl:** 6 K
- **Zucchini:** 7–8 K
- **Melonen:** 4–5 K
- **Kartoffeln:** 5 K

Im Lokal

- **Bier:** 15–20 K (0,5 l)
- **Softdrink:** 12–16 K
- **Kaffee:** 6–8 K
- **Cappuccino:** 10–12 K

wert der Ware zu zahlen und nicht nur auf den die Freigrenze übersteigenden Anteil. Die Berechnung erfolgt entweder pauschal oder nach dem Tarif jeder einzelnen Ware zuzüglich sonstiger Steuern.

Einfuhrbeschränkungen bestehen u.a. für Tiere, Pflanzen, Arzneimittel, Betäubungsmittel, Feuerwerkskörper, Lebensmittel, Raubkopien, verfassungswidrige Schriften, Pornografie, Waffen und Munition; in Österreich auch für Rohgold und in der Schweiz auch für CB-Funkgeräte.

Nähere Informationen

- **Deutschland:** www.zoll.de oder beim Zoll-Infocenter Tel. 069-46997600.
- **Österreich:** www.bmf.gv.at oder beim Zollamt Klagenfurt Villach Tel. 01-51433-564053.
- **Schweiz:** www.ezv.admin.ch oder bei der Zollkreisdirektion in Basel Tel. 061-2871111.

Einkaufen und Souvenirs

Man wird als Selbstverpfleger gar nicht umhin kommen, von dem leckeren, frischen **Obst und Gemüse** zu kosten, das auf den lokalen Märkten und oft auch am Straßenrand angeboten wird.

Frischfleisch und Fisch kauft man in der *mesnica* (Fleischerei, Metzgerei) und in der *ribarnica* (örtliche Fischhalle), wo hauptsächlich vormittags Muscheln, Tintenfische, Scampi und diverse Speisefische je nach Saison fangfrisch verkauft werden – für Fischfreunde ein Muss!

Bäckereien *(pekarna)* gibt es in jedem Ort; Brote und Teigwaren sind durchweg sehr preiswert, wobei überwiegend mit Weizenmehl gebacken wird (ein Laib Weißbrot kostet ca. 9 K). Kuchenteilchen sind sehr preiswert und lecker – es gibt viele Sorten, einfach mal durchprobieren! Die bekanntesten sind *fritule, krostule,* Strudel, *cukerančići* und die pikant gefüllten *burek* (s.u.). In kleineren Orten, seltener in großen, steht zu bestimmten Tageszeiten ein Bäckereiwagen mit einem Grundsortiment frischer Brote und Kuchen.

Eier, Frischmilch, Konserven, Getränke aller Art und ein ähnliches Angebot wie in westeuropäischen Lebensmittelmärkten sind in **Mini-Märkten** (größere „Tante-Emma-Läden") oder **Supermärkten** erhältlich, die sich rapide an den Hauptverbindungsstraßen der größeren Orte ausbreiten.

Unübersehbar dem italienischen Einfluss sind – neben den Pizzerien – die vielen **Eisdielen** („Gellateria") zuzuschreiben. Im Gegensatz zu früheren Jahren kann das Speiseeis heute als sehr gut bezeichnet werden.

Was kann man mitbringen? Von kitschigen **Erinnerungsstücken** abgesehen, die in den Touristenorten angeboten werden, könnte eine Spitzendecke oder eine Strickjacke gerade älteren Menschen Freude machen. Auch Holzschnitzereien, etwa Puppen mit Regionaltrachten, sind bei Sammlern sehr beliebt. Als Idee für die Wohnungsgestaltung sei erwähnt, dass es in den kroatischen Städten unendlich viele Künstler gibt, die moderne Aquarelle, Radierungen, Plastiken und vieles mehr feilbieten.

Mehr als ein Verlegenheitssouvenir sind lokale **Weine und Schnäpse,** allen voran das auf jedem Bauernhof gebrannte **Nationalgetränk Sliwowitz.** In Touristenorten bekommt man diesen Pflaumenbranntwein als verdünnten Fusel mit künstlichen Aromen, aber in schönen Flaschen, oft mit Kräutern oder eingelegten Früchten. Richtig guten Schnaps erhält man auf den Höfen – einfach auf Schilder wie „Vino" und „Šlivovica/Rakija" achten.

Elektrizität

Die Stromspannung beträgt wie bei uns **230 V bei 50 Hz,** die Steckdosen sind landesweit **ohne Adapter** nutzbar.

Essen und Trinken

Kroatien kann sich einer **ausgezeichneten Küche** überall im Lande und auf den Inseln rühmen. Es versteht sich von selbst, dass die unterschiedlichen Regionen ihre eigenen **kulinarischen Spezialitäten** hervorgebracht haben.

Fisch

Aufgrund der Lage am Meer sind Fischgerichte, Hummer, Scampi, Muscheln und andere Meeresfrüchte typisch für die meisten der in diesem Buch beschriebenen Küstenorte. Typische Speisefische sind Goldbrasse, Wolfbarsch, Drachenkopf und Rotbrasse. Sehr beliebt sind auch Krebs- und Seepolypensalat, Austern sowie Jakobs- und Miesmuscheln, *dondole* genannt. Ferner dürfen gegrillte Sardinen oder Sardellen (köstlich!) auf den Speisekarten nicht fehlen.

Nudeln

Nicht zu verachten sind besonders in Zentralkroatien und Istrien die **hausgemachten Nudeln,** z.B. Makkaroni mit

Fleischsauce. Maultaschen *(fuži), gnocchi* mit Wild und *krafi* (mit Käse gefüllte Ravioli) mit Fleischsauce sind Gerichte, deren Rezepte hier von Generation zu Generation weitervererbt werden.

Maneštra, Würste, žarebnjak

Die unersetzliche *maneštra* (Minestrone, Gemüsesuppe) mit Bohnen und jungem Mais oder Gerstenkorn, hausgemachte Würste und *žarebnjak* (geräuchertes Schweinskarree) mit Sauerkraut sind traditionelle **„Hausmannskost“,** die in alten Weinstuben und Lokalen *(gostionica, konoba)* serviert wird.

Eine kulinarische Besonderheit Slawoniens, das man evtl. im Transit über Tschechien passiert, ist das exzellente **Gulasch,** welches auf die kulturelle Nähe Donaukroatiens zur „Urheimat des Gulasch“ (Ungarn) hinweist.

Rohschinken und Schafskäse

An kleinen, kalten Speisen seien der ausgezeichnete Rohschinken **(pršut)** und Schafskäse **(sir)** erwähnt, ergänzt durch selbst gebackenes Brot *(kruh).*

Spanferkel

Unübersehbar sind die **entlang der Straßen** scheinbar unentwegt rotierenden, knusprigen Spanferkel *(svinjetina),* die man mal gekostet haben sollte. In der Region Kvarner beschränkt sich diese deftige Leckerei hauptsächlich auf die Insel Cres (Hochburg: rund um Osor).

Gegrillte Kleinigkeiten

Gegrillte Kleinigkeiten wie **čevapčići** *(čevapi,* Hackfleischröllchen), **pljeskavica** (Frikadellen) oder **ražnjići** (Fleischspieße) werden mit *ajvar,* einer roten Paprikapaste, serviert.

005is wl

Paprika und Knoblauch – Grundbestandteile der kroatischen Küche

Burek

Sehr beliebt sind auch warme burek (Blätterteigtorte, in Bäckereien), die mit **Spinat, Käse, Hackfleisch oder Apfel** gefüllt sind, eine – wie auch das Lamm am Spieß – von den muslimischen Bosniern übernommene Spezialität.

Beilagen, Gemüse

Die beliebtesten Beilagen sind Reis, Pommes Frites und Brot; an Gemüse werden je nach Saison Mangold, Tomaten, Feldsalat, Wildspargel, Zucchini, Bohnen, Erbsen und Oliven gereicht.

Getränke

An Getränken steht zuvorderst der heimische **Wein** in diversen Sorten, zu nennen sind vor allem *Pleškavica* (weiß und rot), *Malvasia-Weißwein, Teran-* und *Borgonja-Rotwein* sowie *Hrvatica-Rosé,* im Süden die bekannten *Pelješac-Weine.* Hausmarken können übrigens in den meisten Orten (Schilder „vino" beachten) direkt vom Erzeuger für ca. 10 K pro Liter gekauft werden, ebenso Schnäpse, allen voran **Šljivovica** (Pflaume) und **Kruškovac** (Birne), wobei besonders die handwarm getrunkene Mischung *Juliška* (Pflaume und Birne) zu empfehlen ist. Als typischer Aperitif wird gern der überall erhältliche, sehr milde **Likörwein** *Prošek* getrunken. Bei der Jugend ist *Bambus* aus Rotwein und Cola in oder auch *Gemišt* (Weißweinschorle), auch *Bevanda* genannt. Auch **Biertrinker** können getrost zu kroatischen Marken greifen.

Als Durstlöscher empfiehlt sich **Mineralwasser,** das mit oder ohne Kohlensäure („gaz") in Kunststoffflaschen in Supermärkten vertrieben wird.

Auf Glasflaschen wird wie bei uns teilweise **Pfand** erhoben (z.B. Bier, bestimmte Mineralwassersorten). Die Flaschen kann man prinzipiell ausschließlich in dem Geschäft, in dem sie gekauft wurden, gegen Vorlage des **Kaufbeleges** (gilt als Pfandschein) zurückgeben! Plastikflaschen sind fast immer pfandpflichtig und können nur bei ganz bestimmten großen Supermärkten – ohne Kaufbeleg – zurückgegeben werden (auch in einem anderen Markt derselben Kette). Man sollte also beim Kauf im Urlaubsort fragen, was pfandpflichtig (Flaschenpfand: „kaucija za boce") ist und wo es abgegeben werden kann.

Restaurants

Ausländische Restaurants sind relativ selten in Kroatien zu finden – mit Ausnahme der allgegenwärtigen **Pizzerien,** die gleichzeitig auch die **günstigsten Lokale** in Kroatien sind.

Ein Wort zum **Preisgefüge:** Essen gehen in Kroatien ist im Durchschnitt immer noch rund 10 % günstiger als in Österreich oder Deutschland, von der Schweiz ganz zu schweigen. Grundgerichte scheinen geradezu billig zu sein, man darf sich jedoch nicht täuschen lassen: Beilagen werden extra bestellt und gesondert berechnet. Recht günstig sind gemischte Platten für zwei Personen, etwa Fisch für 220–280 K oder Grillfleisch für 180–220 K. Als Faustregel gilt: Je weiter weg von der Küste, desto uriger, originaler und preiswerter!

Feste und Feiertage

Neben den gesetzlichen Feiertagen wird in fast allen Orten mindestens ein **lokales Fest** im Jahr gefeiert, von zahllosen Veranstaltungen, Ausstellungen, Sportwettkämpfen usw. ganz abgesehen. Sehr interessant ist in diesem Zusammenhang die Website www.istra.com/events/pregled.html, wo nach Eingabe des geplanten Aufenthaltszeitraumes und -ortes alle entsprechenden Veranstaltungen und Feste angezeigt werden.

- **1. Januar:** Neujahr
- **6. Januar:** Heilige Drei Könige
- **März/April:** Ostern
- **1. Mai:** Tag der Arbeit
- **30. Mai:** Staatsfeiertag (kroatischer Parlamentsbeschluss von 1991 zum Austritt aus der BR Jugoslawien)
- **22. Juni:** Antifaschismustag
- **5. August:** Staatsfeiertag; Rückeroberung der Krajina 1995
- **15. August:** Mariä Himmelfahrt
- **8. Oktober:** Unabhängigkeitstag
- **1. November:** Allerheiligen
- **25. und 26. Dezember:** Weihnachten

« Vorhergehende Seite:
Frisch gefangener Fisch im Hafen von Jablanac

Geld

Die nationale Währung heißt **Kuna** (K; 1 Kuna = **100 Lipa**), das kroatische Wort für „Marder“ (siehe Exkurs). Im Gebrauch sind Münzen zu 1, 2, 5, 10, 20 und 50 Lipa sowie 1, 2 und 5 Kuna, ferner Geldscheine im Wert von 5, 10, 20, 50, 100, 200, 500 und 1000 Kuna.

Die kroatische Währung wurde im Zusammenhang mit den EU-Aufnahmeverhandlungen in einem engen Korridor **an den Euro gebunden,** sodass große Schwankungen nicht zu erwarten sind. Mit dem EU-Beitritt der Republik Kroatien wird es noch mindestens drei weitere Jahre bis zur Einführung des Euro dauern.

Bargeldtausch

Devisen werden in **Banken, Wechselstuben,** auf **Postämtern** sowie in den meisten **Reisebüros, Hotels** und an **Campingplätzen** gewechselt. Es empfiehlt sich nicht, Kuna schon zu Hause zu tauschen, denn der Wechselkurs vor Ort ist deutlich besser. In Kroatien wiederum bieten die Banken den besseren Kurs als Hotels oder Andenkenläden. Wechselstuben sind unkomplizierter, aber ungünstiger.

Die **Banken** sind von 7 bis 19 Uhr geöffnet, samstags bis 13 Uhr; manche Banken in größeren Städten sind auch sonntags geöffnet (meist in touristischen Orten); für Schecks werden 1,5 %, für Bargeldtransaktionen 1 % Kommission verlangt (besser als Wechselstuben).

Wechselkurse (Stand: Juli 2013)

- 1 € = 7,40 K, 1 K = 0,13 €
- 1 SFr = 6,12 K, 1 K = 0,16 SFr

Kreditkarten

In den meisten Hotels, Restaurants und Geschäften kann mit gängigen Kreditkarten (American Express, Diners Club, Mastercard, Visa) bezahlt werden. Für Barabhebungen per Kreditkarte werden je nach ausstellender Bank Gebühren von bis zu 5,5 % berechnet, für das bargeldlose Zahlen im Ausland dagegen nur 1–2 %.

EC-/Maestro-Karte

Sehr praktisch sind die **Geldautomaten** (auch Deutsch in der Sprachauswahl) an den Banken, wo mit Maestro-(EC-)Karte und PIN-Code bis zu 3000 Kuna pro Transaktion (Maximum schwankt je nach Geldinstitut) abgehoben werden können. Es kommt allerdings manchmal zu sogenannten „Verbindungsschwierigkeiten“, sodass man nicht unbedingt auf den letzten Drücker versuchen sollte, Geld abzuheben!

Jede Bank legt selbst fest, wieviel fremde Kunden an ihren Automaten zahlen müssen, wobei die **Gebühren** zwischen 1,75 € und 7,50 € pro Abhebung (in Einzelfällen bis zu 10 €) betragen. Seit 2011 zeigen Geldautomaten zwar in Deutschland vor der Abhebung die Gebühr an und der Kunde kann noch entscheiden, ob er den Vorgang fortsetzt oder zu einem anderen, für ihn günstigeren Geldautomaten wechselt. Diese „Gebührenanzeige“ fehlt jedoch in Kroatien (noch).

Wissenswertes zur kroatischen Währung

Die Bezeichnung **Kuna** für die kroatische Landeswährung reicht viele Jahrhunderte zurück und beweist allein durch ihren Namen die ehemalige Tauschwirtschaft unter den Menschen. „Kuna“ bedeutet nämlich nichts anderes als **„Marder“**, ein Hinweis darauf, dass vor der Verbreitung von Gold und Geld als allgemeinem Zahlungsmittel die einfachen Kroaten mit den auf der Jagd erbeuteten Marderpelzen bezahlten. Auf den kroatischen **Kuna-Münzen** ist das Tierchen verewigt. Recht ähnlich ist auch der ethymologische Hintergrund des russischen Rubel, der „das Abgeschlagene“ bedeutet, da die Händler Silberbarren bei sich trugen, von denen sie beim Bezahlen mit der Axt etwas „abschlugen“. Derartige **Tauschwirtschaften** wie beim Kuna sind auch aus anderen Kulturen bekannt, etwa aus der Südsee, wo man Muscheln als Zahlungsmittel verwendete.

Dafür allerdings erhält der Kunde den amtlichen Mittelkurs, der etwas günstiger ist als der Verkaufskurs von Kuna bei Barumtausch vor Ort. Unter dem Strich gewinnt sowieso immer die Bank. Mag auch der Barumtausch-Kurs auf den ersten Blick minimal besser erscheinen, so ist die Sicherheit gegen Verlust des Bargeldes den kleinen Aufschlag durchaus wert. Alternativ kann man bei Postämtern als Postbankkunde preiswert Geld abheben oder auch Bargeld tauschen.

Auch in großen **Supermarktketten** kann direkt mit der EC-Karte gezahlt werden, wobei dies wegen der genannten Gebühren nur bei Großeinkäufen empfehlenswert ist.

Bei **Verlust** der Maestro-(EC-) oder Kreditkarte sollte man diese umgehend **sperren lassen** und schnellstmöglich die ausstellende Bank informieren (siehe Kapitel „Notfälle").

Preise und Reisekosten

Kroatien ist immer noch **eines der günstigeren Reiseziele Europas.** Die Verpflegung im Land ist preiswert, vor allem dann, wenn man auf Märkten und in Bäckereien einkauft. Auch bei den Unterkünften finden sich manchmal Schnäppchen. Dazu muss man sich natürlich etwas umsehen (Zeitschriften) oder das Internet durchforsten – Wochenpreise von 200 €/p.P. in einem Hotel sind durchaus normal. Auch Ferienwohnungen können vorab gebucht werden, „Wiederholungstäter" vereinbaren ohnehin oft mit dem Vermieter für den nächsten Urlaub eine direkte Buchung.

Die Treibstoffpreise nähern sich immer mehr den mitteleuropäischen an. Insgesamt kann eine vierköpfige Familie für einen dreiwöchigen Camping- oder Apartmenturlaub mit rund 3000 € (Eintrittsgelder und Kosten für eigene Anreise inbegriffen) rechnen. Richtpreise für Lebensmittel siehe unter „Einkaufen und Souvenirs".

Informationsstellen

Für einen Urlaub in Kroatien steht eine Fülle von nationalen, regionalen und lokalen Informationsstellen zur Verfügung, bei denen man sich vorab ausführlich informieren und/oder Buchungen vornehmen kann.

Touristikbüros außerhalb Kroatiens

Außerhalb des Landes bieten die „klassischen" Touristikvertretungen Kroatiens Informationen, Hilfestellungen und Literatur zur Reisevorbereitung. Die **Kroatische Zentrale für Tourismus** ist im Internet zu finden unter www.croatia.hr. Die Seite umfasst neben landesweiten allgemeinen Informationen und Reisemöglichkeiten eine Suchmaschine zu diversen Unterkunftsarten. In Deutschland, Österreich und der Schweiz kann man auch Kontakt mit der Vertretung vor Ort aufnehmen:

- **Deutschland:** Kaiserstr. 23, 60311 **Frankfurt,** Tel. 069-2385350, Fax 23853520; Rumfordstr. 7, 80469 **München,** Tel. 089-223 344, Fax 223377, www.kroatien.hr.

■ **Österreich:** Am Hof 13, 1010 **Wien,** Tel. 01-5853884, Fax 585388420, www.kroatien.at.
■ **Schweiz:** Badenerstr. 332, 8004 **Zürich,** Tel. 043-3362030, Fax 362039, www.kroatien-tourismus.ch.

Touristikbüros in Kroatien

Wichtig für Touristen vor Ort ist die Nummer **0800-200-200,** eine landesweit kostenlose **Informations-Hotline** der Kroatischen Zentrale für Tourismus.

■ **Zentrale für Tourismus,** Iblerov Trg 10/IV, 10000 Zagreb, Tel. 01-4699333, Fax 01-4557827, www.htz.hr, www.kroatien.hr.

Daneben existieren einige **regionale touristische Informationsstellen** der Gespanschaften (Verwaltungsbezirke). Diese Stellen bieten reichhaltiges Prospekt- und Informationsmaterial zu den jeweiligen Regionen, ohne einen konkreten Ort besonders hervorzuheben, und sind daher neutraler als die lokalen Touristeninformationen, die ihren jeweiligen Ort propagieren.

■ **Primorsko-Goranska (Tourismusverband der Region Kvarner),** Nikole Tesle 2, 51410 Opatija, Tel. 051-272988, 272665, Fax 272909, www.opatija-tourism.hr.

Für einige Nachbarregionen:
■ **Istarska (Istrien),** Pionirska 1, 52440 Poreč, Tel. 052-452500, Fax 452811, www.istra.hr/de.
■ **Karlovačka (Raum Karlovac),** Ambroza Vraniczanya 1, 47000 Karlovac, Tel. 047-615320, Fax 615320; www.tzkz.hr.
■ **Zadarska (Zadar und Norddalmatien),** Leopolda Mandića 1, 23000 Zadar, Tel. 023-315107, 315316, Fax 315107, 315316, www.zadar.hr.

Lokale Touristeninformationen

In Kroatien ist die Institution des sogenannten **Turist-Biro** (auch „Information“ oder „Tourist Service/Agency“ oder ähnlich) praktisch allerorts vertreten; hier handelt es sich um **kommerzielle Agenturen,** die Privatunterkünfte vermitteln, Geld wechseln, Ausflüge organisieren, Angel- und Tauchlizenzen (nicht alle) ausstellen usw. Dieser Service ist nicht umsonst, Auskünfte – etwa in Form von Stadtplänen – kosten. Für die Organisation von Fremdenzimmern und Ferienwohnungen sind diese Institutionen manchmal unumgänglich (siehe „Unterkunft“), für normale touristische Anliegen (Hintergrundinfos zum Ort, Faltblätter, Stadtpläne usw.) empfiehlt sich jedoch grundsätzlich der Besuch der „richtigen“ Touristeninformationen in den einzelnen Orten, kroatisch „Turistička Zajednica Grada ...“ (Tourismusverband der Stadt ...). Die lokalen Informationsbüros sind in den jeweiligen Ortsbeschreibungen aufgeführt. Diese verfahren in Bezug auf Informationsmaterial, insbesondere Karten, Wanderpläne usw., insbesondere auf den Inseln, auf unterschiedliche Art und Weise. Während in einem Ort das Material kostenlos ausgegeben wird, werden in anderen Orten (derselben Insel) auf ein und dieselben Karten bisweilen Gebühren von mehreren Euro erhoben.

Internet

Spezielle Hinweise besonders zu Unterkünften sind im Kapitel „Unterkunft“ zu finden, wichtig sind auch die offiziellen Seiten der „Zentrale für Tourismus“ (s.o.). Linkhinweise zu den einzelnen Städten und Regionen sind in den jeweiligen Ortsbeschreibungen angegeben. Einige besonders **empfehlenswerte Internetseiten** sind:

- **www.istra.com**
Sehr interessant und informativ; unter der Kategorie „Preise“ können zu allen Hotels, Pensionen, Campingplätzen (inklusive FKK) usw. die aktuellen Preise (in Euro) des laufenden Kalenderjahres abgerufen werden.
- **www.kroatien.netzstart.net**
Eine sehr gute Homepage. Die Themen der exzellenten Linksammlung reichen von Nationalparks, Verkehrsnachrichten und Sport über Webcams und Kreativurlaub bis hin zu Stadtplänen und Unterkunftsbuchung.
- **www.hak.hr**
Seite des kroatischen Automobilclubs.
- **www.kroatien.hr, www.croatia.hr, www.htz.hr**
Offizielle Website der kroatischen Fremdenverkehrsämter.
- **www.crm.de**
Das Centrum für Reisemedizin bietet allgemeine Infos und Hintergründe zur Gesundheit bzw. zu Krankheiten, konkrete Infos zum gewünschten Reiseland, viele sonstige reise-/gesundheitsrelevante Adressen.
- **www.reise-ziele-online.de/kroatien**
Beschreibungen der Küstenziele (einschl. größerer Inseln) Kroatiens.
- **www.jadro.de**
Deutschsprachige Online-Zeitschrift zu Kroatien mit weit gefächerten aktuellen Themen.
- **www.reiseinfo-kroatien.com**
Touristische Highlights und Hintergrundinformationen mit interaktiven Karten und brauchbarem Taucher-Bereich.
- **www.kvarnerbucht.com**
Ordentliche Unterkunfts-Vermittlerseite für die Kvarner Bucht und Norddalmatien
www.kroati.de/hotel/kvarner-bucht.html
Hier kann sehr gezielt nach Ort und Unterkunftsart eine Bleibe gesucht werden.

Kinder auf der Reise

Kroatien wird Kindern gefallen. Von „Ritterburgen“ über „Robinson-Inseln“ bis zu Hüpfburgen wird so allerlei geboten – für kleine und für große Kinder (siehe bei den Ortsbeschreibungen).

Dennoch sollte man ein paar Kleinigkeiten beachten, um ungetrübte Urlaubsfreuden mit der gesamten Familie genießen zu können. Wegen des Klimas (sonniges Mittelmeerklima während der Haupturlaubszeit) versteht sich ein guter Sonnenschutz (auch für den Kopf ein Hut oder eine Schirmmütze) von selbst; wichtig ist es, viel zu trinken – am besten Mineralwasser, das vor Ort preiswert erhältlich ist. Sehr wichtig sind auch Strandsandalen wegen der häufigen Kies- und Felsbuchten mit teils unangenehmen scharfkantigen Steinen. Höschenwindeln für ganz kleine Gäste sind nur in größeren Supermärkten/Drogerien erhältlich, Gleiches gilt für spezielle Babynahrung. In nahezu allen größeren Orten ist die bei uns bekannte Kette „DM“ vertreten.

Medien

Radio

Von 6.35 bis 21.35 Uhr sendet das 2. Programm des kroatischen Rundfunks HRT (98,5 MHz) zu jeder vollen Stunde nach den Nachrichten touristische Informationen (Straßenverhältnisse, Sperrungen, Staus, wichtige Fähren und sonstige Hinweise) in englischer, deutscher und italienischer Sprache – allerdings nur vom 1.7. bis 15.9. (sonst kroatisch und englisch). Der Automobilclub HAK sendet zudem zweimal täglich in den genannten Sprachen den Nautikerbericht (Wind- und Seeverhältnisse). Nachrichten in englischer Sprache strahlt das 1. Programm auf der Frequenz 92,1 MHz täglich um 8.03 (sonntags ab 9.03 Uhr), 10.03, 14.03, 20.03 und 0.10 Uhr aus.

035kb wl

◁ Kroatien wird Kindern gefallen

Zeitungen

Größere **deutschsprachige Tages- und Wochenzeitungen** sind landesweit an Kiosken und in Buchhandlungen erhältlich. Die wichtigsten **kroatischen Tageszeitungen** (in kroatischer Sprache) sind „Večernji List“ (Abendblatt), „Vjesnik“ (Bote) und „Slobodna Dalmacija“ (Freies Dalmatien).

Medizinische Versorgung

Das medizinische Versorgungssystem wird permanent verbessert und auch für Touristen erweitert. Viele Campingplätze verfügen über eine **Erste-Hilfe-Station,** mittlere und größere Städte über ordentliche, moderne **Kreiskrankenhäuser.** Für gesetzlich Krankenversicherte gilt die ausgegebene Krankenversicherungskarte in allen EU-Staaten, daher seit Mitte 2013 auch uneingeschränkt für Kroatien. Dennoch empfiehlt sich grundsätzlich der Abschluss einer Reisekrankenversicherung (s. „Versicherungen“).

Nachtleben

Die meisten Hotels der höheren Kategorie haben **Nightclubs,** wichtigere touristische Ortschaften verfügen über **Discos.** Im Sommer werden oftmals **Tanzabende im Freien** sowie verschiedene **Unterhaltungsprogramme** und **Kulturveranstaltungen** organisiert – es ist wirklich ein Genuss, eine kroatische Dorfband auf einem der kleinen Plätze der Altstädte zu erleben! In den bekannteren Hotel- und Freizeitanlagen gibt es auch das eine oder andere **Spielcasino.** Ein „echtes" Nachtleben für Spätaufsteher spielt sich hauptsächlich im Raum Rijeka – Opatija ab. Nachtschwärmer werden sich ansonsten an den malerischen Promenaden der Küstenstädte wohl fühlen, wenn nach Einbruch der Dunkelheit das Leben in den **Bars** und **Cafés** erwacht.

Notrufnummern

- **Polizei:** Tel. 92
- **Feuerwehr:** Tel. 93
- **Notruf:** Tel. 94
- **Kfz-Pannendienst:** Tel. 987 oder 01-987 (aus Mobilnetzen), Notrufstation der Automobilclubs: siehe „Autofahren"

Notfälle

Man hofft es natürlich nicht, aber wenn doch einmal etwas passiert, sollte man trotz aller Aufregung einen kühlen Kopf bewahren und bei folgenden Stellen Hilfe in Anspruch nehmen.

Beim **Verlust von Reisedokumenten** kontaktiere man außer der Polizei die diplomatische Vertretung; idealerweise hat man Fotokopien gesondert aufbewahrt!

Ist das Geld weg, diplomatische Vertretung und/oder Sonderversicherer (z.B. Automobilclub) kontaktieren, ein Grundbetrag zur Heimreise wird ggf. vorgestreckt. Bei entsprechender Bonität hilft auch die Hausbank mit einer Geldanweisung, um den Urlaub eventuell wie geplant fortzusetzen!

Verlust der Geldkarte

Bei Verlust oder Diebstahl der Geldkarte sollte man diese umgehend **sperren lassen!** Für deutsche Maestro-(EC-) und Kreditkarten gibt es die Sperrnummer **(0049) 116116** und im Ausland zusätzlich (0049) 30 40504050. Für österreicherische und schweizerische Karten gelten:

- **Maestro-(EC-)Karte,** (A-)Tel. 0043-1-2048800; (CH-)Tel. 0041-44-2712230, UBS: 0041-848-888601, Credit Suisse: 0041-800 800488.
- **MasterCard,** internationale Tel. 001-636-7227111.
- **VISA,** (A-)Tel. 0043-1-7111-1770; (CH-)Tel. 0041-58-9588383.
- **American Express,** (A-)Tel. 0049-69-9797 1000; (CH-)Tel. 0041-44-6596333.

- **Diners Club,** (A-)Tel. 0043-1-501350; (CH-) Tel. 0041-58-7508080.

Geldnot

Wer dringend eine größere Summe ins Ausland überweisen lassen muss wegen eines Unfalles oder Ähnlichem, kann sich auch nach Kroatien über **Western Union** Geld schicken lassen. Für den Transfer muss man die Person, die das Geld schicken soll, vorab benachrichtigen. Diese muss dann bei einer Western Union Vertretung (in Deutschland u.a. bei der Postbank) ein entsprechendes Formular ausfüllen und den Code der Transaktion telefonisch oder anderweitig übermitteln. Mit dem Code und dem Reisepass geht man zu einer beliebigen Vertretung von Western Union in Kroatien (siehe Telefonbuch oder unter www.westernunion.com), wo das Geld nach Ausfüllen eines Formulares binnen Minuten ausgezahlt wird. Je nach Höhe der Summe wird eine Gebühr ab derzeit 10,50 € erhoben.

Öffnungszeiten

Öffentliche Institutionen, Postämter und Banken sind Montag bis Freitag von 8 bis 16 Uhr durchgehend geöffnet, Banken und Postämter größerer oder touristischer Orte von 7 bis 19 Uhr. In der Sommersaison sind viele Postämter auch bis 21 Uhr geöffnet.

Geschäfte und Warenhäuser unterliegen keiner einheitlichen Regelung, öffnen aber meist von 8 bis 20 Uhr. In touristischen Orten sind **Minimärkte** unter der Woche meist 7–21 Uhr geöffnet, am Wochenende etwas kürzer. In Supermärkten und **Einkaufszentren** kann man meist bis mindestens 22 Uhr täglich shoppen.

Restaurants und touristische Einzelhändler (**Souvenirläden** usw.) passen ihre Öffnungszeiten dem jeweiligen Bedarf an.

Tankstellen sind jeden Tag von 7 bis 19 oder 20 Uhr, im Sommer bis 22 Uhr geöffnet, in größeren Städten und auf Fernverkehrsstraßen rund um die Uhr.

Post

Die **kroatische Post HPT** hat sich als effektiv und zuverlässig erwiesen (Öffnungszeiten s.o.). Briefe (Porto: 5,50 K) und Postkarten (3,50 K) benötigen etwa 3–4 Tage nach Mitteleuropa. **Briefmarken** sind nicht nur in Postämtern, sondern auch in Zeitschriftenläden und teilweise in Souvenirshops erhältlich (Faustregel: dort, wo es Ansichtskarten gibt). **Pakete** können bis zu 10 kg per Post ins Ausland versandt werden, wobei neben der üblichen Paketkarte auch eine Zollerklärung (in dreifacher Ausfertigung) beizufügen ist.

» Nächste Seite: An der Küste bei Opatija

Radfahren

Es hat so seine **Vorteile,** unabhängig und gemächlich per Drahtesel sein Urlaubsland zu erschließen. Man hat unmittelbaren Kontakt zum Umfeld, zahlt keine zusätzlichen Straßen- oder Schiffsgebühren (Fähren transportieren Fahrräder kostenlos), und ohne Frage wird auf diese Weise auch ein erheblicher Beitrag zum Umweltschutz geleistet. Aber die **Nachteile** sind nicht zu unterschätzen: Es gibt nur wenige ausgewiesene Radwege, Kroatien ist überwiegend hügelig bis bergig, die Nebenstraßen sind in teilweise abenteuerlichem Zustand, und der Verkehr auf den Landstraßen (vor allem am Wochenende auf der Jadranska Magistrala/Küstenstraße) ist teils so brutal, dass von einer reinen Radtour durch Kroatien eher abzuraten ist. Was nicht heißen soll, dass ein Rad gänzlich unnütz ist: Als zusätzliche „Mobilitätsreserve“ z.B. im Camper macht es durchaus Sinn, so kann man kleinere Nebenstrecken befahren oder vom Campingplatz in den nächsten Ort radeln.

Speziell ausgezeichnete **Radrouten** gibt es inzwischen fast überall; bei Bedarf wende man sich an die Touristeninformationen für Karten (oft mit Höhenprofil), Routenvorschläge oder Verleihstellen usw. **Leihräder** sind noch nicht so oft erhältlich, wie man es vielleicht erwartet. In Kroatien nimmt allerdings die Zahl der Verleihstellen (insbesondere bei Campingplätzen) durch den Ausbau der ausgewiesenen Radwege permanent zu (siehe Ortsbeschreibungen).

Kombinierte Touren **Boot/Rad** oder **Boot/Wandern** für die Kvarner Bucht bietet in unterschiedlichsten Bausteinen die Firma Radurlaub Zeit Reisen GmbH an (Fritz-Arnold-Str. 16a, 78467 Konstanz, Tel. 07531-8199390, Fax 8199399, www.inselhuepfen.de). Wer abwechselnd auf dem Segler, dann wieder per Fahrrad oder zu Fuß unterschiedliche Ziele der Region erkunden möchte, wird hier sicherlich etwas Passendes finden; ähnliche Angebote enthält auch die Seite www.radreisen.at.

■ Interessant für die Vorbereitung eigener Radfahr-Aktivitäten dürften die **Internetseiten** www.dalmatia.hr (dort: „Fahrradweg, Mountainbike“), www.fahrradreisen.de/laender/kro.htm (kleine Datenbank mit Beschreibungen und Verknüpfung zu den jeweiligen Anbietern) sowie www.frosch-sportreisen.de, www.inselhuepfen.de oder http://radreisen-weltweit.de/dalmatien.htm sein, alle drei Spezialveranstalter für kombinierte Boots-/Radtouren in Dalmatien mit Wochenpreisen ab 750 Euro (Übernachtung/Boot, VP, geführte Radtouren).

Reisezeit

Mit der Empfehlung einer idealen Reisezeit ist es immer so eine Sache: Der eine mag es lieber hektisch und mit Trubel, der andere liebt die aufblühende Natur im Frühling, und wieder andere sind auf Schulferien angewiesen und haben nur begrenzt die Wahl eines „idealen“ Zeitraums ...

Die Touristiksaison wird in eine **Hauptsaison** (Juli, August), **Vor- und**

▷ Tauchboot vor der Küste von Krk

Nachsaison (Mai/Juni bzw. Sept./Okt.) sowie **Nebensaison** (Nov. bis April) gegliedert, wobei es allerdings jedem einzelnen Anbieter freisteht, individuelle Termine festzulegen. Nach diesem Schema berechnen Hotels, Vermieter von Ferienwohnungen und Zimmervermittler die Unterkunftspreise, werden Öffnungszeiten für Museen und Sehenswürdigkeiten, aber auch Preise für Campingplätze abgestimmt.

Die Monate **Juli und August** sind die absolute Hauptsaison, in der am meisten los ist und natürlich auch **Engpässe** im Unterkunftsbereich oder eine „Massenabfertigung“ in den Gaststätten vorkommen können. Die Vorsaison hat den Vorteil, dass man sich gemeinhin in Gastronomie/Hotellerie Mühe gibt und die Touristen umwirbt, während in der Nachsaison eine gewisse Müdigkeit unverkennbar ist.

Von Ende Mai bis Anfang September sind die **Sonnentage** deutlich in der Überzahl, die **Wassertemperaturen** laden zum Baden ein. Außerhalb der Saisonzeiten wird man Mühe haben, etwas anderes als eine Hotelunterkunft zu finden, auch viele Gaststätten stellen von Oktober bis April den Herd ab.

Sicherheit

Kroatien ist ein **sicheres Reiseland!** Man kann sich in jeder Hinsicht unbeschwert im Lande bewegen, es drohen keine nächtlichen Überfälle, Gepäckschlitzer und motorisierte Handtaschenräuber. Taschendiebstahl und Touristen„abzocke“ kommen nur selten vor. Die größte Gefahr für den Reisegast besteht meist in der **Selbstüberschätzung,** sei es beim **Baden im Meer** (Hitze, Strömungen, Alkohol) oder durch eine etwas andere Mentalität im Straßenverkehr, welche Verkehrssituationen falsch einschätzen lässt.

046kb wl

002kb wl

Sport und Aktivitäten

Kroatien bietet eine recht **breite Vielfalt** an unterschiedlichen Betätigungsmöglichkeiten im Bereich Freizeit und Sport, was im Folgenden näher ausgeführt wird. Zum Radfahren siehe eigenes Stichwort.

Zunächst eine Anmerkung zum **Leistungssport** in Kroatien, der doch im Vergleich zur geringen Bevölkerungszahl des Landes etliche beachtliche Erfolge vorweisen kann. Die junge Demokratie hat nicht nur **zahlreiche Spitzensportler** hervorgebracht (*G. Ivanišević* im Tennis, die vierfache Goldmedaillen-Gewinnerin im Skisport *Janica Kostelić* oder den zweifachen Europameister und dreifachen Vizeweltmeister im Tischtennis *Zoran Primorac*), sondern auch in den klassischen **Mannschaftssportarten** sind kroatische Nationalmannschaften in der Weltelite zu finden. Die Fußballer rangieren in der offiziellen Weltrangliste auf Platz 7 (1998 WM-Dritter), ebenso die Hallenhandballer (Olympiasieger 1996 und 2004, Weltmeister 2003, Vizeweltmeister 1995, 2005 und 2009, Vize-Europameister 2010 und WM-Halbfinalist 2013). Und nicht zu vergessen im Trainerbereich *Otto „maximale" Barić*, der in seiner Amtszeit als Fußballnationalcoach gesagt haben soll, Kroatien dürfe getrost gegen jede Nation verlieren – außer gegen Serbien ...!

◁ Kleine Bucht bei Beli auf Cres

Strandfreuden

Das Baden im Meer ist für viele die Erholung und der Urlaubsspaß schlechthin. Es gibt in Kroatien kaum private oder gesperrte Küstenabschnitte, und selbst in kleinen und mittelgroßen Städten bieten sich immer wieder kleine **Buchten und Felsstrände** zum Sprung ins kühle Nass an. Sandstrände sind sehr selten: So, wie sich die Berge kahl und steil erheben, so fällt die Küste ebenso kahl und steil ins Meer ab. Die Felsstrände sind zwar nicht sonderlich bequem (zum Sonnenbaden), verleihen jedoch der kroatischen Adria mit ihren spektakulären Felsbuchten und Berglandschaften jene klare und ungetrübte Brillanz, die jeden Besucher verzaubert und fasziniert.

Neben den meisten Hotels und Campingplätzen gibt es reihenweise **Sportplätze** für Tennis (sogar ATP-Turniere in Umag), Korbball, Beach-Volleyball usw. Man kann praktisch überall **Boote** sowie **Angel- und Tauchausrüstungen mieten,** auch **Tauch- und Segelkurse** werden organisiert.

Hier ein kleiner Überblick über die Preise der vor Ort üblichen Strandfreuden, die sich als Richtwert zur Orientierung verstehen:

- **Katamaran:** Verleih 2000 K/Stunde, 2-Tageskurs ab 600 K, 5-Tageskurs ab 1200 K
- **Fahrrad:** ab 25 K/Std., rund 100 K/Tag
- **Moped:** etwa 500 K/Tag
- **Scooter:** ca. 300–400 K/Tag
- **Motorboot:** ab 1000 K/Tag
- **Jetski:** 200 K/15 Minuten
- **Wasserski:** ca. 150 K/Runde
- **Ruderboot:** 30 K/Stunde
- **Tretboot:** 30 K/halbe Stunde

- **Hüpfburg/Trampolin:** 20 K/5 Minuten
- **Sonnenschirm/Liege:** je ca. 25 K/Tag

FKK

Spezialisierte **FKK-Campingplätze** mit langer Tradition stehen reihenweise zur Verfügung, teilweise mit Mietbungalows. Neben den meisten Hotelstränden und Campingplätzen gibt es auch gesonderte **FKK-Strände** – diese Bereiche sind stets gut beschildert. Kroatien als eines der ältesten FKK-Paradiese Europas gilt auf diesem Sektor ungebrochen als eines der beliebtesten Urlaubsziele überhaupt. Wer gezielt FKK-Campingplätze oder -Anlagen sucht, findet in der kostenlosen Broschüre „FKK-Naturismus" (derzeit nur direkt beim Fremdenverkehrsamt erhältlich) weitergehende Informationen, auch die Internetseite www.camping.hr/de/camping-kroatien/fkk (mit Suchfunktion) ist dabei hilfreich.

Segeln

Kroatien ist ein sehr beliebtes Revier von Hobby- und Freizeitkapitänen, insbesondere Seglern. Es stehen über vierzig eingerichtete **Marinas** mit etwa 12.300 Anlegeplätzen im Meer und ca. 4200 Landliegeplätzen zur Verfügung. Größere Marinas bieten technischen Service, Kräne, Tankstellen, Geschäfte und Gaststätten. In den meisten Marinas kann man Yachten mieten, auch Segelkurse werden organisiert.

Zum Thema **Yachtcharter** informieren folgende Verbände/Clubs:

- **Deutscher Segler-Verband (DSV),** Kreuzer-Abteilung, Tel. 089-586282, www.dsv.org.
- **Zentrale des Adriatic Croatic International Club (ACI),** HR-51410 Opatija, Maršala Tita 151, Tel. 051-271288, Fax 271824, www.aci-club.hr. In den Charterbasen Vodice (Norddalmatien, 43°45,2′ Nord, 015° 47,0′ Ost, Tel. 022-443086, Fax 442470, www.aci-club.hr, VHF-Kanal 17) und Trogir (Mitteldalmatien, 43°30,8′ Nord, 016°15,2′ Ost, Tel. 021-881544, Fax 881258, www.aci-club.hr/trogir.htm) wurde eine eigene **Charterflotte** des ACI aufgestellt, bestehend aus Elan-333-, Elan-36-, 40er und 45er Schiffen. Im ACI sind mittlerweile 21 Marinas in Kroatien zusammengefasst, auch Einweg-Charter (auch von einer der anderen Marinas) ist möglich. Je nach Boot liegt der reine Charterpreis/Woche zwischen 1200 und 4000 € (Hauptsaison, in der Nebensaison bis zu 50 % Nachlass).
- **Messe-Schnäppchen:** Segelfreunde wissen natürlich, dass auf der jährlichen Messe BOOT in Düsseldorf (Ende Januar) praktisch alle wichtigen Törnanbieter vertreten sind und teilweise zu Schnäppchen- bzw. Messepreisen um Kunden werben. Auch für Überführungstörns, Pauschaltouren und Komplettcharters hat sich die BOOT als optimale Plattform etabliert.

Wichtige Hinweise für Freizeitkapitäne

- **Es ist verboten, sich mit Motor- und Gleitbooten der Küste näher als bis zu 300 m zu nähern!** Strengste Vorsicht ist wegen der Badenden geboten, bei Nichteinhaltung dieser Anordnung können fatale Unfälle passieren!
- Vor Verlassen des Hafens **Wetterbericht** einholen; beim Verlassen des Hafens ist eine Abmeldung erforderlich. Wenn der Bericht ungünstig ist, fahren Sie nicht los!
- Unternehmen Sie keine Fahrt ohne entsprechenden **Anker** und eine Ankerleine von mindestens 50 m Länge.
- Für alle Motorboote sowie sonstigen Boote über 3 m Länge (Segel- oder Ruderboote) muss beim Ha-

fenamt eine **Fahrtgenehmigung** beantragt werden. Die Anmeldung ist bei jedem Einlaufen eines Bootes in den Hafen bzw. bei Anreise über das Festland erforderlich; die erteilte Genehmigung gilt für ein Jahr. Vorzulegen sind Funkerlaubnis, Führerschein und Bootspapiere.

Bei Anreise zur See erfolgt die Anmeldung in einem der ganzjährig geöffneten Hafenorte: Umag, Poreč, Rovinj, Pula, Raša-Bršica (südlich von Labin), Rijeka, Mali Lošinj, Senj, Maslenica, Zadar, Šibenik, Split, Ploče, Metković, Korčula und Dubrovnik.

■ **Segelwetter** Kroatien (24-Stunden-Dienst) unter: Rijeka Radio auf Kanal 4, 16, 24, 20; Split Radio auf Kanal 7, 16, 21, 23, 28; Dubrovnik Radio auf den Kanälen 7, 16, 24. Die drei Küstenfunkstellen strahlen täglich Seewetterberichte in kroatischer und englischer Sprache aus: Rijeka Radio (UKW-Kanal 24) um 6.35, 15.35 und 20.35 Uhr, Split Radio (UKW-Kanal 21, 07, und 28) um 6.45, 13.45, und 20.45 Uhr) und Dubrovnik Radio (UKW-Kanal 07 und 04) um 7.25, 14.20 und 22.20 Uhr. Zwischen Mai und Oktober sendet Rijeka Radio außerdem auf Kanal 69 nonstop Wettermeldungen, auch auf Deutsch.

Bootsausflüge

Den Löwenanteil organisierter Bootstouren – abgesehen von reinen Ausflügen, die in den Touristenagenturen angeboten werden – stellen in der Kvarner Bucht Touren zu den **Inselgruppen um Lošinj** dar.

Windsurfen

Das Windsurfen findet in Nordkroatien nicht den großen Anklang, den man vielleicht erwartet; daraus resultiert auch ein allgemeines Manko an Verleihstellen. Für die Kvarner Inseln wird in den Ortsbeschreibungen auf die wenigen Verleihstellen hingewiesen.

Tauchen

Tauchen mit ABC-Ausrüstung (Brille, Schnorchel, Flossen) ist ohne Genehmigung erlaubt, für das Gerätetauchen ist eine **Genehmigung** erforderlich, die unter Vorlage von Pass und Brevet bei den Hafenmeistereien, über eine Tauchschule oder bei den Touristenagenturen (nicht bei allen!) problemlos ausgestellt wird. Das ein Jahr gültige Permit kostet 100 K, sofern man seine Tauchgänge über eine ortsansässige Basis arrangiert (diese organisiert dann die Genehmigung). Wer selbstständig tauchen möchte, wird mittlerweile mit stolzen 2400 K zur Kasse gebeten.

Wer sich diesen Betrag leisten will, für den ist es nicht erforderlich, die Tauchgänge über eine Tauchbasis zu arrangieren. **Selbsttaucher** haben an den meisten Basen die Möglichkeit der Flaschenfüllung; zur eigenen Sicherheit ist der Taucher jedoch verpflichtet, bei jedem Tauchgang eine auf der Wasseroberfläche schwimmende Boje mit sich zu ziehen. Theoretisch kann ganzjährig von Sonnenauf- bis Sonnenuntergang selbstständig getaucht werden, für Nachttauchgänge sollte eine Tauchschule eingeschaltet werden. Filmen und Fotografieren unter Wasser ist erlaubt, strengstens untersagt – und für echte Taucher selbstverständlich – ist es, irgendetwas vom Meeresboden zu entfernen; insbesondere das Sammeln von Steinbohrer-

Richtpreise für Tauchgänge und Equipment

- **Flaschenfüllung:** zwischen 0,50 und 7 €
- **Weste, Automat:** je 5–7 €
- **6er-Tauchpaket:** je nach Basis 150–200 € (eigene Ausrüstung, nur Blei und Flasche); 200–300 € (volle Leihausrüstung)
- **10er-Tauchpaket:** 250–300 € (Leihausrüstung extra)
- **Bootsausfahrten** werden meist gesondert berechnet (3–5 € pro Tauchgang), ebenso Nichttaucher auf dem Boot (ca. 20 €).
- **Grundkurs,** z.B. OWD (Anfängertauchschein inklusive Leihausrüstung): ab ca. 300–350 €
- Weitergehende Infos erfragt man beim **Kroatischen Tauchverband,** Dalmatinska 12, Zagreb, Tel. (00385) 14848765, Fax 148 49119, www.diving-hrs.hr.
- **Dekokammern** befinden sich in Pula, P. Togliattija 47, 52100 Pula, Tel. 052-24572, Fax 217877, mobil 098-255945, und in Split, Domovinskog rata 1, 21000 Split, Tel. 021-343980, Fax 361355, mobil 099-475095.

muscheln *(Lithophaga)* und Seedatteln u.Ä. ist verboten; generell ist auch das Tauchen in Häfen und auf den Schifffahrtswegen strengstens verboten.

Sehr beliebt sind **Pauschalarrangements** für Segler oder Taucher, die in Fachzeitschriften („Tauchen") oder auf der internationalen Bootsmesse BOOT in Düsseldorf alljährlich angeboten werden. Bei eigener Anreise kostet beispielsweise eine Woche mit Übernachtung und Frühstück inklusive Non-Limit-Tauchen rund 350 €.

Insgesamt werden den deutschsprachigen Taucher die Inseln der Kvarner Bucht ebenso begeistern wie Dalmatien. Die wichtigsten deutsch-kroatischen oder deutschsprachigen Basen werden in den Ortsbeschreibungen – soweit möglich mit Website – gesondert aufgeführt, da diese oftmals auch gute Unterkunft preiswert arrangieren oder auch selbst anbieten (bevorzugt für Taucher; siehe auch Pauschalangebote in einschlägigen Fachzeitschriften wie „Unterwasser" oder „Tauchen").

Angeln/Fischen

Außer zum Angeln am Ufer benötigt man eine Bewilligung der zuständigen Gemeinde. Beim **lizenzfreien Küstenangeln** ist ein Fang von bis zu 5 kg täglich erlaubt. In Häfen und Naturschutzparks ist der Fischfang verboten, dies gilt auch für Muscheln und Krebse.

Fischfanggebiete sind die Gewässer rund um die Küste und die Inseln, wobei hauptsächlich Tintenfisch, Makrele, Goldbrasse, Brauner Serran, Thunfisch, Drachenkopf, Meeräsche, Aal, Zahnbrasse, Gelbstriemen, große Geisbrasse, schwarzer Schattenfisch, Muräne, Sackbrasse, Seebarbe und Rotbrasse gefangen werden.

Die Fremdenverkehrsämter geben alljährlich die Gratisbroschüre „Sportfischerei" heraus, ferner kann man sich an die Tourismusbüros vor Ort oder den „Zentralverband für Unterwasseraktivitäten und Sportfischerei am Meer" wenden (51000 Rijeka, M. Gupca 2, Tel. 051-25255).

Wandern

Die meisten Kroatien-Urlauber suchen die Erholung an den Stränden und in den Küstenorten; doch seien wir ehrlich: Nach ein oder gar zwei Wochen des reinen Müßigganges reizt es gewiss, wieder einmal etwas anderes zu sehen und vielleicht einsame Gegenden kennenzulernen. Das Hinterland der Region Kvarner oder auch die unvergleichlichen Plitwitzer Seen, aber auch die Inseln bieten interessante Wandermöglichkeiten.

An den Küsten laden teilweise kilometerlange befestigte Spazierwege entlang malerischer, einsamer Felsbuchten zu ausgedehnten Promenaden ein. Besonders beliebt sind hier Opatija – Lovran oder Mali Lošinj – Veli Lošinj auf der gleichnamigen Insel. Einige beispielhafte Wanderungen werden im Rahmen der Ortsbeschreibungen ausführlicher dargestellt. Es empfiehlt sich zudem, die recht ausführliche Broschüre „Wege und Promenaden" des Tourismusverbandes Kvarner (siehe „Informationsstellen") für Spaziergänge und Wanderungen zu Rate zu ziehen. Auch die speziellen Seiten zum Učka-Massiv (www.pp-ucka.hr) bzw. zum Nationalpark Risnjak (http://risnjak.hr) bieten entsprechende weiterführende Hinweise.

Wandern kann vor allem in den Sommermonaten Juli und August extrem **schweißtreibend** sein. Man sorge daher neben vernünftigem Schuhwerk stets auch für ausreichenden Getränkevorrat.

Sprache

Kroatisch ist seit der Unabhängigkeit die allgemeine offizielle Landessprache. Nur für Istrien gilt die Besonderheit, dass die Region historisch bedingt offiziell zweisprachig (Kroatisch und Italienisch) ist. Die kroatische Sprache gehört ebenso wie das Slowenische und das Serbische zu den **südslawischen Sprachen.** Im Unterschied etwa zum Bulgarischen oder Serbischen wird in Kroatien unsere **lateinische Schrift** verwendet, sodass dem Besucher die Orientierung anhand von Straßenschildern oder Hotelnamen einfacher fällt als in Sprachgebieten mit kyrillischer Schrift.

Eine Sonderform im kroatischen Sprachgebiet bildete das vermutlich seit Ende des 19. Jh. ausgestorbene **Dalmatische,** eine vom Venezianischen geprägte romanische Sprache. Das Verbreitungsgebiet lag etwa im heutigen Dalmatien und kannte sogar mundartliche Tendenzen, wie etwa das Ragusische, eine in Ragusa (Dubrovnik) in Stadtparlament und Handel gesprochene Unterform des Dalmatischen. Am längsten hielt sich das Dalmatische auf der Insel Krk.

Verständigung

Obgleich man in Kroatien sehr gut **englisch, italienisch und deutsch** versteht, kann ein kleiner Wortschatz der Landessprache in entlegenen Gebieten oder kleinen Orten doch sehr hilfreich sein. Wer sich einige Kroatischkenntnisse für den Urlaub aneignen möchte, sei auf den Kauderwelsch-Band **„Kroatisch – Wort**

Der Begriff „Kroate" und die Entstehung der Krawatte

Der Begriff „Kroate" kommt vom altslawischen *Chrvat,* was sich wiederum vom altiranischen *fšuhaurvat* ableitet, und bedeutet (damals wie heute) „Viehhüter", ein Hinweis auf den Haupterwerb bzw. die Haupttätigkeit der frühen Bewohner der kroatischen Landstriche. Die Kroaten wurden im 7. Jh. vom byzantinischen Kaiser *Herakleios* zum Schutz gegen die vordringenden Awaren ins Land gerufen und lebten vorerst als Hirten und Viehzüchter an der dalmatinischen Adriaküste, von wo aus sie sich nach Norden bis zur Kupa und nach Osten bis zur Save und Drau ausbreiteten.

Die Krawatte, gemeinhin die gängige Bezeichnung für Halsbinde oder Schlips, hat überraschenderweise ihren Ursprung in Kroatien! Das deutsche Wort leitet sich vom französischen *cravatte* ab, das folgendermaßen entstand: Im 17. Jh. hielten sich am französischen Königshof Gesandte aus aller Herren Länder auf, auch wurden besondere Militärverbände gern aus anderen Ländern rekrutiert, da man diesen größere Loyalität unterstellte. Ein solch besonderer Kavallerieverband wurde von den Franzosen aus Kroatien angeworben. Die hervorragend ausgebildeten Reiter dienten der französischen Reiterei als Vorbild. Bemerkenswert war aber noch etwas anderes: Um ihren Hals trugen diese Kroaten seltsam gebundene Halstücher, die schon bald als modisch empfunden und am Königshof getragen wurden. Da es keinen eigenen Namen für diesen Halsschmuck gab, nannten die Franzosen ihn nach der Herkunft seiner Träger *Crvate*, woraus dann allmählich das französische Wort *cravatte* und das deutsche *Krawatte* wurde.

Hobbyangler werden sich vielleicht des Begriffs „Kroat" entsinnen, der die gemeine Garnele bezeichnet. Dieser hat nichts mit dem südslawischen „Kroaten" zu tun.

für Wort" verwiesen, der im Reise Know-How Verlag erschienen ist. Hier werden sehr anschaulich die Grundlagen der Alltagskommunikation erläutert, ohne dass man sich mit unnötiger Theorie und Grammatik herumplagen muss. Ein Begleit-Tonträger ist ebenfalls erhältlich.

Wichtige Grundbegriffe zur Gastronomie siehe unter „Essen und Trinken". Eine kleine **Sprachhilfe** mit Hinweisen zur **Aussprache** findet sich im Anhang.

Telefonieren

Von den meisten öffentlichen Telefonen kann **direkt nach Mitteleuropa** gewählt werden: Auslandsvorwahl eingeben (Deutschland 0049, Österreich 0043, Schweiz 0041), Ortskennzahl ohne „0" sowie die Rufnummer des Teilnehmers. **Telefonkarten** erhält man an Kiosken und in Postämtern in unterschiedlichen

Guthabenhöhen. Sie können an den sehr weit verbreiteten öffentlichen Fernsprechautomaten der Deutschen Telekom, die in Kroatien das Festnetz dominiert, verwendet werden (eine Karte zu 30 K reicht z.B. für 5–6 Kurzgespräche).

Die **Auslandsvorwahl** nach **Kroatien** lautet **00385,** dann ist ebenfalls die Ortsvorwahl (ohne „0") sowie die Teilnehmernummer zu wählen. Innerhalb Kroatiens wird die „0" (z.B. 01 für Zagreb, 052 für Istrien, 051 für die Kvarner Bucht einschließlich Pag) stets mitgewählt.

Handy

Mobiltelefone funktionieren in Kroatien gut. Die Kosten liegen EU-weit einheitlich bei 0,29 € pro Minute (ab 2014 0,19 €/Min.). Falls das Mobiltelefon SIM-lock-frei ist (keine Sperrung anderer Provider) und man innerhalb Kroatiens viele Gespräche führen muss (oder über eine Nicht-EU-Mobiltelefonkarte verfügt), kann man sich alternativ eine örtliche **Prepaid-SIM-Karte** zulegen (siehe auch www.vipnet.hr und www.t-mobile.hr).

- **Notrufnummern** siehe „Notfälle"
- **HAK** (kroatischer Automobilclub) für Straßeninformationen: Tel. 01-4640800
- **Touristische Infos:** Tel. 0800-200-200 (gebührenfrei)
- **Inlandsauskunft:** Tel. 988

» Nächste Seite: Zentraler Platz in Rijeka

Trinkgeld

Es ist üblich, Rechnungsbeträge in der **Gastronomie** oder bei **Taxifahrten** aufzurunden und etwa **Hotelpersonal** (Zimmermädchen) eine Aufmerksamkeit von ca. 50–100 K pro Woche zukommen zu lassen. Dies gilt auch für **Ferienwohnungen,** wenn allgemeine Dienste (Zimmerreinigung, Handtuchwechsel usw.) mit einiger Regelmäßigkeit vorgenommen werden. Dabei sollte man die ersten ein bis zwei Tage abwarten und je nach Service dann das Trinkgeld vergeben, um das Personal frühzeitig besonders zu motivieren.

„Bakschischgelder" – wie in anderen Ländern auf dem Balkan teilweise üblich – sind in Kroatien **nicht erforderlich,** also auch nicht für Parkplätze, Auskünfte oder etwa besonders gute Zimmer. Bei uns weniger bekannt ist das System der **„Scheibenwischer":** An manchen Fähren, Ampeln oder Tankstellen verdienen sich Schüler/Studenten vor allem in den Ferienmonaten etwas hinzu, indem sie unaufgefordert (!) die Fahrzeugscheiben reinigen und dafür ein kleines Trinkgeld (3–5 K) erwarten.

Uhrzeit

In Kroatien gilt wie bei uns die **Mitteleuropäische Zeit (MEZ)** und vom letzten Märzwochenende bis Ende Oktober die **Sommerzeit** (MEZ + 1 Std.).

IVAN PL. ZAJC
HRVATSKI
SKLADATELJ
1832. – 1914.

Unterkunft

Kroatien ist prinzipiell ein „El Dorado“ für Glücksritter, die sich treiben lassen und **unorganisiert reisen** und ohne Vorabbuchung ein Zimmer oder ein Apartment vor Ort suchen möchten. Dies ist mit oder ohne Hilfestellung vor Ort möglich, zwei Kleinigkeiten sind aber auch dann zu beachten: Zum einen kommt es im **August** (Sommerferien in den meisten Ländern) zu **Engpässen,** außerhalb des „Bettenwechsels“ am Samstag muss man schon Glück haben, um etwas Passendes zu finden; und zweitens sollte man auch einen guten Standort für Ausflüge in andere Gebiete wählen. Natürlich hat jeder seine eigenen Vorstellungen, allgemein aber empfehlen sich im Rahmen eines dreiwöchigen Urlaubs durchaus mehrere Domizile, etwa eine Woche auf einer Insel, eine Woche auf dem Festland.

Buchung und Bezahlung

Bei der Suche vor Ort orientiert man sich entweder an den allgegenwärtigen, oft mehrsprachigen Schilderwäldern (*apartman* = Ferienwohnung, *sobe* = Zimmer), oder man wendet sich an eine der sogenannten **Touristenagenturen („Agencija“),** die dem Suchenden eine Liste von Privatzimmern und Ferienwohnungen vorlegen – das ist etwa so kompliziert wie bei uns der Zeitungskauf an einem Kiosk. Dann besichtigt man selbstständig das Objekt. Sollte das Zimmer zusagen, füllt man – wieder beim Agenten – die Unterlagen aus. Der Pass wird zur Registrierung einen Tag (bzw. bis zur Rechnungsbegleichung) hinterlegt. Somit ist gewährleistet, dass Privatzimmer auch ordnungsgemäß vom Vermieter versteuert werden (bis zu 40 %!) und die **Kurtaxe** gezahlt wird (0,50–1 €/Tag). Der Kunde merkt von Kurtaxe und Vermittlungsprovision nichts, er zahlt einen Endbetrag.

Viele Prospekte, Preistafeln usw. arbeiten auf **Euro-Basis,** die Abrechnung erfolgt jedoch meist in **Kuna** (der Euro wird teilweise auch akzeptiert).

Wer **direkt zu Vermietern** geht (manche freuen sich, können doch Steuer und Kurtaxe sowie Agenturenprovision gespart werden), darf nicht irritiert sein, wenn man gelegentlich trotz der Eigeninitiative an eine Agentur verwiesen wird: Es bestehen sprachliche Probleme, der Vermieter hat oft feste Verträge mit Agenturen, oder er will ehrlich Steuern zahlen.

Zunehmend bedeutsam werden auch **Internetkontakte,** die entweder über Agenturen (Vermittler) oder auch – allerdings noch nicht so häufig – direkt mit dem Vermieter geknüpft werden können. Dabei sind einige **Besonderheiten** zu beachten: Eine Agentur in D/A/CH rechnet in Euro ab und fungiert quasi als „Reiseveranstalter“ (mit Sicherungsschein usw.) – man hat also einen Ansprechpartner im Heimatland. Die Rechnung wird nicht nach Kroatien überwiesen, dafür sind die Kosten höher als bei Agenturen in Kroatien. Diese treten auch als Vermittler auf, fordern meist eine Anzahlung von etwa 20 %, der Rest ist dann direkt an den Besitzer der Unterkunft zu zahlen (bar bei der Ankunft, meist in Euro). Dabei hat mancher Urlauber ein „flaues Gefühl“, gibt es doch keinen Sicherungsschein, ist die Anzahlung nach Kroatien vorab zu überweisen und muss man zudem darauf vertrauen, dass die Unterkunft zum Zeitpunkt der Ankunft wie vereinbart auch tatsächlich frei ist. Zumindest in der Hauptsaison kann man bei zeitgerechter Vorplanung dafür aber auch sicher sein, ein „Wunschobjekt“ anmieten zu können.

Hier eine kleine Auswahl zuverlässiger **Anbieter im Internet:**

- Überregional zu allen Gebieten Kroatiens arbeitet die noch junge Seite **www.apartmani-hrvatska.com;** über die interaktive Landkarte kann man „sein Urlaubsziel“ nach möglichen Unterkünften durch anklicken der gewünschten Region/Unterregion/Orte durchforsten und erhält neben Preis- und Bildinformationen auch den Direktkontakt zum Vermieter.
- **www.homeholidays.com** bietet sehr schöne und günstige private Unterkünfte; Kontakt wird direkt zum Vermieter hergestellt.
- Auf der internationalen Seite **www.ferienwohnungen.net** findet man auch Privatanbieter, u.a. kann man hier „Robinsonurlaub auf den Kornaten“ (auf einer einsamen Insel) buchen.
- **www.kroatien-adrialin.de** arbeitet im Unterkunftsbereich mit TÜV-Süd und rund 7500 Privatanbietern zusammen und bietet Unterkünfte vom Gästezimmer über familienfreundliche Ferienanlagen bis zur exklusiven Ferienvilla.
- **www.croliday.com** ist die Homepage der mit zahlreichen Häusern in ganz Kroatien zusammenarbeitenden deutsch-kroatischen Unterkunftsvermittlung Croliday-Reisen.
- Kroatienweit arbeitet auch **www.adria-24.com** oder **www.istrien-info.com,** die als zuverlässig und etabliert gilt und über sehr weit gefächerte Angebote verfügt.
- **www.terra-reisen.com** bietet als einer der größten Autoreise-Veranstalter interessante Angebote im Unterkunftsbereich, aber auch Flug etc.
- Als weitere gute Seiten seien **kroatien-holiday.at, www.adriatica.net** und **www.idriva.de** erwähnt.

Günstige Unterkunft – Pension Maltar in Varaždin, einer Kleinstadt im Norden Kroatiens

060kro wl

Preiskategorien Unterkunft

Kategorie	Hotel	Apartment/FeWo	Campingplatz
①	DZ 40–65 €	2er Apt. 25–40 € 4er Apt. 45–70 € 6er Apt. 60–90 €	4 Pers./Zelt 20–25 € 4 Pers./WoWa 25–30 € 4 Pers./WoMo 25–30 €
②	DZ 65–100 €	2er Apt. 40–60 € 4er Apt. 70–100 € 6er Apt. 90–120 €	4 Pers./Zelt 25–30 € 4 Pers./WoWa 30–35 € 4 Pers./WoMo 30–40 €
③	DZ 100–180 €	2er Apt. 65–100 € 4er Apt. 100–140 € 6er Apt. 120–160 €	4 Pers./Zelt 30–35 € 4 Pers./WoWa 35–40 € 4 Pers./WoMo 35–40 €
④	DZ 180–220 €	2er Apt. ab 100 € 4er Apt. 140–200 € 6er Apt. ab 160 €	4 Pers./Zelt 35–45 € 4 Pers./WoWa 40–60 € 4 Pers./WoMo 40–60 €
⑤	DZ ab 220 €	–	–

Berücksichtigt sind jeweils die niedrigsten und höchsten Preise in der Hauptsaison. Alle Preise gelten pro Tag, die Hotelpreise mit Frühstück für zwei Personen im Doppelzimmer. Bei Campingplätzen gelten die Preise für Wohnwagen und Wohnmobile inkl. Strom. Alle Angaben sind Richtwerte.

Hinweis: Leider tummeln sich inzwischen auch schwarze Schafe vor allem in der Masse der Internetanbieter. So warnen Reisende ausdrücklich in den einschlägigen Foren vor Anbietern, die zwar bereits mehrfach kassiert, aber beim Erscheinen der Buchenden vor Ort gar keine Unterkunft bereitgestellt haben sollen. Dabei soll zudem bereits vor der Reise (eigene Anreise, nur Unterkunftsbuchung) der gesamte Preis für die Unterkunft bezahlt worden sein, was in Kroatien unüblich ist und stets stutzig machen sollte! Üblich ist bei der reinen Unterkunftsbuchung lediglich eine Anzahlung nach der Buchung (meist 100 Euro) und Begleichung des Restbetrages bei der Schlüsselübernahme.

Preiskategorien in diesem Buch

Bei Hotels und Apartments/Bungalows sowie Privatunterkünften wird **in Kroatien** nach den Klassen A bis D oder 1 bis 4 unterschieden, manchmal gibt es zusätzlich „L" für Luxus. Um dem Leser eine einigermaßen vernünftige Orientierung zu ermöglichen, wird in den Ortsbeschreibungen in diesem Buch **nach fünf Klassen katalogisiert** (①-⑤). Diese Einteilung ist unabhängig von der Kategorisierung vor Ort. Die Kategorien sind der **Tabelle** zu entnehmen. Genannt sind die Höchstpreise während der Hauptsaison (Mitte Juli bis Ende August); außerhalb sinkt der Preis auf etwa zwei Drittel, in der Nebensaison teilweise bis auf ein Drittel!

Camping

Insgesamt gibt es in den Urlaubsgebieten **über 300 registrierte Campingplätze,** etwa je zur Hälfte auf Istrien/Kvarner Bucht und Dalmatien verteilt. In Nordkroatien sind sie größer und organisierter (Tischtennis, Minimarkt, Busanbindung ...), wohingegen viele dalmatische Campingplätze – von ein paar größeren Plätzen abgesehen – als sogenannte **Mini-Camps** nur einige Zelt- und Stellplätze mit „rustikaler Atmosphäre", oft ohne Infrastruktur, anbieten. Die Tourismuszentrale publiziert einen für die Vororganisation recht brauchbaren Gesamtkatalog aller offiziellen kroatischen Campingplätze mit detaillierter Preisliste, der entweder als Broschüre oder auch als Download unter www.croatia.hr kostenlos zur Verfügung steht.

Für Campingplätze existieren unterschiedliche **Kategorisierungen** und Angaben über die Qualität, teilweise werden Sternchen (* bis ****), teilweise Kategorien benannt (Kat. I bis IV), wobei jeweils „1/I" die geringste und „4/IV" die höchste Komfortklasse bedeutet.

Wildes Campen ist nicht nur generell untersagt, sondern erweist sich auch insbesondere entlang der dalmatischen Küste mit dem jäh aufsteigenden Bergland als ausgesprochen schwierig.

Jugendherbergen

Jugendherbergen gibt es derzeit u.a. in Pula, Punat/Krk, Zadar, Dubrovnik, Veli Lošinj, Zagreb, Rijeka sowie im Raum Split. Es empfiehlt sich wegen der großen Nachfrage eine **Reservierung** (am besten über die offizielle Seite www.hfhs.hr).

Hat man einen **internationalen Jugendherbergsausweis** aus dem Heimatland schläft man auch bei den kroatischen Jugendherbergen zum günstigeren Tarif, sonst muss man eine Tagesmitgliedschaft erwerben. Tipp: Kann man auch als Familie beantragen. Weitere **Auskünfte** sowie **aktuelle Preislisten** können hier angefordert werden:

- **Deutsches Jugendherbergswerk,** Bismarckstr. 8, 32657 Detmold, Tel. 05231-74010, www.jugendherberge.de.
- **Österreichischer Jugendherbergsverband,** Schottenring 28, 1010 Wien, Tel. 01-5335353, www.oejhv.or.at.
- **Schweizer Jugendherbergen,** Schaffhauserstr. 14, 8042 Zürich, Tel. 044-3601414, www.youthhostel.ch.
- **Youth Hostel Association,** Savska Cesta 5, 41000 Zagreb, Tel. 01-4829294, www.hfhs.hr.

Verkehrsmittel

Bus

Der Bus dürfte für diejenigen, die nicht mit einem eigenen Fahrzeug unterwegs sind, das Haupttransportmittel sein; die **Verbindungen** zwischen den einzelnen Ortschaften sind sehr **ordentlich** und zudem ausgesprochen **preiswert:** Als Faustregel gilt, dass pro Kilometer rund 1–1,50 K zu entrichten sind – auch auf internationalen Routen, wenn die Tour in Kroatien beginnt. Fahrpläne hängen in Busbahnhöfen und an Haltestellen aus, dabei muss man die Begriffe „polazak iz ..." (Abfahrt von), „polazak za ..." (Abfahrt nach), „radni dan" (werktags), „subota" (samstags) und „nedelja i blagdan" (sonn- und feiertags) kennen.

Soweit vorhanden, werden die innerstädtischen Verkehrsmittel im Rahmen der jeweiligen Ortsbeschreibungen erläutert.

Bahn

Im Vergleich zum Bus bietet die Bahn in Kroatien eigentlich nur eine Alternative für Eisenbahnfans. Die Anbindungen, insbesondere im Süden, sind – bedingt durch die gebirgige und teils unzugängliche Landschaft – **außerordentlich beschränkt.** Bahnlinien führen von Slowenien nach Pula (Südspitze Istriens) oder über Karlovac nach Rijeka bzw. durch das Binnenland nach Dalmatien (Zadar, Šibenik und Split). In den Ortsbeschreibungen wird auf die jeweiligen Verbindungen hingewiesen. Je nach Route zahlt

man in der 2. Klasse als Richtpreis etwa 1,50–2 K pro Kilometer.

Stadtbusse

Die innerstädtischen Verkehrsmittel werden im Rahmen der jeweiligen Ortsbeschreibungen erläutert.

Fähren

Zu den vielen interessanten und sehr beliebten **Inseln** verkehren ganzjährig Autofähren, zu kleineren Inselchen Passagierfähren (teilweise Privatanbieter, zu buchen direkt am Pier). Die meisten in

055kro wl

den Karten verzeichneten „Fährorte“ sind nur eine Anlegestelle mit einer kleinen Ticketbude. Selbstfahrer stellen sich einfach hinten an und kaufen während der Wartezeit das Fährticket; von den beiden Coupons wird einer bei der Einfahrt auf die Fähre abgegeben, die Kopie gilt als Beleg. Im Gegensatz zu anderen Ländern der Region (z.B. Italien) ist das Fährpersonal auch in Stressphasen sehr hilfsbereit und nett.

Wartezeiten kommen durchaus vor, auf die Frequenzen und Verbindungen der diversen Routen wird in den Ortsbeschreibungen eingegangen.

■ **Infos:** Über die aktuellen Preise und Fährverbindungen zu den Inseln informiert die Hauptfährgesellschaft **Jadrolinija** unter www.jadrolinija.hr. Für alle Inselfahrer empfiehlt sich die Gegenkontrolle der Fährzeiten für die gewählte Insel kurz vor der Abreise. Es gibt häufig Änderungen, oft zusätzliche Fähren im Hochsommer!

Taxi

Einige **Großstädte** verfügen über einen regulären, relativ teuren Taxi-Service; Einzelheiten und Richtpreise finden sich in den Ortsbeschreibungen.

⌃ Autofähren verkehren zwischen Inseln und Festland

Trampen

Ein Wort zum Thema Autostopp: Trampen ist nicht sonderlich beliebt in Kroatien, eigentlich sogar **eher verpönt.** Das heißt allerdings nicht, dass in Notfällen oder bei miserablem Wetter nicht geholfen würde. Im Sommer jedenfalls stehen die Chancen für Tramper eher schlecht, obgleich zu dieser Zeit mehr Touristen als Einheimische auf kroatischen Straßen fahren.

Versicherungen

Egal welche Versicherungen man abschließt, hier ein Tipp: Für alle abgeschlossenen Versicherungen sollte man stets die **Notfallnummern** notieren und mit der **Policenummer** gut aufheben! Bei Eintreten eines Notfalles ist es ratsam, die Versicherungsgesellschaft sofort telefonisch zu verständigen!

Der Abschluss einer **Jahresversicherung** ist in der Regel kostengünstiger als mehrere Einzelversicherungen. Günstiger ist auch die **Versicherung als Familie** statt als Einzelpersonen. Hier sollte man nur die Definition von „Familie" genau prüfen.

Auslandskrankenversicherung

Die gesetzlichen Krankenkassen von Deutschland und Österreich garantieren eine Behandlung im akuten Krankheitsfall auch in Kroatien, wenn die Versorgung nicht bis nach der Rückkehr warten kann. Als Anspruchsnachweis benötigt man die **Europäische Krankenversicherungskarte,** die man von seiner Krankenkasse erhält.

Im Krankheitsfall besteht ein Anspruch auf ambulante oder stationäre Behandlung bei jedem zugelassenen Arzt und in staatlichen Krankenhäusern. Da jedoch die Leistungen nach den gesetzlichen Vorschriften im Ausland abgerechnet werden, kann man auch gebeten werden, zunächst **die Kosten der Behandlung** selbst zu tragen. Obwohl bestimmte Beträge von der Krankenkasse hinterher erstattet werden, kann ein Teil der finanziellen Belastung beim Patienten bleiben und zu Kosten in kaum vorhersagbarem Umfang führen.

Deshalb wird der Abschluss einer **privaten Auslandskrankenversicherung** dringend empfohlen. Eine solche Zusatzversicherung erhält man z.B. bei den Automobilclubs oder bei Banken, teilweise sind derartige Leistungen bereits in Kontenverträgen bzw. Premium-Mitgliedschaften usw. enthalten.

Bei Abschluss der Versicherung – die es mit bis zu einem Jahr Gültigkeit gibt – sollte auf einige Punkte geachtet werden. Zunächst sollte ein **Vollschutz ohne Summenbeschränkung** bestehen, im Falle einer schweren Krankheit oder eines Unfalls sollte auch der **Rücktransport** übernommen werden, denn der Krankenrücktransport wird von den gesetzlichen Krankenkassen nicht übernommen. Manchmal ist eine solche Auslandsversicherung, auch für die gesamte Familie, in Kontenverträgen mit **Kreditkarte** bereits enthalten oder kann preiswert über die **Automobilclubs** abgeschlossen werden, insbesondere wenn man bereits Mitglied ist. Diese Versicherung bietet den Vorteil billiger Rückholleistungen (Helikopter, Flugzeug) in extremen Notfällen.

Wichtig ist auch, dass im Krankheitsfall der **Versicherungsschutz über die vorher festgelegte Zeit hinaus** automatisch verlängert wird, wenn die Rückreise nicht möglich ist.

Schweizer sollten bei ihrer Krankenversicherungsgesellschaft nachfragen, ob die Auslandsdeckung auch für Kroatien inbegriffen ist. Sofern man keine Auslandsdeckung hat, kann man sich kostenlos bei Soliswiss (Gutenbergstr. 6, 3011 Bern, Tel. 031-3810 494, www.soliswiss.ch) über mögliche Krankenversicherer informieren.

Zur Erstattung der Kosten benötigt man ausführliche **Quittungen** (mit Datum, Namen, Bericht über Art und Umfang der Behandlung, Kosten der Behandlung und Medikamente).

Andere Versicherungen

Ist man mit einem Fahrzeug unterwegs, ist der **Schutzbrief** eines Automobilclubs eine Überlegung wert. Wird man erst in der Notsituation Mitglied, gilt diese Mitgliedschaft auch nur für dieses Land und man ist in der Regel verpflichtet fast einen Jahresbeitrag zu zahlen, obwohl die Mitgliedschaft nur für einen Monat gültig ist.

Ob es sich lohnt, weitere Versicherungen abzuschließen wie eine Reiserücktrittsversicherung, Reisegepäckversicherung, Reisehaftpflichtversicherung oder Reiseunfallversicherung, ist individuell abzuklären. Gerade diese Versicherungen enthalten viele **Ausschlussklauseln,** sodass sie nicht immer Sinn machen.

Die **Reiserücktrittsversicherung** lohnt sich nur für teure Reisen und für den Fall, dass man vor der Abreise einen schweren Unfall hat, schwer erkrankt, schwanger wird, gekündigt wird oder nach Arbeitslosigkeit einen neuen Arbeitsplatz bekommt, die Wohnung abgebrannt ist u.Ä. Es gelten nicht: Terroranschlag, Streik oder Naturkatastrophe etc.

Die **Reisegepäckversicherung** lohnt sich seltener, da z.B. bei Flugreisen verlorenes Gepäck oft nur nach Kilopreis und auch sonst nur der Zeitwert nach Vorlage der Rechnung ersetzt wird, manche Gegenstände sind per sé nicht versicherbar. Wurde eine Wertsache nicht im Safe aufbewahrt, gibt es bei Diebstahl auch keinen Ersatz. Kameraausrüstung und Laptop dürfen beim Flug nicht als Gepäck aufgegeben worden sein. Gepäck im unbeaufsichtigt abgestellten Fahrzeug ist ebenfalls nicht versichert. Die Liste der Ausschlussgründe ist endlos ... Überdies deckt häufig die Hausratsversicherung schon Einbruch, Raub und Beschädigung von Eigentum auch im Ausland. Für den Fall, dass etwas passiert ist, muss der Versicherung als Schadensnachweis ein Polizeiprotokoll vorgelegt werden.

Eine **Privathaftpflichtversicherung** hat man in der Regel schon. Hat man eine **Unfallversicherung,** sollte man prüfen, ob diese im Falle plötzlicher Arbeitsunfähigkeit aufgrund eines Unfalls im Urlaub zahlt. Auch durch manche **Kreditkarten** oder eine **Automobilclubmitgliedschaft** ist man für bestimmte Fälle schon versichert. Die Versicherung über die Kreditkarte gilt jedoch meist nur für den Karteninhaber!

ZLATAR
JUWELIER

7 Land und Leute

Lebhaftes kleines Küstenörtchen: Veli Lošinj auf Cres

Kroatiens fünf größte ...

Kroatiens fünf größte Städte:

Zagreb	795.000 Einw.
Split	225.000 Einw.
Rijeka	170.000 Einw.
Osijek	120.000 Einw.
Zadar	95.000 Einw.

Kroatiens fünf höchste Berge:

Dinara	1830 m
Kamešnica	1810 m
Sveti Jure	1762 m
Vaganski Vrh	1757 m
Ozeblin	1657 m

Kroatiens fünf längste Flüsse:

Sava	562 km
Drava	505 km
Kupa	296 km
Donau	188 km
Bosut	151 km

Kroatiens fünf größte Inseln:

Krk	410 km^2
Cres	410 km^2
Brač	395 km^2
Hvar	300 km^2
Pag	285 km^2

Kroatiens fünf größte Nationalparks:

Kornaten	234 km^2
Plitwitzer Seen	195 km^2
Krka-Fälle	110 km^2
Paklenica	102 km^2
Mljet	54 km^2

Geografie

Kroatien

Auf der Karte ähnelt das Territorium Kroatiens einem Bumerang, dessen Basis nach Nordwesten und dessen Spitzen nach Südosten zeigen. Diese recht eigentümliche Form erklärt sich aus der Geschichte bzw. der Zusammensetzung des ehemaligen Vielvölkerstaates Jugoslawien und seiner unterschiedlichen ethnischen Besiedlung. Im Norden **grenzt Kroatien** an Slowenien (gemeinsame Grenzlänge: 501 km), im Osten an Ungarn (329 km), Serbien (241 km) und Bosnien-Herzegowina (932 km), im Süden an Montenegro (25 km). Das Staatsgebiet umfasst 56.542 km^2 und beinhaltet **1185 Inseln,** die größtenteils an der dalmatischen Küste liegen, von denen allerdings nur 67 bewohnt sind. **Hauptstadt** der Republik Kroatien ist **Zagreb,** wo (mit Umland) rund ein Viertel der insgesamt gut 4,5 Millionen Bewohner des Landes lebt und arbeitet.

Die **Bevölkerung** besteht zu 90 % aus Kroaten, 7 % sind Serben, 3 % Italiener, Ungarn, Slowaken, Slowenen, Deutsche und Bosnier.

Geografisch unterteilt man Kroatien in das fruchtbare Flachlandbassin von Sava (Save) und Drava (Drau) im Nordosten, ein bergiges Karstland im Norden und im Zentrum sowie die touristisch bedeutsame mediterrane Küstenregion. Diese Küstenregion – und somit der untere „Bügel" des Bumerangs – gliedert sich historisch bedingt in drei Regionen:

⊡ Bucht bei Lubenice auf Cres

die **Halbinsel Istrien,** die sich anschließende **Kvarner Bucht** sowie, im Süden, **Dalmatien.** Die gesamte Küste misst eine Länge von 1780 Kilometern.

Die Region Kvarner

Die kroatische Region Kvarner bildet den nördlichsten und somit Mitteleuropa am nächsten gelegenen Teil Kroatiens. Die **Adriabucht** unterteilt man in drei Gewässerabschnitte: den eigentlichen **Kvarner** im Westen vor der Halbinsel Istrien, **Kvarnerić** in der Mitte und den **Velebit-Kanal** zwischen den Inseln Krk und Rab und dem Festland. Wegen der häufigen Fallwinde gehört Letzterer zu einer der gefährlichsten Seepassagen weltweit. **Bewohnte Inseln** der Kvarner Bucht sind Krk, Cres, Lošinj, Rab, Susak, Unije und Ilovik.

Die **Festlandküste** reicht von Mošćenička Draga auf der Halbinsel Istrien im Westen bis in die Gegend von Novi Vinodolski im Osten. Das wichtigste urbane Zentrum ist **Rijeka,** touristische Küstenhochburgen sind u.a. **Opatija** und **Crikvenica.** Der Küstenstreifen von Zagorje bei Brseč bis oberhalb von Opatija wird manchmal auch als „Liburnische Küste" bezeichnet.

Das zur Region Kvarner gehörige Hinterland reicht **bis zur slowenischen Grenze** im Nordosten. Hier erstreckt sich ein über 1500 Meter hohes und faszinierendes **Bergland** um den malerischen Veli Risnjak (1528 m).

184nd wl

Während die **Abgrenzung** nach Südosten administrativer Natur ist und unauffällig verläuft, bildet das Čičarija-Gebirge mit dem Učka-Massiv im Westen eine sehr deutliche Barriere zur sich anschließenden Halbinsel **Istrien.** Auch kulturhistorisch lässt sich eine Art Trennlinie zwischen Istrien und der Region Kvarner erkennen: Während Baumeister und Künstler in Istrien vorwiegend aus Italien kamen, warten die Baudenkmäler des Kvarner Landes auffallend häufig mit Namen deutschsprachiger Künstler und Architekten auf. Besonders auffällig ist diese historisch bedingte Tatsache bei den Kirchen.

Klima

Entlang der kroatischen Küste herrscht **Mittelmeerklima** mit warmen, trockenen Sommern und milden Wintern, wobei es innerhalb dieses langen Küstenab-

Mittlere tägliche Maximum- und Minimumtemperaturen in °C

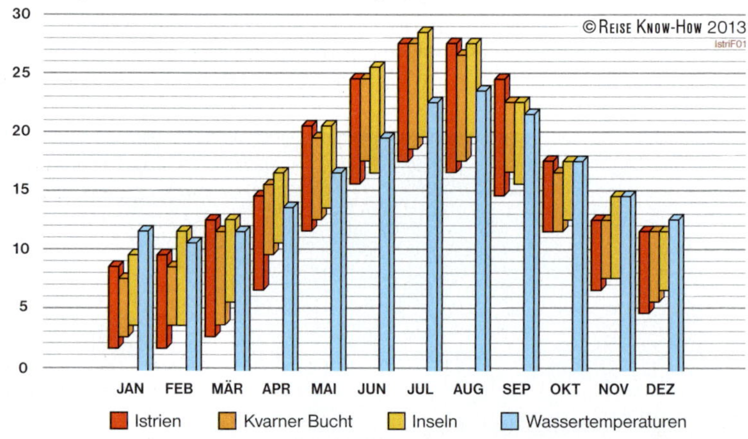

Mittlere Niederschlagsmenge pro Monat in mm

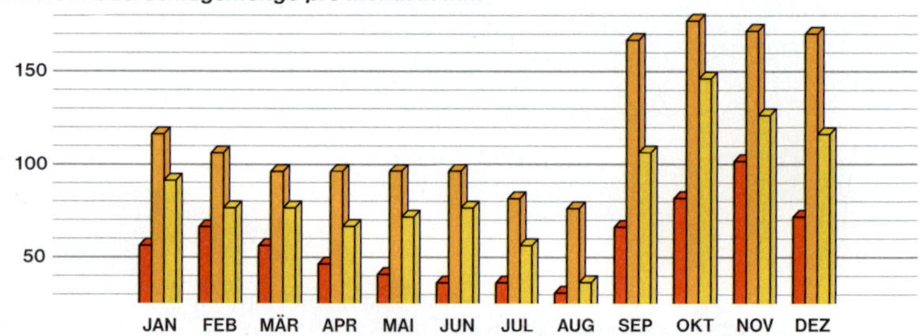

schnitts noch gewisse Unterschiede gibt (siehe Grafik). Der Grund dafür ist die jeweilige Lage zu den schützenden Bergketten des Festlands.

Als Faustregel kann festgehalten werden, dass es von **Mitte Juni bis Ende August kaum regnet** und die Tageshöchsttemperaturen mit schöner Regelmäßigkeit über die 30°C-Marke klettern, wobei die Temperaturen der südlichen Landesteile meist noch ein bis zwei Grad höher liegen als etwa die in der Kvarner Bucht.

Zur Thematik vergleiche auch den Abschnitt „Reisezeit" im Kapitel „Praktische Reisetipps A–Z".

Flora und Fauna

Pflanzenwelt

Jedes Fleckchen fruchtbarer Erde wird zum Anbau genutzt: Wein, Paprika, Oliven, Tomaten und andere **Obst- und Gemüsesorten** zählen zu den wichtigsten landesüblichen Agrarerzeugnissen, wobei freilich die Pflaume als Basis für den allgegenwärtigen, selbst gebrannten *Sliwowitz* (Pflaumenschnaps) nicht vergessen werden darf. Häufige **Nutzpflanzen** sind auch Maulbeer-, Lorbeer- und Feigenbaum sowie Esskastanien (Maroni). Ansonsten wächst auf dem steinigen Karstboden ein spärlicher, immergrüner **Buschwald** mit Rosmarin, Salbei und Thymian; sehr markant duftet auch das Maggikraut. An der istrischen Küste und auf den Inseln gedeiht der **Ölbaum,** sonst finden sich vorwiegend **Nadelhölzer** wie Zypressen, Kiefern und Pinien. Exotische Gewächse wie etwa Tamarisken, Akazien, Agaven und Palmen werden an einigen „Vorzeigepromenaden" (z.B. Opatija) gepflegt.

Säugetiere

Wo eine Kultivierung der Felslandschaften nicht möglich ist, dominieren **Ziege und Schaf** als pflegeleichte Nutztiere. **Esel und Mulis** dienen noch heute als Transportmittel auf den unwirtlichen Bergpfaden und Hängen. Wild lebende Säugetiere scheinen weit seltener vorzukommen als in nördlicheren Gefilden; gelegentlich hoppelt ein Hase durchs Hinterland, auch Rot- und Schwarzwild lebt im Landesinneren. **Luchse und Bären** haben im Kvarner Hochland zwischen den Nationalparks Plitvice und Risnjak eine Heimat gefunden. Mit etwas Glück kann man sogar **Steinadler** beobachten, auf den Kvarner Inseln auch **Weißkopf- oder Gänsegeier.**

Unterwasser-Fauna

Unter Wasser entdeckt der Taucher Nacktschnecken, Einsiedlerkrebse, Garnelen, Seeigel, Seespinnen, Sepia, Zackenbarsche und sogar Katzenhaie. Auch an Wracks und Grotten oder Höhlen mangelt es nicht. Bedingt durch den Felsboden ist die **Sicht sehr gut,** das Wasser fast überall von **hervorragender Qualität.** Umweltschäden sind in der kroatischen Adria glücklicherweise nicht vorhanden.

» Nächste Seite: Baška auf Krk

Geschichte

Geschichte Kroatiens

Die Entwicklung der einzelnen Regionen Kroatiens nahm – bedingt durch die Lage zwischen verschiedenen Machtregionen – einen sehr unterschiedlichen Verlauf. Daher wird in den Ortsbeschreibungen der jeweiligen Stadtgeschichte stärker Rechnung getragen, an dieser Stelle sei nur ein kurzer Gesamtüberblick gegeben.

- **Jungsteinzeit:** Besiedlung der Adriaküste vor 10.000 Jahren, erste Haustiere und Kulturpflanzen.
- **Ab 1000 v.Chr.:** Illyrische Stämme siedeln sich – von Nordeuropa kommend – in Istrien (Histrer) und Dalmatien (Dalmater und Liburner) an.
- **Ab 400 v.Chr.:** Einwanderung von Kelten und Verschmelzung zu einer illyrisch-keltischen Mischbevölkerung. Griechische Kolonialisten gründen Handelsniederlassungen auf Korčula, Hvar und Vis sowie dem Festland zwischen Split und Dubrovnik.
- **200 v.Chr.–200 n.Chr.:** Die Römer erobern zunächst den illyrischen Siedlungsraum (unter den Kaisern *Augustus* und *Tiberius*), Zentrum der neuen Kultur wird Pula.
- **3.–5. Jahrhundert:** Der in Dalmatien geborene Kaiser *Diokletian* macht Split zu seinem Zentrum (Diokletians-Palast). Das Christentum verbreitet sich, erste christliche Basiliken entstehen.
- **Um 620:** Einwanderung der Kroaten aus der slawischen Urheimat, die in der südwestlichen Ukraine (Pripjat-Sümpfe) angenommen wird, unter dem Druck der Völkerwanderungen.
- **Bis 825:** Der kroatische Balkan steht unter byzantinischer und fränkischer Oberhoheit.
- **925:** Unabhängiges Königreich unter König *Tomislav.*
- **1102:** *Koloman von Ungarn* wird König von Kroatien: Beginn der ungarischen Oberhoheit (bis 1918).
- **1527:** *Ferdinand I. von Habsburg* (der spätere römisch-deutsche Kaiser) wird König von Ungarn-Kroatien; die Habsburger behalten die Krone bis zum Jahr 1918. Kroaten und Deutsche haben bis 1806, Kroaten und Österreicher bis Ende des Ersten Weltkriegs 1918 ein gemeinsames Staatsoberhaupt.
- **1573:** Bauernaufstände.
- **1797:** *Napoleon* erobert Dalmatien.
- **Ab 1830:** Nationale Wiedergeburt, insbesondere auf sprachlichem Gebiet.
- **1848:** Krieg und Trennung von Ungarn.
- **1868:** Kroatisch-ungarische Gleichberechtigung.
- **1.12.1918:** Königreich der Serben, Kroaten und Slowenen.
- **1918:** Nach dem Zusammenbruch der k.u.k. Doppelmonarchie Österreich-Ungarn am Ende des Ersten Weltkriegs fällt ganz Istrien vorübergehend an Italien (bis 1943).
- **10.6.1928:** Kroatenführer *Stjepan Radić* (Gründer der Bauernpartei) wird im Parlament in Belgrad ermordet.
- **6.1.1929:** Königreich Jugoslawien.
- **6.4.1941:** Einmarsch der deutschen Truppen in Jugoslawien und Besetzung.
- **10.4.1941:** Kroatischer, faschistischer Ustaša-Staat unter Führer *Ante Pavelić.*
- **17.4.1941:** Bedingungslose Kapitulation Jugoslawiens.

052kb wl

■ **29.11.1945:** Sozialistische Föderative Republik Jugoslawien unter *Josip Tito.*
■ **28.6.1948:** Bruch mit Moskau (der Beginn des jugoslawischen „Sonderweges").
■ **1970/71:** „Zagreber Frühling": national-demokratische Massenbewegung unter Führung von Intellektuellen und Studenten zusammen mit der kroatischen Parteispitze; Niederschlagung durch die jugoslawische Regierung.
■ **4.5.1980:** Tod *Titos.*
■ **8.4.1990:** *Dr. Franjo Tudjman* wird Präsident des kroatischen Republik-Präsidiums.
■ **Mai 1990:** Die „Kroatisch Demokratische Gemeinschaft" (HDZ) gewinnt die absolute Mehrheit bei den ersten freien postkommunistischen Parlamentswahlen.
■ **August 1990:** Aufruhr kroatischer Serben in Knin, Beginn des bewaffneten Konflikts.
■ **17.3.1991:** „Serbische Republik Krajina" erklärt sich für unabhängig.
■ **25.6.1991:** Unabhängigkeitserklärung Kroatiens.
■ **3.8.1991:** Briuni-Abkommen: dreimonatiges Moratorium der Unabhängigkeitserklärung.
■ **Ab September 1991:** In Kroatien wird Krieg geführt.
■ **7.10.1991:** Serbische Bombardierung von Zagreb.
■ **19.11.1991:** Fall von Vukovar.
■ **23.12.1991:** Anerkennung durch Deutschland und die meisten anderen EU-Staaten mit Wirkung vom 15.1.1992.
■ **19.1.1992:** Aufnahme diplomatischer Beziehungen mit Deutschland.

Festung der Uškoken, einer mittelalterlichen Seeräuberbande, in Senj

- **Januar 1992:** Vance-Friedensplan.
- **12.2.1992:** Stationierung von UNO-Truppen (UNPROFOR).
- **Frühjahr 1992:** Serbische Belagerung und Beschuss Dubrovniks.
- **2.1.1993:** Kroatischer Angriff im Hinterland von Zadar (Maslenica).
- **28.2.1993:** Washingtoner Abkommen zur Gründung der Bosnisch-Kroatischen Föderation in Bosnien und Herzegowina (BiH).
- **April 1993:** Ausbruch bewaffneter Konflikte zwischen Kroaten und Muslimen in Bosnien-Herzegowina.
- **September 1993:** Kroatische „Medak-Offensive" bei Gospić.
- **1.5.1995:** Kroatische Rückeroberung des serbisch kontrollierten Westslawoniens („Aktion Blitz").
- **2./3.5.1995:** Raketenbeschuss Zagrebs durch Serbien.
- **4.–7.8.1995:** Kroatische Rückeroberung der serbisch kontrollierten Krajina („Aktion Sturm").
- **12.11.1995:** Vertrag von Erdut mit den Behörden der serbisch kontrollierten Gebiete in Ostslawonien, der Baranja und Westsyrmiens über Wiedereingliederung in Kroatien nach UN-Verwaltung (UNTAES).
- **14.12.1995:** Kroatien unterzeichnet das Daytoner Friedensabkommen.
- **23.8.1996:** Normalisierungsabkommen zwischen Kroatien und der Bundesrepublik Jugoslawien.
- **6.11.1996:** Aufnahme Kroatiens in den Europarat.
- **15.1.1998:** Ende des UNTAES-Mandats und Wiedereingliederung von Ostslawonien, Baranja und Westsyrmien in den kroatischen Staatsverband.
- **November 1999 bis Januar 2000:** Der schwer erkrankte Präsident *Tudjman* liegt im Sterben, sein Tod beendet eine autokratische Ära.
- **Februar 2000:** *Stjepan Mesić* wird am 7.2. zum neuen Präsidenten gewählt und am 18.2. offiziell in sein Amt eingeführt. Der Chef der HND verspricht eine Abkehr vom Einheitsstaat der bis dato vorherrschenden HDZ und der Tudjman-Verstrickungen. Er entwickelt sich rasch zu einer Integrationsfigur und strebt Westannäherung an.
- **13.7.2000:** Die Liberalisierungswelle erreicht einen vorläufigen Höhepunkt mit der Entlassung des Tudjman-Getreuen *B. Tolič* als Chef der staatlichen Nachrichtenagentur HINA.
- **1.10.2000:** *Mesić* kritisiert öffentlich kroatische Kriegsverbrechen der HVO (kroatische Armee) während des Balkankrieges und verspricht weiterhin gerichtliche Verfolgung, auch wenn es sich um Kroaten handele; mehrere rechtsnationalistische Generäle attackieren ihn daraufhin in einem offenen Brief. *Mesić* setzt sich durch und schickt sie in den Ruhestand.
- **März 2001:** Kroatien liefert den wegen Kriegsverbrechen angeklagten General *Norić* aus – Zehntausende protestieren in Split dagegen, ebenso viele in Pula dafür; die Regierung bleibt hart.
- **25.6.2001:** Zehnjähriges Unabhängigkeitsjubiläum. *Mesić* will seine Politik der inneren Liberalisierung und außenpolitischen Westintegration bei gleichzeitiger Aussöhnung mit den östlichen Nachbarn fortsetzen.
- **Juli 2002:** Die Regierung *Račan* tritt zurück, 5-Parteienkoalition gescheitert. Kurz darauf wird *Ivica Račan* von *Mesić* wieder zum Premier ernannt – er versucht nun ohne HSLS *(D. Budiša)* die Europäisierung (EU-Beitritt) umzuset-

Der „Kroatische Frühling"

Der kroatische PEN-Klub (Schriftstellerverband) um *Miroslaw Krleža* veröffentlichte **1967** eine Denkschrift zur kroatischen Schriftsprache, die ausgehend von Intellektuellen und Studentenvereinigungen zu einer kleinen kroatischen **Nationalbewegung** im Zeitalter der Volksaufstände in den Marionettenstaaten hinter dem „Eisernen Vorhang" („Prager Frühling", Ungarn) erwuchs. Während das Tito-Regime jeglichen Nationalismus als staatsgefährdend verbot, bestand diese Bewegung auf einer gewissen Eigenständigkeit innerhalb des Staates. Es ging dabei weniger um einen kroatischen Nationalismus, als vielmehr um **wirtschaftliche Gerechtigkeit** (rund 85 % der Einnahmen mussten an Belgrad abgetreten werden).

Die zunächst rein theoretische Auseinandersetzung begann im Jahr **1971** zu eskalieren, als Studenten in Zagreb öffentlich demonstrierten und kroatische Sprachwissenschaftler eine rein kroatische Grammatik veröffentlichten.

Das Tito-Regime musste reagieren: Die Grammatik wurde verboten (da nicht „jugoslawisch", „serbokroatisch" oder „kroatoserbisch"), Studentenführer und viele Professoren von den Hochschulen ausgeschlossen, die Bewegung als „kroatischer Faschismus" verfolgt. **Folterungen, Inhaftierungen und politische Morde** an Exilkroaten durch den jugoslawischen Geheimdienst UDBA waren die Folge. Dennoch blieb die Auseinandersetzung im Vergleich zu anderen Staaten relativ gewaltfrei. 1974 wurde dann eine neue Verfassung verabschiedet, die den Teilrepubliken umfassende Autonomien einschließlich eines (1991 dann auch reichlich genutzten) Sezessionsrechtes einräumte – ein weit vorausschauender Triumph der Initiatoren des „Kroatischen Frühlings".

zen und den Abbau der Arbeitslosigkeit (über 20 %!) voranzutreiben.

- **Januar 2003:** EU-Erweiterungskommissar *Günther Verheugen* bezeichnet Kroatien und Bosnien-Herzegowina als aussichtsreiche Kandidaten für spätere Beitrittsrunden.
- **April 2003:** Auf dem Athener EU-Gipfel (Beschluss der großen Osterweiterung für 2004) legt Kroatien sein offizielles EU-Beitrittsgesuch vor.
- **Herbst 2003:** *Ivo Sanader* reformiert die bis dahin extrem rechtskonservative HDZ und kooperiert in offenen Fragen hinsichtlich EU und Auslieferung gesuchter Kriegsverbrecher. Die HDZ wird damit wieder „hoffähig".
- **2004:** Die HDZ gewinnt die Parlamentswahlen, *Ivo Sanader* löst *Ivica Račan* als Premierminister ab und Kroatien wird offizieller EU-Beitrittskandidat.
- **2006:** Krotien wird offiziell von der UN-Sonderbeauftragten für die Verfolgung von Kriegsverbrechen, *Carla del Ponte,* für die gute Zusammenarbeit ge-

lobt und in dieser Hinsicht als EU-reif beurteilt.

■ **2008:** *Ivo Sanader* bildet eine neue Mitte-Rechts-Regierung aus HDZ, HSLS (Sozialliberale), HSS (Bauernpartei) und SDSS (Serbische Minderheitspartei) und hält am Ziel „EU-Beitritt" fest.

■ **2009:** *Sanader* stürzt über Korruptionsskandale, Nachfolgerin als Premierministerin wird *Jadranka Kosor,* die resolut gegen politische Korruption vorgeht, sich zügig im Grenzkonflikt mit Slowenien einigt und so die letzten Hürden für den EU-Beitritt beseitigt.

■ **2010:** Mit *Ivo Josipović* als Präsident wird ein Rechtswissenschaftler an die Spitze des Staates gewählt.

■ **2011:** Ex-Premier *Sanader* flieht nach Italien, wird per internationalem Haftbefehl gesucht und schließlich ausgeliefert. Kroatien erhält die Zusage des EU-Beitritts für 2013. Im Dezember werden auch *Jadranka Kosor* und die HDZ abgewählt, neuer Premier wird *Zoran Milanović,* der ein sozialdemokratisches Bündnis mit knapper Mehrheit anführt.

■ **Januar 2012:** Anders als in Deutschland werden die kroatischen Bürger per Referendum zum EU-Beitritt befragt. Rund zwei Drittel der Wähler stimmen für den Beitritt – und das auf dem ersten Höhepunkt der „Griechenland-Krise"! Einziger Wermutstropfen ist die mit 43,6 % enttäuschend geringe Wahlbeteiligung.

■ **März 2012:** Der österreichische Bundespräsident *Heinz Fischer* besucht als erstes Staatsoberhaupt nach dem Referendum in Kroatien das Land; zentrales Thema ist – neben dem Beitritt – die EU-Schuldenkrise.

■ **September 2012:** Erneut droht Slowenien, diesmal wegen eines Bankenproblems, den EU-Beitritt Kroatiens zu blockieren. Gleichzeitig versichert *Milanović* Bundeskanzlerin *Merkel* den Euro nach dem Beitritt baldmöglichst einzuführen.

■ **März 2013:** Kroatien und Slowenien legen ihren noch aus altjugoslawischer Zeit herrührenden Bankenstreit bei, womit Slowenien seinen Widerstand gegen den EU-Beitritt Kroatiens aufgibt.

■ **Juli 2013:** Kroatien wird offiziell das 28. Mitglied der Europäischen Union.

Geschichte der Region Kvarner

Antike

Die Kvarner Bucht wurde im Altertum wechselweise von Illyrern, Liburnern, Japoden, Griechen und Histrern bewohnt, ehe die **Römer** 221 v. Chr. erstmals den Versuch unternahmen, die Region gemeinsam mit Istrien (Histrer) zu besetzen. Dieses Vorhaben gelang 178 v. Chr. endgültig. Mit dem Zerfall des Römischen Reiches im 4. Jahrhundert verblieb die Region Kvarner beim weströmischen Teil des Imperiums, ehe mit dem Sieg der Ostgoten über Westrom ab 476 erneut die Oberhoheit wechselte. 539 verdrängte Byzanz (Ostrom) in dem Bestreben, das Römische Reich zumindest an der Ostadria zu restaurieren, die Goten, musste sich aber im Zuge der Einwanderung slawischer und awarischer Völker während der Völkerwanderung (Ende 6. Jh.) zurückziehen.

☒ Relikt der kaiserlichen Ära in Rijeka

Mittelalter

Zu den Slawen zählen auch die **Kroaten,** die fortan die Kvarner Bucht besiedeln, ab dem frühen 9. Jahrhundert *(Karl der Große)* allerdings zunächst unter fränkischer Oberhoheit stehen. 1288 gelingt es dem frankopanischen Fürstentum von Vinodol, die Kvarner Bucht kurzzeitig zu kontrollieren, es muss sich aber Ende des 13. Jahrhunderts den Venezianern beugen, die vor allem an Exporthäfen an der Ostadria interessiert sind. 1358 tritt die Dogenrepublik **Venedig** ihre Rechte rund um **Fiume** (heute Rijeka) an Ungarn ab, das wiederum 1471 Rijeka an die **Habsburger Dynastie** (Österreich) abgibt. Damit wird das Festland der Region Kvarner mehr oder weniger von Österreich, die Inseln (ab 1480 auch Krk) von Venedig kontrolliert, was im 16. und 17. Jahrhundert mehrfach zu Konflikten der beiden Mächte führt und im gemeinsamen siegreichen Kampf Österreichs mit den Uškoken gegen Venedig gipfelt (1615–17).

Neuzeit

Nach einer längeren und eher ruhigen Phase als Freihafen wird **Rijeka** 1779 zunächst an Ungarn übergeben, um kurzzeitig zurück an Österreich, während der napoleonischen Kriege Anfang des 19. Jahrhunderts kurz an Frankreich zu fallen. Nach dem Ende der napoleonischen Ära (1815) bleibt die Kvarner Bucht bis zur Gründung des ersten jugoslawischen Königreiches (1918) österreichisch, zahlreiche architektonische Relikte gehen auf diese Phase zurück. Mit Unterbrechung der Jahre 1941–43 (deutsche Besatzungsphase) folgt die Geschichte der Kvarner Bucht seit 1918 den Ereignissen um das ehemalige **Jugoslawien** bzw. das moderne Kroatien.

054kb wl

Staat und Politik

Das neue Kroatien

Parlamentarische Demokratie

Dem Modell moderner europäischer Staaten folgend, basiert die „Republika Hrvatska" (Republik Kroatien) gemäß der **Verfassung von 1990** auf einer demokratischen und sozialen Struktur. Die kroatische **parlamentarische Demokratie** – zumindest nach *Tudjman* nicht nur auf dem Papier existent – zeichnet sich demgemäß durch eine Gewaltenteilung in Legislative (Gesetzgebung), Judikative (Gerichtsbarkeit) und Exekutive (Vollzugsorgane) mit einem **starken Präsidenten** an der Spitze aus.

Das kroatische **Parlament** (Sabor) besteht aus zwei Kammern mit einer Komitatenkammer (63 Mitglieder, Vertreter der Regionen) sowie dem eigentlichen Abgeordnetenhaus mit 152 frei gewählten Parlamentariern. Als Besonderheiten sind zu erwähnen, dass der Staatspräsident ein lebenslanges Mitgliedschaftsrecht in der Komitatenkammer genießt und alle nationale Minderheiten Anspruch auf – je nach Wahlergebnis – mindestens einen Sitz im Abgeordnetenhaus haben.

International ist Kroatien seit 1992 Mitglied von UN, OSZE und IWF.

Josipović-Administration

Die Josipović-Administration genießt im Westen einiges Ansehen und ist ernsthaft bemüht, den „Filz" der Tudjman-Ära zu beseitigen. Das gilt sowohl für Ex-Premier *Račan* als auch für Ex-Regierungschef *Ivo Sanader*, der nicht nur die einstige Einheitspartei HDZ reformierte, sondern auch das brisante Thema der Kriegsverbrecherfragen energisch und im Sinne Den Haags (Internationales Strafgericht) anging.

Allerdings konnte offenbar auch *Sanader* einem üppigen Griff in die Kassen nicht wiederstehen – er verlor 2009 sein Amt als Regierungschef an *Jadranka Kosor*, setzte sich 2010 ins Ausland ab, wurde gar per internationalem Haftbefehl gesucht und schließlich ausgeliefert. Das Vertrauen in die HDZ war dennoch irreparabel erschüttert und führte im Dezember 2011 auch zur Abwahl *Kosors*. Manche Insider der kroatischen Polit-Szene bemängeln noch heute dubiose bis mafiöse Strukturen. Regierungschef eines sozialdemokratisch geführten Parteienbündnisses wurde Ende 2011 **Zoran Milanović**, der Kroatien zum 1.7.2013 in die **EU-Mitgliedschaft** führte.

Unter dem Strich bemüht sich das neue Kroatien, Anschluss an die westlichen Nachbarn zu gewinnen und kurz- bis mittelfristig einen guten Platz in der Europäischen Union zu finden. Als noch zu verbessernde Sachgebiete gelten das Justizwesen, die Verwaltung und die **Bekämpfung der Korruption.** Dafür steht insbesondere auch der neue Präsident und Rechtswissenschaftler Ivo Josipović.

Verwaltung

Die Republik Kroatien ist administrativ in **20 Gespanschaften** (Verwaltungsdistrikte, kroat.: *županje*, eine Gespanschaft entspricht etwa einem Kanton bzw. Bundesland) und die **Stadt Zagreb** gegliedert. Der Begriff Gespanschaft stammt aus der k.u.k. Zeit, als südosteuropäische Territorien in **Banate** gegliedert waren und der *Ban* (Herr) des Banates den Großgespan quasi als Gouverneur der Gespanschaft ernannte. Diese Gliederung wurde 1918 übernommen (Königreich der Serben und Kroaten), nach dem Zweiten Weltkrieg abgeschafft und im Jahr 1992 reaktiviert.

Kvarner Bucht

Verwaltungstechnisch setzt sich die Kvarner Bucht aus den Gespanschaften **Primorje-Gorski Kotar** im Norden und **Lika-Senj** südlich davon zusammen. Die Gespanschaft Primorje-Gorski Kotar umfasst flächenmäßig etwa 3600 km² mit rund 305.000 Einwohnern, Lika-Senj ca. 5350 km² mit nur knapp 58.000 Bewohnern. Hierzu zählt auch der Nordteil der touristisch ebenfalls bedeutsamen Insel Pag, die jedoch mehrheitlich schon zu Norddalmatien gehört. Auch einige bekannte **Natur- und Nationalparks** liegen im Kvarner Land, etwa der Nationalpark Risnjak, die Plitwitzer Seen sowie die Naturparks Učka im Norden und Velebit im Süden (bis nach Dalmatien hinein).

Staatssymbole

Flagge und Wappen

Die kroatische Flagge setzt sich als Trikolore aus den waagerechten Balken **Rot-Weiß-Blau** zusammen und entstand in dieser Form 1848 im Geiste der europäischen Revolutionen. Zur Unter-

scheidung etwa von der niederländischen Staatsflagge wird die kroatische mittig ergänzt durch das Staatswappen, ein **rot-weißes Schachbrett** mit 25 Feldern, dessen Ursprung auf die ersten kroatischen Könige (Funde aus dem 11. Jahrhundert) zurückgeht und als „typisch kroatisch" gilt. Oberhalb des Schachbretts befindet sich eine Krone, die sich aus den fünf ältesten kroatischen Wappen (Kroatisches Königreich, Istrien, Dalmatien, Slawonien und Republik Dubrovnik) zusammensetzt.

Nationalhymne

Die kroatische Nationalhymne **„Lijepa Naša"** (Unsere schöne Heimat), 1835 von *A. Mihanović* geschrieben, wurde 1974 offiziell genehmigt und dient seither als ein alle Kroaten einigendes Band.

Wirtschaft

Das unter *Tito* wohlhabende Jugoslawien zeigte sich nach zehnjähriger HDZ-Regentschaft und Balkankrieg zunächst als wirtschaftlich zerrüttet. Mit den Kriegswirren 1995 brach die EU damals zunächst alle Verhandlungen ab, auch Kredite des IWF (Internationaler Währungsfond) wurden eingefroren, ausländische Investoren zogen sich zurück. **Hyperinflation** (1500 %) war die Folge, auch der Tourismus brach zusammen. Neben einer künstlichen Überbewertung des Kuna sorgte ein immenses **Handelsdefizit** – die Importe betrugen fast das Doppelte der Exporte – für Stabilitätsprobleme.

Die EU-nahen Folgeregierungen unter Präsident *Mesić* schafften unerwartet rasch eine deutliche **Trendwende:** Das Wachstum, die wichtigste Kennzahl einer Volkswirtschaft, stieg bis 2008 im Fünfjahresdurchschnitt jährlich um knapp 4 % an, wobei die Weltwirtschaftskrise 2009/2010 zu einem zwischenzeitlichen Nullwachstum führte. Mit einem Pro-Kopf BIP von knapp 10.400 Euro stand Kroatien besser da als EU-Mitgliedsstaaten wie Rumänien

089kro wl

(9800 Euro; –6,8 %) oder Bulgarien (8400 Euro; –4,5 %). Deutliche Fortschritte wurden auch in den Bereichen **Inflationsbekämpfung** (durchschnittlich etwas über 2 %) und Eindämmung der **Arbeitslosigkeit** (in den 1990er Jahren teilweise über 25 %) erzielt. Nicht zuletzt aufgrund dieser Entwicklung erklärte Brüssel Kroatien seinerzeit zum offiziellen EU-Beitrittskandidaten. Längst wickelt Kroatien über die Hälfte seines Außenhandels mit EU-Staaten ab, dabei etwa zu einem Viertel mit Deutschland.

Schwerindustrie, Handel, Landwirtschaft und Fischerei sind die wichtigsten Säulen der nationalen Wirtschaft, auch dem **Tourismus** (22 % BIP-Anteil) kommt eine wichtige Rolle zu (s.u.).

Wichtigste **Exportgüter** Kroatiens sind Maschinen, Kleidung, Kleingeräte und petrochemische Produkte; **importiert** werden hauptsächlich Fahrzeuge, Transportausrüstungen und Industriemaschinen. Zentren der Schwerindustrie (Schiff-, Maschinen-, Bergbau, Petrochemie) sind Rijeka, Zadar, Šibenik und Split, während Istrien und Slawonien als **Agrarhochburgen** (nur gut 15 % des kroatischen Landes sind für intensive landwirtschaftliche Nutzung geeignet) das Land mit Obst, Gemüse, Wein, Oliven und Getreide versorgen. **Fischfang,** meist nur noch im Nebenerwerb, wird auf den Inseln und in den meisten Küstenorten betrieben.

☐ Das alte königliche Wappen (links) auf dem Dach der Markuskirche in Zagreb

Tourismus

Nach Jahren der Skepsis und der irrigen Ansicht, Kroatien sei ein Teil Jugoslawiens und daher ob des Balkankrieges sowie wegen des Kosovo-Konfliktes ein unsicheres Reiseland, erfreut sich die Tourismusbranche wieder einer kontinuierlich **steigenden Tendenz.** Während das „alte" Kroatien der 1980er Jahre 60 Mio. Besucher jährlich verbuchen konnte, brach der Tourismus Anfang der 1990er Jahre durch den Balkankrieg fast völlig ein und lag 1995 gerade noch bei knapp 13 Mio. Übernachtungen, fast ausschließlich in Istrien.

Seither verbucht die Branche satte **Zuwachsraten,** die mittlerweile jährlich zwischen 5 und 10 % betragen und letztlich zu knapp 100 Mio. Übernachtungen (2012) führten. Von den heute jährlich über 20 Mio. Kroatien-Urlaubern kommen die meisten Auslandsgäste aus dem **deutschsprachigen Raum** (ca. 2,8 Mio.), Italien (2,4 Mio.), Tschechien und Slowenien (je ca. 800.000).

Die **Verteilung der Besucherströme** unterliegt bislang einem markanten **Nord-Süd-Gefälle,** der kroatische Küstenstreifen zieht dabei die große Mehrheit der Urlauber an: Knapp die Hälfte aller Kroatien-Touristen reisen nach Istrien, 25 % zur Kvarner Bucht, 20 % entfallen auf die dalmatinische Küste. Nordkroatien und das Binnenland teilen sich 5 %, Letzteres ist meist nur Transitstation.

Der natürlichen Schönheit des Landes taten alle politischen und kriegerischen Wirren der Vergangenheit keinen Abbruch und mit der EU-Mitgliedschaft ist absehbar, dass die kroatische Adria mittelfristig eines der beliebtesten europäischen Urlaubsziele bleiben wird.

Verkehr und Umwelt

Man ist sich in Zagreb darüber im Klaren, dass nur eine heile Umwelt auf Dauer den Anspruch an stetig steigende Besucherzahlen flankieren kann. Gleichzeitig steht auch fest, dass westliche Besucher gestiegene Ansprüche an Infrastruktur, Unterkunft und allgemeine Qualität des Urlaubszieles (von der Eiscreme über den Straßenzustand bis hin zum Unterhaltungsangebot) stellen. Und erstaunlicherweise scheint die Quadratur des Kreises zu gelingen: Wegen der recht **geringen Industrie- und Fahrzeugdichte** bleibt die Umwelt nahezu intakt, was sich vor allem auf die **Luft- und Wasserqualität** positiv auswirkt. Die Regierung hat auch ein **modernes Müllkonzept** entwickelt, was sich in der Rücknahmepflicht von Kunststoffflaschen und Ähnlichem äußert.

Probleme bereiten allenfalls veraltete **Chemiewerke.** Aufgrund fehlender finanzieller Möglichkeiten wurden sehr strenge gesetzliche Auflagen bei Neuinvestitionen und -gründungen festgeschrieben, um zumindest keine neuen Sünden zu schaffen. Es bedarf dennoch westlicher Unterstützung, um eine technische „Entgiftung" der altjugoslawischen Kraftwerke und Chemieanlagen zu ermöglichen.

Der Tourist wird hiervon allerdings wenig bemerken, sicht- und spürbar sind saubere Luft und **exzellente Wasserqualität.** Messstationen an der gesamten kroatischen Adriaküste kontrollieren dies permanent und bezeugen lastenfreien Badespaß allerorten!

Der Tourismus spielt für die kroatische Wirtschaft heute wieder eine große Rolle

Nächste Seite: Souvenirverkauf am Hafen

Mentalität und Brauchtum

Allgemein sind die Kroaten sehr **freundlich und hilfsbereit,** dabei aber weit weniger aufdringlich, als man dies aus anderen Ländern der Region gewohnt ist – aber Achtung: Allein reisende Frauen werden durchaus angesprochen, allerdings stets im höflichen Rahmen. Die Kroaten geben sich im Großen und Ganzen sehr **deutschfreundlich,** zeigte sich Deutschland doch als (im Westen umstrittener!) Vorreiter bei der Anerkennung des unabhängigen Kroatien.

Sehr wichtig ist es, die **Privatsphäre** zu respektieren, bei aller Freundlichkeit bleibt man Fremden gegenüber immer etwas reserviert. Dies ändert sich schlagartig, wenn man etwa privat unterkommt und Kontakt zum Vermieter hat – sehr schnell sind freundschaftliche Bande geknüpft, wozu auch der dann reichlich fließende hausgebrannte Sliwowitz oder ein Krug Wein aus eigener Herstellung beitragen.

084kro wl

Sonst trifft man sich zu einem **Plausch vor der Tür,** spaziert die Promenaden entlang, beobachtet die lokale Fußballmannschaft beim Training oder spielt eine Partie **Boccia,** ein im westlichen Mittelmeerraum weit verbreiteter Freizeitspaß. Am Sonntag treffen sich die Männer nach dem Kirchgang zum Frühschoppen in einer Bar, die Frauen zum Schwatz auf den Straßen, oder es werden vor den Türen Spitzendecken und Wolljacken gehäkelt.

Das Wichtigste aber ist, dass der Besucher den **Stolz der Kroaten** auf ihre junge Republik und die wirtschaftlichen Leistungen würdigt und nicht durch abwertende Bemerkungen über Land, Leute und Eigenheiten verletzend wirkt.

Politik ist Männersache in Kroatien, **Frauen** lösen sich erst ganz allmählich aus der traditionellen Rolle als Hausfrau und Mutter. Immerhin sind per Gesetz die Löhne und Gehälter zwischen den Geschlechtern angenähert worden, und eine moderne Sozialgesetzgebung ermöglicht durch Erziehungsurlaub die Berufstätigkeit auch als Mutter.

Der familiäre Zusammenhalt ist nach wie vor sehr groß und bildet die Grundlage der **sozialen Gemeinschaft,** aber auch Vetternwirtschaft und Schwarzarbeit sind – von obersten Führungsetagen bis zum kleinen Mann – weit verbreitet, teilweise aus schnöder Gewinnsucht, teils aber auch aufgrund sozialer Nöte.

Wie anderswo auch blüht in Kroatien der Irrglaube, man könne mit Lotto und Fußballtoto sein bescheidenes Einkommen aufbessern – die **Wettkioske** scheinen allgegenwärtig zu sein.

Typisch südländisch und angesichts der im Sommer teils unerträglichen Hitze auch verständlich ist die **lange Mittagspause,** die häufig von 12 bis 15 Uhr dauert. Zu dieser Zeit scheinen die Dörfer und Altstadtgassen wie ausgestorben; in den Städten herrscht dagegen Dauerbetrieb.

Bildung und Soziales

In der Republik Kroatien besteht eine allgemeine Schulpflicht von **neun Schuljahren** ab dem fünften oder sechsten Lebensjahr. Mit Erlangen der Hochschulreife kann an den nationalen Universitäten oder im Ausland ein Studium aufgenommen werden. Wichtigste **Fremdsprachen** sind **Englisch, Deutsch und Italienisch,** wobei kaum regionale Unterschiede zu machen sind – als Tourist denkt man bald, jeder Kroate beherrsche fließend vier Sprachen.

Allerdings: So positiv diese Beurteilung bei den Dienstleistungen erscheint, im Bereich der Facharbeiter äußern sich viele westliche Wirtschaftsberater äußerst skeptisch, dass das Bildungssystem in Kroatien den Anforderungen des künftigen Marktes genügen kann. Die **Sozialgesetzgebung** gilt im Vergleich zu Westeuropa noch immer als entwicklungsbedürftig, auch wenn im Vorfeld des EU-Beitrittes bereits wichtige Fortschritte erzielt wurden.

[>] Die ältere Generation bewahrt Tradition und Volkskunst

Die **Einkommensverhältnisse** haben sich in den Jahren nach dem Krieg **permanent verbessert,** nicht zuletzt auch durch den Tourismus. Was verdienen die Leute im Durchschnitt? Verglichen mit anderen Ländern des Balkans beachtlich viel! Statistisch verdienen Geschäftsführer nach einer Studie der bekannten Unternehmensberatung Kienbaum in Kroatien etwa 6500 Euro monatlich, Facharbeiter knapp 1000 Euro im Monat, dem Durchschnittskroaten stehen etwa 850 Euro Monatslohn (jeweils brutto) zur Verfügung, und im Bereich Tourismus ist der Himmel das Limit! Allerdings sind mehrere Einkommensscheren zu beobachten: Zum einen sind die Durchschnittseinkommen in Gebieten, die im Tourismus verwurzelt sind, spürbar höher als andernorts, zum zweiten litt die Region Istrien am wenigsten unter dem Bürgerkrieg, was zu einem nachhaltigen Vorsprung gegenüber anderen Landesteilen führte.

058kb wl

Die bedeutendsten Mönchsorden

In der Geschichte Kroatiens spielten vielfach verschiedene Mönchsorden bei Klostergründungen und Kirchenbauten eine wichtige Rolle, einige der wichtigsten seien hier vorgestellt.

Dominikaner (in Frankreich Jakobiner)

1215 von *Dominikus* in Toulouse gegründeter katholischer Orden mit weißem Gewand und weißer Kapuze; erster mittelalterlicher Bettelorden, einflussreich, da 1232 mit der Leitung der Inquisition beauftragt. Inhaltlich wissenschaftlich ausgerichtet, haben bedeutende Gelehrte und Prediger hervorgebracht (u.a. *Albertus Magnus, Thomas von Aquin*).

Franziskaner

Berufen sich auf Gründervater *Franz von Assisi* als katholischer Orden der Minderen Brüder, die nach der 1223 von Papst Honorius III. bestätigten Bettelorden-Regel des *Franz von Assisi* leben (braune Kutte mit weißem Gurtstrick, oft Sandalen). Theologisch betonen sie die Nächstenliebe als Weg zu Gott. Dispute bzgl. der Ordensregel führten zu zahlreichen Untergruppierungen und Abspaltungen, u.a. der Spiritualen (wörtliche Regelbefolgung), Konventualen (Angleichung an alte Orden) und Kapuziner; letztere wirkten besonders in der Zeit der Gegenreformation als wortgewaltige (Straf-)Prediger.

Augustiner

Zusammenfassende Bezeichnung für zahlreiche katholische Ordensgemeinschaften, die nach der auf Schriften des heiligen *Augustinus* beruhenden Augustinusregel leben.

Jesuiten

Katholischer Regularklerikerorden, 1534 von *Ignatius von Loyola* gegründet und 1540 durch Papst Paul III. bestätigt. Hauptziel des Ordens ist die Ausbreitung, Festigung und Verteidigung des katholischen Glaubens durch Mission, Predigt, Seelsorge, Unterricht, wissenschaftliche Arbeit und geistliche Übungen (Exerzitien). War in der frühen Neuzeit wesentliches Element der überseeischen Missionierungen. Die Jesuiten leben in offenen Häusern und Kollegien und tragen keine Ordenskleidung.

Zisterzienser/Bernhardiner

Benediktinischer Reformorden aus dem 11. Jh.; der Ordensname leitet sich von dem 1098 durch *Robert von Molesme* gegründeten Kloster Citeaux ab. Nach der päpstlichen Bestätigung der Ordensverfassung „Charta caritatis" 1119) breitete sich der neue Orden insbesondere unter *Bernhard von Clairvaux* (daher *Bernhardiner*) aus und gewann Einfluss in ganz Europa. Durch die praktizierte Verbindung von geistlichem Leben

Religion

Die überwiegende Mehrheit der Kroaten gehört traditionell der **römisch-katholischen Kirche** (über 80 %) an, daneben existieren serbisch-orthodoxe, moslemische und protestantische Minderheiten im Lande. Die Kirche spielt eine **bedeutende Rolle** im Leben der Kroaten, wenngleich nicht so dominant wie etwa in Italien (gesellschaftlich) oder Polen (politisch). Der katholische Glaube wird und praktischer Arbeit, besonders die Einrichtung von landwirtschaftlichen (Muster-) Betrieben, wurden die Zisterzienserklöster zu wesentlichen Trägern der deutschen Ostsiedlungen im 12. und 13. Jahrhundert.

Karmeliter

Katholischer Orden basierend auf einer von Kreuzfahrern im 12. Jahrhundert gegründeten Einsiedlerkolonie auf dem Karmel (Nordisrael), 1226 päpstlich bestätigt, Ausbreitung über Zypern und Sizilien nach Europa. Einige Zweige leben streng asketisch-meditativ und setzen sich primär seelsorgerisch ein.

Trappisten

Aus der Reform-Zisterzienserbewegung 1664 hervorgegangener Orden insbesondere mit strenger Beachtung des absoluten Schweigegelübdes.

Johanniter, Templer, Deutschherren

Militärische Rittermönchsorden, gegründet während der Kreuzzüge zum Schutz der Pilgerwege ins Heilige Land.

zuvorderst als einigendes Band der „Kroaten" und Differenzierung/Abgrenzung zu den orthodoxen (Serbien, Montenegro) und muslimischen (Bosnien-Herzegowina) Nachbarn betrachtet und somit auch als Legitimation der Westintegration verstanden.

In der kroatischen Geschichte spielten diverse **Mönchsorden** eine gewisse Rolle (siehe Exkurs), deren bauliche Monumente von einstiger reger Missionstätigkeit zeugen.

Traditionelle Künste und Folklore

Tänze

Einige Bekanntheit erlangten mehr im Süden auch die mit Begeisterung gepflegten Tänze, die teilweise auf **Fastnachtsbräuche** und zum Teil auf eine Tradition seit den Türkenkriegen zurückgehen. Bekannteste Bräuche sind in diesem Zusammenhang das Verbrennen einer in türkische Gewänder gehüllten Puppe zu Fasching *(Mesopust)*, der **Moreška-Tanz,** ein Schwerttanz aus Süddalmatien, und die **Kumpanija,** ein musikalisch begleitetes Kampfstück. Obwohl die Türken auf kroatischem Boden kaum Relikte hinterließen, so wurden doch Speis' und Trank und auch die Volksmusik erheblich von ihnen beeinflusst, wenn auch nicht so sehr wie im stärker muslimisch geprägten Bosnien-Herzegowina. Bedeutendste **Musikinstrumente** sind Dudelsack (nur in Istrien), *Tamburica* (eine Art Balalaika), *Kavala* (Langflöte) und *Sopila,* eine in der Kvarner Bucht verbreitete Oboenart.

Häkeln und Stricken

Zu den interessanten kunsthandwerklichen Besonderheiten Kroatiens gehört das Häkeln von **Zierdeckchen** und das Stricken von **Pullovern und Jacken,** eine noch heute insbesondere von älteren Frauen vor der Haustür oder im Hinterhof in Istrien ausgeübte Volkskunst.

Trachten

Volkstrachten sind selten geworden und werden in der modernen Gesellschaft verdrängt. Nur gelegentlich, etwa zu **Feiertagen** oder auch bei **Festspielen,** vornehmlich in touristischen Hochburgen, werden noch Trachten getragen, die sich an ländlicher Kleidung früherer Jahrhunderte orientieren. Es dominieren dabei die Farben Rot, Weiß und Schwarz.

Architektur und Kunst

Griechen

Die im 5. Jahrhundert nach Süddalmatien und auf einige Inseln vorrückende griechische Kultur hinterließ bemerkenswerte Spuren, die besonders wegen ihres Realismus bestechen. Ein bekanntes Beispiel ist das Kairos-Relief in Trogir (Zentraldalmatien).

Römer

Mit der römischen Kolonisation folgte für den gesamten Küstenraum eine **architektonische und kulturelle Blüte** durch die Errichtung von Tempeln und

257kro wl

Theatern, Aquädukten und Thermen sowie den Bau von Kanalisationssystemen. Damit wurde ein für die damalige Zeit modernes Stadtbild geprägt, welches sich noch heute sehr gut in Poreč oder Pula (Istrien) sowie in Zadar (Norddalmatien) studieren lässt.

Byzanz

Nach dem Untergang Westroms folgten Rückeroberungsversuche byzantinischer Kaiser von Konstantinopel aus bis nach Norditalien, wodurch die christianisierte Bevölkerung als neues Gebetshaus die **Basilika** mit Intarsien aus Perlmutt und Marmor, Mosaiken und steinernen Baldachinen am Hauptaltar erhielt. Das Prunkstück schlechthin aus dieser Zeit, die Eufrasius-Basilika, kann in Poreč (Istrien) bewundert werden.

Slawen

Byzantinisch beeinflusst, aber in vollkommen eigenständiger, frühromanischer Bauart, errichteten die eindringenden Slawen vom 7. bis 11. Jahrhundert vor allem zylindrisch geformte, sehr **massiv wirkende Kirchen mit Kuppeldach** in den unterschiedlichsten Größen – so etwa die kleinste Kuppelkirche der Welt in Nin oder die berühmte Donat-Kirche in Zadar (Norddalmatien).

Romanik

In den bereits existierenden Städten entlang der gesamten Küste hielt die Epoche der Romanik vom 11. bis ins 13. Jahrhundert Einzug. **Monumentale Kirchenbauten** (Bischofskirchen) entstanden in Dubrovnik, Trogir, Zadar (alle Dalmatien), in Senj sowie auf Rab und Krk. Daneben erfuhr auch der **Profanbau** einen bedeutsamen Aufschwung, grob gehauene Steinblöcke lösten Holz und Fachwerk als Baumaterialien ab. In diesen **trutzigen Wohnhäusern** (erhalten in Split, Trogir und z.T. in Poreč) waren ebenerdig Stallungen, im Obergeschoss Wohnräume untergebracht.

Gotik

Während der kroatischen Gotik (13.–15. Jh.) prallten zwei unterschiedliche Strömungen aufeinander: Durch den blühenden Seehandel waren Fürsten und Kaufleute wohlhabend geworden und versuchten, diesen Wohlstand in einer großartigen Stadtarchitektur zu zeigen und – nicht zu vergessen – vor Eindringlingen von außen zu verteidigen. So entstanden die typischen **mittelalterlichen Stadtanlagen** mit gewundenen Gassen, herrlichen Bürgerhäusern und wehrhaften, die gesamte Stadt umgebenden Stadtmauern und Verteidigungsanlagen. Beste Beispiele hierfür finden sich in Dubrovnik und Trogir (Dalmatien), auf Rab und in Motovun (Kvarner Inseln). Die Geistlichkeit präsentierte sich in dieser Phase in Form von bescheidenen, sogenannten Bettelorden (Franziskaner, Dominikaner). Sie bauten ihre Gotteshäuser ebenso schlicht, wie sie lebten. Beispiele für diese **einschiffigen, schmucklosen Kirchen** sind Sv Franje

[<] Klassizistischer Prachtbau in Rijeka

in Pula (Istrien) und Sv Dominik in Dubrovnik (Süddalmatien).

Renaissance

Vorhandene Bauwerke wurden während der Renaissance (15./16. Jh.) **erneuert und erweitert,** das Stadtbild der führenden Handelsmetropolen wurde zum Muster für die Stadtplanung mit Loggien, Stadtplätzen, Rathäusern und Rektorenpalästen. Gute Beispiele sind etwa das Rathaus in Pula oder der Rektorenpalast in Dubrovnik: Säulengang außen am Erdgeschoss, zwei- oder dreiteilige, verschnörkelte Fenster im ersten Stock und fast quadratische, kleinere Fenster im zweiten Obergeschoss. Fast alle bestehenden Kirchen wurden innen umgestaltet und verziert. Die Stadtmauern wurden wegen der vorrückenden Türken stärker befestigt. Als Paradebeispiel für den Festungsbau sei Karlovac (Nordkroatien) mit seiner typischen Sternform genannt.

Barock

Den Barock des 17./18. Jahrhunderts muss man für Kroatien insofern als zweigleisig betrachten, als die Kvarner Bucht – und hier insbesondere **Rijeka** – zunehmend unter österreichischen Einfluss fiel (Beispiel: Veitskirche in Rijeka) und mit einigen Neuerungen aufwartete, während der Süden (Republik Ragusa, Dalmatien) im Zuge des türkischen Rückzugs und eigenen Machtverlusts eher eine Flaute erlebte. Die wichtigsten Küstenstädte verlegten sich auf das Minimum, nämlich den **Erhalt der Stadtmauern.** Lediglich in Dubrovnik wurden nach dem verheerenden Erdbeben von 1667 von vorwiegend italienischen Architekten unter Beteiligung örtlicher Baumeister barocke Neubauten geschaffen (Kathedrale).

Klassizismus

Das 19. und frühe 20. Jahrhundert – die Phase des Klassizismus – brachte der Kvarner Bucht, vor allem Rijeka und Pula als durch Bahnlinien erschlossenen Häfen Österreichs, neue **Verwaltungsgebäude und Schauspielhäuser,** aber auch **erste Hotels.** Beispiele hierfür lassen sich gerade zwischen Rijeka und Pula zuhauf entdecken, etwa das Theater und das Jadrolinija-Gebäude in **Rijeka** oder die verspielten Villenbauten in **Opatija,** die teilweise in den Jugendstil fallen. Der Bahnanschluss brachte auch den dalmatinischen Städten Split und Zadar neuen Aufschwung und damit klassizistische Neubauten. Im Hinterland entstanden unzählige österreichische **Festungs-** (z.B. Varaždin, Karlovac in Nordkroatien) und **Repräsentationsbauten** (z.B. Našice in Slawonien), die man auf den diversen Transitrouten besuchen kann.

Gegenwartskunst

Es ist nur natürlich, dass diese Vielfalt an kulturellen Einflüssen nicht nur ihre Spuren hinterließ, sondern auch Kunst und Kultur der Gegenwart nachhaltig beeinflusst. Im Straßenbild der Städte wird man auf viele kleine **Ateliers und Kunstwerkstätten** wie z.B. Filigranjuweliere, aber auch Straßenmaler und -musikanten treffen, die den klassischen Vorbildern nacheifern bzw. unter deren Einfluss hervorragende Eigenkreationen hervorbringen. Bekannte Vertreter der gegenwärtigen Kulturszene sind der faszinierende **Maler I. Antolčić** (Lošinj), der beliebte klassizistisch geprägte **Bildhauer I. Meštrović** (Split) und der **Regisseur P. Prpović** mit seinem ungebrochen aktuellen Kinofilm „Tito i Ja" („Tito und ich"), welcher die Erinnerungen eines kleinen Jungen an die Ära *Titos,* der in Kroatien geadezu heroisch verehrt wird, filmisch aufarbeitet. Insgesamt sechs Auszeichnungen (u.a. Berlinale 2000) erhielt der Film **„Marschall Titos Geist"** („Maršal") von *Vinko Brešan,* in dem sich ein Hotelbesitzer auf einer Insel das Erscheinen des Geistes *Titos* zunutze machen möchte.

Musik

Auch in der modernen Musik sind einige kroatische Künstler zumindest auf nationaler Ebene erfolgreich. Bekannteste Rock-Punkband ist **Hladno Pivo** (Kaltes Bier) um den charismatischen Leadsänger *Mile* mit 60.000 verkauften Alben und ihrem bekanntesten Hit „Nije sve tako sivo" („Es ist nicht alles grau").

Ziemlich bekannt ist **Marko Perković** (Kampfname „Thompson"). Der Neofaschist gilt aufgrund seiner Leidenschaft für das kroatische Ustaša-Regime und seiner Haltung im Bürgerkrieg – er betrachtet den bosnischen Kanton Neretva um Mostar als national-kroatisch – als höchst umstrittene Persönlichkeit im eigenen Lande. Augenfällig ist allerdings der Zulauf *Perkovićs,* der in Split vor 40.000 und auch schon in Frankfurt/M. vor 13.000 Zuhörern auftrat. *Perković* ist Miteigentümer des „Narodni Radio" (etwa: Völkischer Sender) und verwendet Teile seiner Einkünfte zur Verteidigung mutmaßlicher kroatischer Kriegsverbrecher in Den Haag.

Im deutschsprachigen Raum könnte zumindest bei Insidern der Name **Sandra Nasić** vertraut klingen. Die Deutsch-Kroatin (geboren in Göttingen) war von 1994 bis 2005 Sängerin der deutschen Rock-Band **Guano Apes.** 2001 erhielt *Nasić* die „Eins-Live-Krone" als beste Sängerin. Seit 2009 feiert die Band mit Auftritten auf Festivals wie „Rock am Ring" ein Comeback und brachte 2011 ihr viertes Studioalbum heraus.

Besonders im Süden Kroatiens kennt man die Popsängerin **Danijela Martinović,** deren Album „I po svijetlu i po mraku" (Im Hellen wie im Dunklen) zu den meistverkauften des Landes gehört. Das umtriebige Multitalent *Martinović* spielt außerdem eine Hauptrolle in der TV-Soap „Cimer fraj" (TV Nova), brachte ein Parfüm, ein Kinderbuch und eine eigene Modekollektion heraus. Noch eine kleine pikante Note: *Martinović* war heimlich mit *M. Perković* (s.o.) verheiratet, ließ sich aber 2006 scheiden. Vor und nach (und vermutlich auch während) dieser Ehe lebte sie mit dem Sänger *P. Grašo* zusammen.

Sehr bekannt ist auch **Oliver Dragojević** (geboren 1946, Absolvent der Musikschule Split), der nicht weniger als 49 Alben herausgebracht hat und u.a. 21 Mal (!) mit dem wichtigsten, alljährlich vergebenen kroatischen Musikpreis „Porin" ausgezeichnet wurde.

050kb wl

8 Anhang

< Blick über Predošćica auf Cres

Literaturtipps

- *Bodrožić, Marica:* **Tito ist tot,** Suhrkamp Verlag. Kurzgeschichten und Erzählungen zum neuen Kroatien.
- *Deschner, Kh. & Petrovic, M.:* **Der ewige Kreuzzug auf dem Balkan.** München, 1999.
- *Dubravka Ugrešić:* **Kultur der Lüge,** Suhrkamp Verlag. Auseinandersetzung mit dem jugoslawischen bzw. kroatischen Nationalstaat.
- *Dubravka Ugrešić:* **Lesen verboten,** Suhrkamp Verlag. Weitere Auseinandersetzung mit dem jugoslawischen bzw. kroatischen Nationalstaat.
- *Elsässer, Jürgen:* **Kriegslügen,** Kai Homilius Verlag, 2004. Erläutert die unselige Geschichte des Balkankonfliktes bis zum Milošević-Prozess.
- *Held, Kurt* (eigtl. *Kurt Kläber*): **Die rote Zora und ihre Bande,** Patmos, 2007. Berühmter Jugoslawien-Kinderroman nach den Erlebnissen des Schweizer Autors. 1941 erstmals, inzwischen in 37. Ausgabe veröffentlicht und 2008 (mit *Mario Adorf* und *Ben Becker*) verfilmt.
- *Hösch, Edgar:* **Geschichte der Balkanländer,** C. H. Beck Verlag. Grundlagenwerk zur Geschichte des ehemaligen Jugoslawien und seiner Nachfolgestaaten.
- *Jovanović, Dragoslav:* **Kroatisch – Wort für Wort,** Kauderwelsch Band 98, Reise Know-How Verlag, Bielefeld. Kroatisch für den einfachen Einstieg und die schnelle Verständigung im Reisealltag. Der „AusspracheTrainer Kroatisch" (Audio-CD, ca. 60 Min. Laufzeit) enthält die wichtigsten Sätze und Redewendungen des Kauderwelsch-Bandes zum Hören und Nachsprechen.
- *Koenig, Marcus:* **Der Coreolanus Betrug.** Zürich, 2010. Thriller über ein vor der kroatischen Küste gesunkenes Schiff und die abenteuerliche Aufdeckung eines dunklen Geheimnisses aus der Zeit des 2. Weltkrieges. *M. Koenig* berichtete dem Autor übrigens, er habe für seinen Roman u.a. vorliegenden Reiseführer verwendet …
- *Lipps, Volker:* **Kroatien – Buchten, Ankerplätze, Häfen, Landgänge.** DSV-Verlag, 2010. Der – übrigens nicht mit dem Autor verwandte – Verfasser beschreibt die aktuellen Grunddaten (Bojenfelder, Luftaufnahmen usw.) für alle Segelsportler.
- *Mappes-Nieldick, Norbert:* **Balkan Mafia,** Berlin 2003. Beschreibt die Balkanstaaten in der Hand krimineller Banden und Politiker, sehr aktuell bis zum Djindić-Attentat.
- *Pavic, Irena:* **Kroatien auf dem Weg in die Europäische Union.** VDM-Verlag, 2010. Junge Untersuchung über den Sachstand, die Einstellung der Bevölkerung und die politischen Hintergünde im Land zum EU-Beitrittsprozess.
- *Pavlovic, Mirko:* **Lesereise Kroatien.** Picus-Verlag, 2009. Kurzweilige Geschichten und Anekdoten, Reportagen und Porträts der eher unbekannten Seiten aus einem aufstrebenden Land jenseits von Winnetou, Balkangrill und FKK.
- *Schmidt, H. & Barth, E.W.:* **Hafenhandbuch Mittelmeer,** in 6 Bänden, Nautik-Verlag. Detaillierte Pläne und Beschreibungen aller adriatischen Hafenanlagen und Segelreviere.
- *West, Rebecca:* **Schwarzes Lamm und grauer Falke,** Berlin, 2002. Geschichtlicher und kultureller Hintergrund des Balkan basierend auf einer Reise einer Engländerin in den 1930er Jahren.

Glossar

■ **Abecedarium:** Alphabet (lateinisch, kyrillisch oder griechisch), welches vom Bischof bei der Kirchweihe in den Boden graviert wird.

■ **Antolčić, Ivan** (*15.5.1928 in Komarevo, Sisak): In Zagreb ausgebildeter Bildhauer, von 1954–1991 Bühnendekorateur und Skulpteur des Nationaltheaters in Zagreb, gleichzeitig gefragter Poster-Zeichner (Ballett Zagreb) und Maskenbildner. Seit 1963 stellt er selbst aus und arbeitet bevorzugt für Kinderzeitungen („Radost", „Modra"), gestaltet Folianten, Medaillen, Plaketten u.Ä. *Antolčić* gilt als Aushängeschild der kroatischen Allround-Kunst des 20. Jh.

■ **Aquilea** (ital. Aquileia): Ab 181 v. Chr. als römische Kolonie erwähnt, wurde als zweite italienische Stadt christianisiert und war eine der größten Städte Italiens überhaupt. Ab Mitte des 6. Jh. war es Patriarchat („Patriarch" ursprünglich: Vorsteher des Sanhedrin, des höchsten jüdischen Gerichtes, dann ähnlich einem Erzbischof). Ab 1421 gehörte das Patriarchat Aquilea zu Venedig, verlor 1445 seine weltliche Macht und wurde schließlich von Papst *Benedikt XIV.* aufgelöst. Heute Ruinenstadt in Nordost-Italien (Grado). Mit dem Zusammenbruch Westroms (476) fielen zahlreiche Städte Nordkroatiens, insbesondere Istriens, an das Patriarchat Aquilea.

■ **Archidiaconus:** geistlicher Titel (Erzdiakon), ursprünglich erster Diakon und Vertreter des Bischofs, oft in Personalunion Dompropst, beteiligt an Vermögensverwaltung und Kirchenrechtsprechung.

■ **Ban:** Vizekönig, Statthalter.

■ **Byzanz:** Hauptstadt des byzantinischen Weltreichs (später Konstantinopel, heute Istanbul), gleichzeitig Bezeichnung für das oströmische Reich nach der Abspaltung von Westrom (Reichsteilung 395 n. Chr.). Während Westrom schon 476 n. Chr. von den germanischen Goten zerschlagen wurde (Odoaker), blieb Byzanz (Ostrom) bis zur Eroberung durch die Türken 1453 ein wichtiger Machtfaktor und Bollwerk gegen den Islam im östlichen Mittelmeerraum. Obgleich die kroatische Adria im Allgemeinen und Istrien im Besonderen eher dem weströmischen Einfluss zuzurechnen sind, war Ostrom nicht unbedeutend, was an der nur allmählichen Trennung von Kirche und Staat lag: Kirchlich unterstanden viele Städte weiterhin dem Patriarchen von Konstantinopel, während sie politisch an die Nachfolger Westroms fielen (etwa Venedig) und so erst später unter römisch-katholischen Einfluss gerieten.

■ **Campanile:** Glockenturm, der neben der Kirche steht und nicht in das Kirchengebäude integriert ist, sehr häufig in Italien und in vielen Kirchen Kroatiens, die während der venezianischen Phase errichtet worden sind.

■ **Dalmatinac, Juraj** (1410–1473): Dalmatischer Innenarchitekt und Künstler aus Zadar in der Übergangsphase von der Spätgotik zur Renaissance. Seine Werke sind von außerordentlicher Bedeutung für Kroatien und sogar Italien, wo *Dalmatinac* in Ancona und Venedig (Kaufmannsloge) tätig war. Die Gesamtanlage der Stadt Pag, Wohnhäuser und Befestigungsmauern von Dubrovnik sowie die Kathedrale von Šibenik gehören zu seinen bedeutendsten Werken.

■ **Exarchat:** Verwaltungsrat und Statthalter von Byzanz.

■ **Frankopanen:** Kroatisches Fürstengeschlecht in Hoch- und Spätmittelalter sowie der frühen Neuzeit, welches insbesondere die Kvarner Bucht südlich von Rijeka kontrollierte und mit Wehrschlössern befestigte. Architektonische Musterbeispiele findet man in der Kvarner Bucht von Bakar bis Novi Vinodolski sowie auf den Inseln.

■ **Garibaldi:** Nach der Kapitulation des faschistischen Italien (1943) schlossen sich etliche der bis dahin für die Achsenmächte auf dem Balkan kämpfenden Italiener den Partisanen *Titos* im Kampf gegen die Deutschen an. Diese italienischen Einheiten wurden als „Division Garibaldi“ bekannt und erlangten einiges Ansehen in den befreiten jugoslawischen Landesteilen. Ihnen zu Ehren findet man in einigen Städten Istriens eine „Ulica Garibaldi“ (Garibaldi-Straße).

■ **Gespanschaft:** Die Republik Kroatien ist administrativ in 20 Gespanschaften gegliedert, die etwa einem Bundesland bzw. Kanton entsprechen (die Stadt Zagreb bildet zusätzlich eine eigene Verwaltungseinheit). Der Begriff stammt aus der k.u.k. Zeit und wurde 1918 übernommen (Königreich der Serben und Kroaten), nach dem Zweiten Weltkrieg abgeschafft und 1992 reaktiviert.

■ **Glagolitisch:** altslawische Schrift, die im 9. Jahrhundert entwickelt wurde, um Bibeltexte aus dem Lateinischen ins Altslawische zu übersetzen.

■ **Gregor von Nin (Grgur Ninski):** Hochmittelalterlicher Bischof (10. Jahrhundert) der Stadt Nin sowie Zeitgenosse und Berater, später Kanzler des kroatischen Königs *Tomislav. Gregor* trat für die Erhaltung der slawischen Sprache (statt Latein) in den Gottesdiensten ein, wandte sich stets gegen den dominanten Klerus von Split und wird als eine Art erster kroatischer Freiheitskämpfer verehrt.

■ **Histrer & Liburner:** Im Nordwesten des heutigen Kroatien, insbesondere in Istrien verbreitete regionale ethnische Gruppe der Illyrer des Altertums. Der Name der Halbinsel „Istrien“ (lat. Histria) wird oft auf die dort einst ansässigen „Histrer“ zurückgeführt.

■ **IDS:** Die Istrische Demokratische Versammlung IDS *(Istarska Demokratična Stranka)* versteht sich zum einen als Widerpart der Zentralregierung in Zagreb und zum anderen als Vorreiter einer istrischen Unabhängigkeitsbewegung, ohne allerdings (momentan zumindest) einen formellen Austritt aus dem kroatischen Staatsverband zu fordern. Durch die besondere Wirtschaftskraft Istriens (Tourismus!) scheint eine Art Nord-Südkonflikt auf Dauer unvermeidlich, ohne dass die geistig-kritische Bewegung der IDS zu Gewaltmaßnahmen greifen würde (die baskische ETA wird hier oft als Negativbeispiel zitiert). Auch zu Zeiten *Tudjmans* wirkte die IDS von ihrem Zentrum Pula aus als Speerspitze gegen den monokratischen Machtapparat des Staatsgründers.

■ **Ikonostase:** dreiteilige, mit Ikonenbildern versehene Trennwand zwischen Altar und Kirchenhauptschiff in serbisch- und griechisch-orthodoxen Kirchenhäusern.

■ **Illyrer:** Bedeutende indoeuropäische, staatlich organisierte Volksgruppe des Altertums, die im Nordwesten des Balkans und entlang der Adria beheimatet war; einzelne Stämme sind auch in Italien und sogar Griechenland nachgewiesen. Nach der Zeitenwende wurden die Illyrer schnell romanisiert; ab Mitte des 3. Jahrhunderts gingen zahlreiche römische Imperatoren („Zeit der illyrischen Kaiser", *Diokletian)* aus ihren Reihen hervor. Auf der Halbinsel Pelješac bei Dubrovnik wurde im Jahr 2000 in einer Höhle eine 8000 Jahre alte, unberührte Tempelstätte gefunden, deren Auswertung noch andauert. Die Annahme, dass ihre Herkunft in Mitteldeutschland (Lausitzer Kultur) liegt, blieb bislang ohne zwingende Beweise.

■ **Lapidarium:** Für kleine Museen und Ausstellungen wird oft der Begriff Lapidarium verwendet. Es handelt sich dabei um Sammlungen steinerner Relikte (lat. *lapidarius* = steinern) wie Fußböden, Wandplatten oder andere Fragmente bzw. Bauteile (etwa Säulen).

■ **Meštrović, Ivan** (*1883 in Otavice/Šibenik, †1962): Bildhauer und Urheber zahlreicher Büsten und Denkmäler in den Küstenorten Kroatiens. Er emigrierte wegen der italienischen Besatzung in die USA und gilt heute als bedeutendster kroatischer Vertreter des modernen Expressionismus und Neoklassizismus. Sein einstiges Atelier liegt in der Zagreber Altstadt (Gradec) in der Mletačka-Straße nahe des Markusplatzes.

■ **Militärgrenze:** In der Zeit vom 16. bis 19. Jh. ein militärisch organisierter und mit zahlreichen Festungsbauten bestückter Landstrich an der türkischen Grenze Österreich-Ungarns (wurde 1849–66 ein eigenes österreichisches Kronland). 1881 wurde die kroatisch-slawonische Militärgrenze mit Kroatien-Slawonien vereinigt. Die Grenzer waren örtliche Bauernsoldaten, die Wehrdienst in Grenzregimentern leisteten und dafür zu meist keine Abgaben zu entrichten hatten.

■ **Polyptychon:** Meist holzgeschnitzte, baldachinähnliche Kirchenaltäre oder Seitenschreine mit einer Vielzahl von Bildnissen christlicher Heiliger. Das äußere Erscheinungsbild eines Polyptychon ist dem einer Ikonostase nicht unähnlich, man geht daher von einem byzantinischen Ursprung aus. Der für Kroatien bedeutendste Künstler ist *Antonio Vivarini.*

■ **Portikus:** Von Säulen getragenes Vordach einer Kirche, Kathedrale oder Basilika, das häufig bei Sakralbauten byzantinischen Ursprungs zu sehen ist.

■ **Sanmichele, Michele:** Venezianischer Architekt, der Mitte des 16. Jahrhunderts im Auftrag der Dogenrepublik zahlreiche weltliche und geistliche Baudenkmäler in Nord- und Zentraldalmatien schuf (Zadar).

■ **SFOR** (Stabilisation Forces Of Restjugoslavia): Internationales Kontingent unter deutscher Beteiligung zur Überwachung des Daytoner Friedensabkommens in Bosnien-Herzegowina. Das deutsche Kontingent in Bataillonsstärke ist bei Sarajevo (Rajlovac) stationiert und untersteht dem Kommando der französisch-multinationalen DMNSE (Division Multinationale Sudeste) mit Hauptquartier in Mostar-Ortijes. Das Divisionsgebiet erstreckt sich von der Gegend um Sarajevo über Mostar bis zur kroatischen Grenze. Die SFOR-Truppen wurden 2005 von einer EU-geführten internationalen Truppe („Operation Athea") abgelöst.

■ **Strossmayer:** Fast jeder größere Ort Kroatiens hat eine Hauptstraße mit dem Namen „Ulica Strossmayera". Dahinter verbirgt sich *Josip Juraj Strossmayer* (1815–1905), Bischof von Đakovo und Beichtvater Kaiser *Franz Josephs.* Er war

ein Vordenker des Panslawismus (Streben nach Einheit aller Slawen von Russland bis Kroatien). Da aber hierzu die slawisch-orthodoxe und die römisch-katholische Kirche vereinigt werden mussten, war er ein Gegner aller die Kirchen trennenden Dogmen, v.a. der katholischen Theorie der unbefleckten Empfängnis, womit er in scharfer Opposition zum Papst stand (Erstes Vaticanum 1870).

- **Uškoken:** Mittelalterliche Seeräuberbande, die sich gegen die türkische und die venezianische Fremdbestimmung auflehnte und entlang der norddalmatischen Küste mit Zentrum in Senj ihr Unwesen trieb.

Kleine Sprachhilfe Kroatisch

Aussprache

Bei der Aussprache des Kroatischen gibt es folgende Besonderheiten:

- **c** wie ts
- **č** wie tsch
- **ć** wie tj
- **s** wie ss
- **š** wie sch
- **ž** wie sh in „Gelee"
- **z** wie s in „Suppe"
- **e** wie ä
- **dj** wie j in „James"
- **h** wie ch in „ach"
- **v** wie w
- **r** wie är (Krk = Kärk, Hrvata = Härvata)

Kleiner Reisewortschatz

Allgemeines

Ja	Da
Nein, nicht	ne
Bitte sehr	Molim
Danke (sehr)	Hvala ljepo
Guten Tag	Dobar dan
Auf Wiedersehen	Doviđenja
Entschuldigung …	Molim vas ...
Was?	Što?
Wer?	Tko?
Wohin, wo lang?	Kuda, kamo?
Ich, du, er/sie	Ja, ti, on/ona
Wir, ihr	Mi, vi, oni

Geld und Einkaufen

Gaststätte	konoba
Zahlen bitte!	Platiti molim!
Ich zahle mit Kuna/Euro	Placam u kunama/ euro
Kreditkarte	Kreditna kartica
Geldautomat	Bankomat
Laden	Prodavnica
Kaufhaus	Robna kuća
Markt	Tržnica
Wieviel kostet das?	Pošto je to?
Wo kann man ... kaufen?	Gdje se može kupiti ...?
Ich suche ...	Tražim ...
Gibt es …/ es gibt ...	Ima li ... /ima ...

Unterwegs

Abfahrt von	polazak iz
Abfahrt nach	polazak za
Fahrkarte	Bilet
Bahnhof	Kolodvor

Busbahnhof	Autobusni kolodvor
Haltestelle	Stanica
Wann fährt der Zug?	Kada polazi vlak?
Fähre	Trajekt
Wo (ist)	Gdje (je)
Wie kommt man nach ...?	Kako se die u ...?
Können Sie das aufschreiben?	Možete to napisati?
rechts	desno
links	ljevo
Im Zentrum	U centru
Straße	Ulica
Platz	Trg
Autobahn	Autoput
Landstraße	Cesta
Panne, Unfall	Kvar, sudar
Werkstatt	Radionica
Grüne Versicherungskarte	Zeleni karton
Parkplatz	Parkiralište
Tankstelle	Benzinska pumpa, crpka
Fahrrad	Bicikl
Handyempfang	Prijem mobitelu

Zeit

Montag	Ponedjeljak
Dienstag	Utorak
Mittwoch	Srijeda
Donnerstag	Četvrtak
Freitag	Petak
Samstag	Subota
Sonn- und Feiertag	Sedelja i blagdan
täglich	svaki dan
werktags	radni dan
Wie spät ist es?	Koliko je sati?
5 vor X	pet do X
5 nach X	X i pet

Zahlen

0	nula	18	osamnaest
1	jedan	19	devetnaest
2	dva	20	dvadeset
3	tri	21	dvadeset jedan
4	četiri	22	dvadeset dva
5	pet	30	trideset
6	šest	40	četrdeset
7	sedam	50	petdeset
8	osam	60	šesdeset
9	devet	70	sedamdeset
10	deset	80	osamdeset
11	jedanaest	90	devedeset
12	dvanaest	100	sto
13	trinaest	200	dvjesto
14	četrnaest	300	ctristo
15	petnaest	400	četrsto
16	šesnaest	500	petsto
17	sedamnaest	1000	tisuća

(Grundbegriffe zur **Gastronomie** siehe „Essen und Trinken" im Kapitel „Praktische Reisetipps A–Z")

« Vorhergehende Seite: Die Plitwitzer Seen sind einen Ausflug ins Hinterland wert

HILFE!

Dieser Reiseführer ist gespickt mit unzähligen Adressen, Preisen, Tipps und Infos. Nur vor Ort kann überprüft werden, was noch stimmt, was sich verändert hat, ob Preise gestiegen oder gefallen sind, ob ein Hotel, ein Restaurant immer noch empfehlenswert ist oder nicht mehr, ob ein Ziel noch oder jetzt erreichbar ist, ob es eine lohnende Alternative gibt usw.

Unsere Autoren sind zwar stetig unterwegs und versuchen, alle zwei Jahre eine komplette Aktualisierung zu erstellen, aber auf die Mithilfe von Reisenden können sie nicht verzichten.

Darum: Schreiben Sie uns, was sich geändert hat, was besser sein könnte, was gestrichen bzw. ergänzt werden soll. Nur so bleibt dieses Buch immer aktuell und zuverlässig. Wenn sich die Infos direkt auf das Buch beziehen, würde die Seitenangabe uns die Arbeit sehr erleichtern. Gut verwertbare Informationen belohnt der Verlag mit einem Sprechführer Ihrer Wahl aus der über 220 Bände umfassenden Reihe „Kauderwelsch“. Bitte schreiben Sie an:

Reise Know-How Verlag, Peter Rump GmbH | Postfach 140666 | D-33626 Bielefeld
oder per E-Mail an: info@reise-know-how.de

Danke!

www.reise-know-how.de

REISE KNOW-HOW online

Unser Kundenservice auf einen Blick:

- Vielfältige Suchoptionen, einfache Bedienung
- Alle Neuerscheinungen auf einen Blick
- Schnelle Info über Erscheinungstermine
- Zusatzinfos und Latest News nach Redaktionsschluss
- Buch-Voransichten, Blättern, Probehören
- Shop: immer die aktuellste Auflage direkt ins Haus
- Versandkostenfrei ab 10 Euro (in D), schneller Versand
- Downloads von Büchern, Landkarten und Sprach-CDs
- Newsletter abonnieren, News-Archiv

Die Informations-Plattform für aktive Reisende

Register